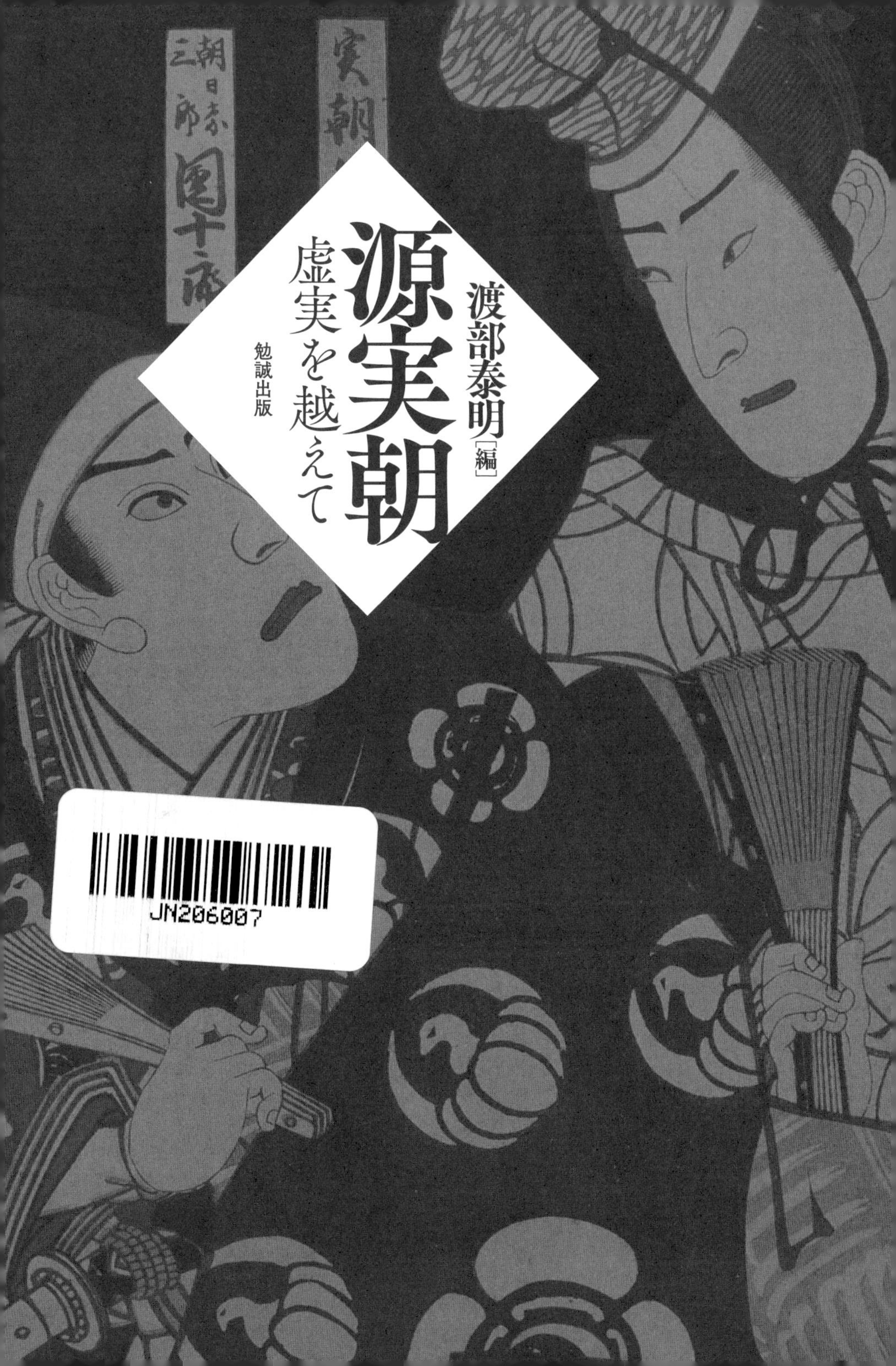

源実朝
虚実を越えて

渡部泰明［編］

勉誠出版

渡部泰明［編］

源実朝
虚実を越えて

勉誠出版

【目次】

序　言

渡部泰明

私たちは、なぜ源実朝に惹かれ続けるのだろう。

建久三年（一一九二）八月九日、源頼朝を父、北条政子を母として誕生。建久十年には父頼朝が急逝し、建仁三年（一二〇三）九月七日、十二歳にして鎌倉幕府第三代征夷大将軍となった。建保六年（一二一八）正二位右大臣にまで上り詰めたが、翌建保七年正月二十七日、右大臣拝賀の式のために参詣した鶴岡八幡宮社頭にて、甥の公暁に殺害された。享年二十八歳であった。そうして令和元年、西暦二〇一九年という年に、没後八〇〇年を迎えた。

八〇〇年が経っても、源実朝への関心はけっしてなくなってはいない。むしろ近年になって、ますます高まっているとさえ思われる。征夷大将軍を務めた実朝の存在は、鎌倉幕府はもちろんのこと、朝幕関係を含めた当時の時代史と不可分である。とすれば、それらの研究の進展によって、将軍としての活動やその意義についても、新たな照明が当てられておかしくない。実際に新しい実朝の将軍像が示されはじめている。無力な傀儡という先入観には、強く反省が迫られているといってよいだろう。

政治家としての実朝だけでなく、文学者実朝に対しても、改めて問い直しがはかられている。実朝の歌はたしかに魅力的だけれども、それだけに読み手それぞれの世界に引き寄せられがちであった。近年、実朝の表現意識に即し、鎌倉時代初期の時代の表現として、改めて腰を据えて読もうとする機運が高まっていることが感じられる。歌人への評価は、その作品を一首一首読むことによってはじめてなされうる、という当然の前提が、しばしば置き去りにされてきたことへの反省からである。たしかに実朝の和歌には、置き去りにさせるだけの希有の個性があるが、それを凡作・習作と呼ばれる作品とともに、総合的に判断しようというのである。

こうした動きは、いうまでもなく従来の実朝像の変更を迫ることになる。新たな実朝像とはどのようなものであろうか、興味津々たるものがある。とともに、これまで実朝はどういう像を結んでいたのか、と改めて問われてくるのである。

源実朝をどう捉え、どう意義づけるか。これはすでに鎌倉時代から大きな課題としてあったようだ。『吾妻鏡』の記述や、彼の追善の継承などにそれは表れている。『吾妻鏡』の語る実朝はすでに伝承的な様相を呈しているといえようが、説話集『沙石集』など中世伝承文学の世界にも独自の実朝像が見られる。仏舎利将来伝説にも見られるという。近世から近代へと、演劇の世界にも取材され、舞台に上げられもした。

歌人としての実朝も、中世から注目されていた。『新勅撰集』以下の、十三代集と呼ばれる勅撰集にすべて入集しているほか、室町時代には、「柳営亜槐」なる人物の手によって、七一九首を収める家集が編纂され、これを祖本として貞享四年（一六八七）に板本『金槐和歌集』が刊行された。近世では、賀茂真淵の実朝研究も忘れがたい。

しかし何といっても近代になってからの、アララギ派をはじめとした、歌人実朝への絶大な評価を抜きにして、現代の実朝像を語ることはできない。正岡子規・斎藤茂吉・小林秀雄・太宰治・吉本隆明などといった、さまざまな分野の文学者達が、実朝に表現欲を駆り立てられてきた。彼らは彼らの文脈で、自らの想念を実朝に託した。実朝を通して自己を実現しようとした、彼らの文脈とは何だったのかは、冷静に読み解かれる必要がある。彼ら文学者の実朝観が、文学研究にも大きな影響を与えたからである。そして託せるだけのものがあった実朝の、いわばポテンシャルを計測することへと、翻って関心が向かうことにもなるのである。昭和四年に発見紹介された、『金槐和歌集』の圧倒的な古写本である、いわゆる「定家所伝本」の『金槐和歌集』の精密な読解はこれからも続けられなければならない。

我々は実朝の虚像の持つ意味を冷静に見つめつつも、同時に実像への追究を諦めてはならない。歴史と文学史に深く関わった実朝を問うことは、歴史や文学史を改めて問い返すことになるからだ。虚像と実像を往還する、粘り強い視線の先に、新たな実朝像も立ち現れるだろう。本特集の表題に、「虚実を越えて」の副題を付した所以である。

鎌倉殿源実朝

菊池紳一

きくち・しんいち――元前田育徳会常務理事。専門は日本中世政治史。主な著書・論文に『図説　前田利家――前田育徳会の史料にみる』（新人物往来社、二〇〇二年）、『加賀前田家と尊経閣文庫――文化財を守り、伝えた人々』（勉誠出版、二〇一六年）、「武蔵国における知行国支配と武士団の動向」（『埼玉県史研究』一一号、一九八三年）、「「院分」の成立と変遷」（『国史学』一二八号、一九八六年）、「源頼朝発給文書概論」（北条氏研究会編『北条氏発給文書の研究』勉誠出版、二〇一九年）などがある。

源実朝は、外戚北条氏やその縁戚に連なる京都公家の影響下で育てられた。兄頼家が出家後、祖父北条時政に引き取られ、初めて征夷大将軍に就任をもって鎌倉殿を継承した。時政失脚後、母政子は源家の家長として、鎌倉殿実朝を補佐し、京都朝廷や寺社権門等との交渉は政子が行っていた。

はじめに

源頼朝の子実朝は、兄頼家の跡を受けて三代目の鎌倉殿となったことは知られている。ただ、その実像は和歌関係が語られることが多く、枚挙にいとまが無い。それに比べて歴史的、政治的な評価については『吾妻鏡』を軸に行われることが多い。安田元久氏は、源実朝のことを「権力なき将軍」と題して、[1]五味文彦氏は「源実朝――将軍親裁の崩壊」と題して評伝を記述している。[2]一方、坂井孝一氏は、「成長する将軍」という章を設け、そのなかで「親裁開始」を強調し、北条義時・大江広元と協調して政治を行ったとする。[3]このような評価の違いは、鎌倉殿の定型を源頼朝に求めるのか、頼家・実朝各々の環境下での特徴を求めるのかに関わっている。

一方、源頼朝が実朝に何を期待し、その実現のためにどのような施策をしたのか、その周囲にどのような人々を配置したのか、かつて検討したことがある。[4]結論としては、頼朝は将来天皇の外戚となって上洛し、在京して公家として活動することを構想しており、鎌倉には嫡子頼家を配置し、一方、京都には実朝を同伴する予定であった。そのため、実朝の周辺には妻政子の実家北条氏の勢力を置き、時政の妻牧方等の京都との人脈を活用することを考えていた。(5) そして比企氏と北条氏との婚姻関係（義時と朝宗の女）を結ばせ、両者の協力を求めたと考えた。

源頼朝は、源家（源頼朝の家）の家長であり、幕府の首長鎌倉殿でもあった。鎌倉幕府は、頼朝のカリスマ性があってこそまとまりを持っていた。しかし、その子頼家・実朝は源家の家長たりえたのか、否か。頼朝の未亡人である母政子の存在はどのようにどのように影響していたのか。拙稿「北条政子発給文書について」(6) で検討し、政子が家長であるとあると推定した。

本稿では、鎌倉殿実朝に焦点を絞り、その鎌倉殿としての政治的活動を中心に、源家の家長である母政子の動向を視野に入れながら、幕府内の政治的判断や京都朝廷との交渉を実朝がどのように行っていたのか検討してみたい。

一、幼少時代

源実朝は、建久三年（一一九二）八月九日、鎌倉の南部の浜御所（鎌倉名越館）で生まれた。母は北条政子である。父頼朝が征夷大将軍に補任された直後のことである。

『吾妻鏡』には、実朝誕生の八月九日条から同八月十五日条の七夜の記事まで連続してそれにかかわる内容が記載される。そこからは、父頼朝、母政子が、実朝の成長する環境（人脈）をどのように考えていたかを推定することができる。

実朝の乳付は父の弟阿野全成の妻で、母の妹である阿波局であった。幼名は千幡（千万）と名付けられた。すなわち源家、北条氏両者のもとで成長することが約束されたのである。兄頼家が、誕生の時から頼朝の乳母である比企尼とその縁者のもとで育てられたことと、好対照をなしている。

同十一月二十九日には五十日百日の儀が行われ、外祖父北条時政が沙汰し、叔父義時がこれを補佐しており、北条氏の姿がクローズアップされる。同十二月五日、頼朝は浜御所において、有力御家人を集めて、実朝の披露を行った。この時頼朝が語った言葉からは兄頼家に次ぐ源家の正嫡として、将来を嘱望されていたと考えられる。以降、実朝の置かれた環境は、時政の後妻牧方を背景に京都文化と触れる機会が多かったと想定される。

正治元年（一一九九）正月十三日父頼朝が亡くなった時、実朝はまだ八歳の子供であった。この時、鎌倉殿を継承したのは兄頼家（十八歳）であった。一方、源家の財産（頼朝の遺領）もすべて頼家が継承したのであろうか。

ここで後家となった政子の存在を考慮する必要があろう。

野村育世は、「後家権」を設定し、中世前期の後家について、「後家は嫡子成人までの中継ぎではなく、嫡子が成人していても、後家の沙汰となるのが一般的であったことがわかる」と指摘する。(7)

兄頼家が鎌倉殿を継承した後、若年であるからとしていわゆる十三人の合議制を敷いたのも、病床の頼家の出家を決めたのも政子であったと考えられる。さらに、正治二年四月一日、北条時政が従五位下遠江守に叙任されるが、これも政子の指示による推挙であった可能性が高い。(8)

頼朝が亡くなった時、後家政子のもとに残されたのは、十八歳の頼家、十四歳の乙姫、八歳の実朝であった。急逝した頼朝には譲状が残されていたとは考えられないので、その遺領については一旦後家政子が管領する形がとられたのではなかろうか。(9)

二、鎌倉殿の継承

源頼朝没後、頼家（比企氏勢力）と実朝（北条氏勢力）との間に対立が惹起される。頼家と母政子の感情的な反発も相まって、頼家の病気をきっかけに北条時政のクーデターへと転回する。その引き金となったのは、建仁三年（一二〇三）五月十九日に起きた阿野全成が謀叛の疑いで拘束された事件である。(10)五月二十日、頼家は母政子に対して、阿波局の尋問を要求したが、政子はこれを拒否している。結局、全成は常陸国に配流された後、六月二十三日には処刑、当時在洛していた全成の子頼全も誅罰の命令が下り、七月十六日には京都の東山延年寺で討たれている。(11)

この阿野全成は、実朝の叔父にあたり、実朝の乳母阿波局の夫（乳母夫）でもあった。比企氏勢力の北条氏勢力に対する圧力と考えてよいであろう。全成の娘は藤原公佐の室であり、北条勢力の持つ京都人脈のひとつであった。(12)

ところが、同年七月二十日頼家は急病で倒れ、重篤で長引いた様子が『吾妻鏡』に記述される。(13)同九月二日追い詰められた北条時政は、この期を逃さず比企能員の誘殺に踏み切った。『吾妻鏡』では政子の通報が、時政にクーデターを実行させたように記述するが、疑問は残る。(14)ただ、結果的に政子はこのクーデターを追認したと考えられる。

そしてすぐに鎌倉殿交替の件が後鳥羽上皇に申請され、同年九月十五日、九月七日付で実朝を従五位下征夷大将軍に叙任する宣旨が鎌倉に到着している。迅速な対応であり、京都との人脈を想定できる。実朝は征夷大将軍補任をもって鎌倉殿を継承した最初の人物となったのである。同十月八日には時政の名越亭で元服の儀が行われ、(15)後鳥羽上皇により命名された「実朝」を名乗ることとなった。翌日の十月九日、政所始が行われた。幼い将軍実朝に代わって祖父時政が将軍の外戚、政所別当として幕府政治の実権を掌握したのである。[16] なお、『吾妻鏡』建仁三年九月十日条には「諸御家人等所領如元可領掌之由、多以被下遠州御書、」と記す。すでに祖父時政が幕府の実権を掌握していた。また、十月二十七日には、実朝の指示で武蔵国住人（武蔵武士）が時政に忠誠を誓うよう命じられ、武蔵武士は時政の指揮下に組み込まれている。[17] この後、元久二年（一二〇五）閏七月十九日に失脚して出家するまで、時政は「遠州御書」（関東下知状または関東下文）を発給して幕府政治を主導していった。[18]

二つの文書様式は、書止文言に「依鎌倉殿仰、下知如件、（以下、）」とあるように、時政が鎌倉殿実朝の意を奉じて発給する形式を取っている。北条時政は、手許に元服後の実朝を引き取って保護・養育しており、それを具体的に示す文言といえよう。これが時政政権の性格であろう。この書止文言を用いた初例に、源頼家の時代、正治二年六月十四日の関東下文案があるが、奉者が政所の吏僚三人である。[19] その次が北条時政単署の建仁三年九月十六日の関東下知状案であり、[20] 以降時政が多用しており、時政の時に創始された文書様式と言ってよいであろう。

それでは、この時期鎌倉殿実朝の担った役割は何だったのであろうか。まず、建仁三年十月十三日、法華堂で父頼朝の追善供養が行われた。この日は頼朝の月命日にあたる。[21] まず仏事の継承が行われた。同二十五日には実朝及び近習が若宮供僧行勇から法華経の伝授を受け、同十一月十五日には鎌倉中の寺社奉行が定められた、更に同十二月一日実朝の御願で鶴岡八幡宮（上下宮）で法華八講を行っている。この時は母政子が廻廊で聴聞したという。同十四日には永福寺以下の御堂を礼仏して廻っている。[22] この時期は源家の家長としての後家政子の影が各所に見える。元久元年になると母政子による仏事も多く見られ、父頼朝を始め故人となった兄弟姉妹の供養をのための仏事であろう。[23]

また、実朝の代始ということで様々な善政が施された。十一月十九日には関東御分国と相模・伊豆の国々の百姓に乃具の員数が減らされ、十二月十五日には諸国地頭分の狩猟が停止されている。[24]

鎌倉殿としての教育も時政の保護下で行われている。年が明けた翌元久元年（一二〇四）正月十二日には、源仲章が実朝の侍読に補任され、読書始が行われた。[25]

この時期の『吾妻鏡』には、実朝が行った弓馬に関わる記事が全くないわけではないが、武家の棟梁としての弓馬の芸より、和歌や学問・信仰が重んじられていた様子が伺えよう。[26]実朝が京都の文化に傾倒していたことは確かであろう。このことは実朝の嫁取りにも顕れている。最初源氏一門の足利義兼娘を候補に調整が行われていたが、実朝の許容が得られなかった。実朝は京都から公家の娘を迎えたい意向で、結局後鳥羽上皇の近臣である坊門信清の娘が選ばれ、鎌倉に到着している。[27]こうした実朝の動向は、故父頼朝の意向や京都の文化に包まれた生活を行っていたことを想起させる。

三、「将軍御幼稚之間」

元久二年六月二十二日畠山重忠父子が討たれた後、同二十三日戦場から帰参した北条義時が、父時政に畠山重忠の謀叛は虚誕であることを示し、同日この陰謀に加担した榛谷・稲毛一族が討たれている。興味深いのは、この直後の『吾妻鏡』同年七月八日条に「以畠山次郎重忠余党等所領、賜勲功之輩、尼御台所御計也、将軍家御幼稚之間如此云々、」、同廿日条に「尼御台所御方女房五六輩浴新恩、是又亡卒遺領也云々、」とあることである。畠山重忠与党の所領が、後家政子の計らいで、勲功のあった御家人や御所女房に宛行われたのである。将軍家（源実朝）幼稚の間の沙汰と説明されている。この時すでに実権は時政から政子に移っていたと理解される。『吾妻鏡』では、その後同閏十九日に牧方の陰謀が露見し、政子の指示で実朝は時政亭から義時亭に移され、時政は落飾する。

『吾妻鏡』元久二年閏七月二十日条には「相州（北条義時）令奉執権事給云々、」とある。岡田清一氏は、この記事は義時の政所別当就任を意味しているはずであるが、義時がこれ以降の幕府発給の公文書に見えない点、疑問を指摘している。[28]実際、時政失脚後の幕府発給文書を確認すると、多様な文書が発給されているが、[29]その中に義時の政所別当在任が確認できない。承元三年（一二〇九）四月十日実朝が従三位に叙されて政所が開かれるまでは、吏僚の連署による関東下文である。この様式は、冒頭に「下　（宛所）」、次に事書があり、本文末を「依鎌倉殿仰、下知如件、」で結び、奥下に吏僚が連署する。[30]おそらく時政に権力が集中した失敗を反省し、後家政子が主導して、中原（大江）広元との連携を強め、政所の吏僚を活用した体制がとられたのであろう。

それではこの時期義時はどのような立場で政治に関わったのであろうか。時政失脚直後の八月七日、宇都宮頼綱の謀叛が露見する。この日、後家政子亭で義時、広元、安達景盛等が集まって対応を評議している。『吾妻鏡』の記事からは、この謀叛の件は義時の担当とされたと推定され、頼綱の書状は義時に提出され、出家して鎌倉に来た頼綱は義時亭に参上している。このような御家人に関する重事は義時の担当とされたのではなかろうか。[31]そこには侍所別当和田義盛の姿を見ることはできない。

次に、この時期の実朝の動向を確認したい。祭事から見てみよう。実朝はこの年八月十五日の鶴岡八幡宮放生会、翌日の馬場儀は参宮していないが、翌年年頭から通常に戻っている。正月二日鶴岡八幡宮参詣、同八日御所心経会、十二日読書始などと順調に進行し、二月四日の鶴岡祭の晩には雪を見るため名越辺に出かけ、義時の山荘で和歌会を行っている。この間、九月二日には、内藤朝親が藤原定家の弟子として入手した「新古今和歌集」を持参して、京都より下着するなど、『吾妻鏡』に和歌にまつわる記事が散見する。[32]

四、政所の設置

源実朝は、承元三年四月十日従三位に叙され、政所開設の資格を得た。この時十八歳である。しかし、『吾妻鏡』に政所吉書始の記事はない。左記の様式の政所下文が発給されるのは、現存する文書を検するに同年七月二十八日が初見である。[33]様式は、冒頭が「将軍家政所下 (宛所)」で、次行に事書、本文末尾が「…之状、所仰如件、以下、」で結ばれる。書き下し年号の次行上段に令(一人)・別当(数人)が、下段に案主・知家寺(各々一人)が連署する。五味文彦氏は、この政所下文が発給された時期を前後期二つにわけ、承元三年から建保三年(一二一五)まで(前期)は連署する別当が四〜五人であるが、建保四年以降(後期)には別当が九人に増員され、将軍権力の拡大を意味するし指摘する。[34]

確かに、前述した関東下文に連署する吏僚に加えて、前期には北条義時・時房兄弟が政所別当に加わり、さらに後期には中原広元、源氏の一族である源頼茂や大内惟信が連署するようになる。但し、源頼茂は、『吾妻鏡』建保二年七月二十七日条で鎌倉の大慈寺供養に殿上人として参列していることは確認できるが、次に見えるのが同六年六月二十一日条で、源実朝拝賀のため鎌倉に下向し到着した旨が記載される。政所下文には名はあるが花押がなく、基本的に大内守護として在京していた人物であろう。[35]大内惟信は、建保元年の在鎌倉は『吾妻鏡』から確認できるが、まもなく上洛したらしく、建保二年には上洛し京都守護として在京していたことが確認できる。[36]ほとんど鎌倉にいない二人が政所別当に列したのは何故なのであろうか。この人事の背景には、後家政子によって、後鳥羽上皇の意向が反映されていたのではなかろうか。

建永年間(一二〇六〜〇七)をあまり遡らない頃と考えられ

ている西面の武士について、『承久軍物語』に興味深い叙述がある。西面の武士の選定について、後鳥羽上皇から鎌倉幕府に「ゆみとり（弓取）のよからんもの十人すくりて参らせよ」との要請があり、幕府から六人の武士を推薦したという。この時期は実朝政権が発足した当初にあたり、後鳥羽上皇に協力的な姿勢がみてとれる。基本的にこの姿勢は続いていたと考えてよいだろう。[37]

ちょうど実朝が政所を開いた頃、侍所別当和田義盛の要望する上総介任官の問題が起きている。『吾妻鏡』承元三年五月十二日条によれば、和田義盛が内々に上総介挙任を希望した。実朝は後家政子に相談する。政子は、故源頼朝の時に侍の受領任官は停止するよう沙汰があった。このようなことは許してはならないと答えたという。[38]

またその後十一月には政所別当に列したばかりの北条義時から、自分の郎従を侍にしたいという要望があった。『吾妻鏡』にはこれに対して、「無御許容、…永不可有御免之趣、厳密被仰出云々、」とあり、ここからは実朝の強い意思が読み取れるが、[39]当時の実朝の置かれた状況を考えると、背景に後家政子の意図があったのかもしれない。

実はこの直前の十一月四日、義時が実朝に「弓馬事不可被思食棄の由」と諫め、七日には広元と義時が「武芸為事、令警衛　朝庭給者、可為関東長久基之由、」と諷詞を尽くしたという。[40]この意識は御家人の間にもあったようで、『吾妻鏡』建保元年九月二十六日条によれば、畠山重忠の末子重慶の首を持参した時長沼宗政に対し、実朝が不興を示した際、宗政は「当代者、以歌・鞠為業、武芸似廃、以女姓為宗、勇士如無之、又没収之地者、不被充勲功之族、多以賜青女等、所謂、榛谷四郎重朝遺跡給五条局、以中山四郎重政跡賜下総局云々、」と言って批判したことにも顕れている。

次にこの時期の政子の発給文書を見てみよう。一つ目は、美濃国大井庄下司職についての中原広元の書状（奉書カ）である。[41]この文書では政子の仰せでこの下司職は東大寺の成敗に任せる旨伝えている。二つ目は、小早川氏に関する譲与安堵で、文永三年四月九日の関東下知状に「右大臣家御下文并二位家和字御文」が引用されている。[42]三つ目は建長三年二月十四日の宗像氏業諸職譲状案に「右大臣家御下知并二位家御下文」が引用されている。[43]

これらの事実は何を示しているのであろうか。鎌倉殿源実朝の権威（坂井孝一氏のいう「カリスマ性」）であろうか。二つ目、三つ目の事例は、鎌倉殿実朝の権威を補い保証する形で後家政子が発給した文書であろう。それに対し一つ目の事例は、東大寺、あるいは京都周辺の寺社権門に対して、中原広元奉書という形式で直接返事をしたものである。鎌倉幕府管轄下以外の権門との交渉は、実朝ではなく、源家の家長である後家政子が発給していた可能性があろう。政子が建保六年二月〜四月に、熊野参詣を口実に、時房を同伴して上洛し、次期将軍となる人物の選定と鎌倉下向を交渉しているのも、この延長線上に考えられよう。

建保元年（一二一三）五月、和田合戦が起き、侍所別当和田義盛が滅亡する。北条義時が侍所別当に就任している。戦後処理は、広元・義時が中心になって進められ、在京御家人にはこの二人の連署に実朝の袖判を据えた御教書で院御所を守護するよう命じている。

まとめにかえて

紙幅も尽きたので、最後に後期の動向と仮説を提示してまとめとしたい。建保四年になると実朝の官位昇進が加速する。同年六月権中納言、同七月には左中将を兼任、一年半後の同六年正月権大納言に昇進し、同三月には左大将を兼任、半年後の同十月に内大臣、同十二月には右大臣となった(44)。特に建保六年の昇進は目を見はるものがある。この背景には治天の君である後鳥羽上皇の何らかの意図があったと考えるのが普通であろう。ちょうどこの時期後家政子が上洛し、実朝の後継者を相談し、上皇の皇子を迎えることとしたことも影響したであろう。

鎌倉殿源実朝は、多少権威不足であり、官位昇進はそれを補うための方策であった。また。また、後鳥羽上皇から実朝に対して、早く上洛せよとのシグノルであったのではなかろうか。実朝暗殺の背景にはこうした動きが影響した可能性もある。

注

（1）安田元久「第三代将軍源実朝」（『鎌倉将軍執権列伝』所収、秋田書店、一九七四年）。
（2）五味文彦「一　源実朝――将軍親裁の崩壊」（『吾妻鏡の方法――事実と神話にみる中世』第二部所収、吉川弘文館、増補版は二〇〇〇年刊、一九九〇年、初出は『歴史公論』五―三号、雄山閣、一九七七年）。
（3）坂井孝一『源頼朝――「東国の王権」を夢見た将軍』（講談社選書メチエ、二〇一四年）。
（4）拙稿「源頼朝の構想」（北条氏研究会編『武蔵武士の諸相』所収、勉誠出版、二〇一八年）。
（5）牧方の人脈については、杉橋隆夫「牧の方の出身と政治的位置」（上横手雅敬監修『古代・中世の政治と文化』所収、思文閣出版、一九九四年）に詳細に語られている。
（6）北条氏研究会編『北条氏発給文書の研究』（勉誠出版、二〇一九年）所収。
（7）野村育世「中世における後家相続」（『家族史としての女院

論』第一章、校倉書房、二〇〇六年、初出『比較家族史研究』六、一九九一年)。また、同氏は『北条政子――尼将軍の時代』(歴史文化ライブラリー99、吉川弘文館、二〇〇〇年)で、「中世の後家は、夫亡き家の家長であり、家屋敷や所領などの財産をすべて管領し、子供たちを監督し、譲与を行う、強い存在であった。子供に対しては絶対的な母権をもって臨み、実質的にも精神的にも支配者であった。」と述べている。

(8)『吾妻鏡』正治二年四月九日条、「関東開闢皇代并年代記」、「北条九代記」等(『国司一覧』、『日本史総覧』二所収)。源頼朝は義父時政の官位を推挙したことはなく、時政は無位無官であった。頼朝没後、時政が侍身分を超えて従五位下遠江守に叙任されたことは、北条氏が諸大夫層となり、他の御家人と身分的に一線を画する素地を作り始めたことを意味する。これが確定するのは時政の子義時が元久元年三月六日に相模守に、時房が承元四年正月十四日に武蔵守に補任されたことによる。後述する、和田義盛の上総介要望の問題と比較されたい。

(9)頼家出家後の遺領配分はこの結果、政子の主導で行われたと考えられる。

(10)この前年の七月二十二日に頼家が従二位征夷大将軍に叙任され、名実ともに鎌倉殿として認められたことを意味する。

(11)『吾妻鏡』建仁三年七月二十五日条。

(12)『吾妻鏡』文治元年十二月七日条によれば、全成の女婿藤原公佐はこの時期頼朝が相談する相手として一条能保とともに記されている。

(13)『吾妻鏡』同日条及び同八月七日条、同二十九日条等参照。頼家は何か持病を持っていたらしく、同年三月十日にも病気になったことが見える。

(14)この事件の『吾妻鏡』の記述には疑問があり、潤色が加えられていると推定する。興味深いのは、政子が頼家と比企能員の密談を聞いたことにある。『吾妻鏡』記述の特徴のひとつに、重要な争乱がある場合、北条氏一族の誰かがその証人として記述される点にある。梶原景時の乱の際には阿波局が、宝治合戦では北条時頼がその役割を担っている。永井晋「比企氏の乱の基礎的考察――『吾妻鏡』建仁三年九月二日条と『愚管抄』の再検討から」(『埼玉地方史』三七号、一九九七年)や前掲注3坂井孝一氏著書等参照。

(15)この間の記述は『吾妻鏡』による。実朝はこれ以前に、時政亭に引き取られていた。

(16)この時点で実朝は従五位下征夷大将軍であり、政所開設の資格を持たなかった。父頼朝の時は、三位に叙される以前は公文所であった。しかし、頼朝が従二位に叙されて以降、兄頼家の時にも幕府の機関として政所が常置されていたと考える。ただし、正式な政所下文が発給されることはなかった。その職員の人数は状況により増減があるが、武士と言うよりも中原(大江)広元以下事務に長けた吏僚が多かった。また、前掲注8で指摘したように、時政が従五位下遠江守に叙任され、諸大夫身分にあったことが、政所別当となる資格を考える上で重要なことであったといえよう。

(17)拙稿「武蔵国留守所惣検校職の再検討――「吾妻鏡」を読み直す」(『鎌倉遺文研究』二五号、二〇一〇年)の「四、北条時政の権限」を参照されたい。

(18)岡田清一「執権制の確立と建保合戦」(安田元久先生退任記念論集刊行委員会編『日本中世の諸相』下巻、吉川弘文館、一九八九年)では、時政政権について「以後の時政が政所を基軸に合議的な幕府運営をはかったわけではなく、時政の単独署名下知状が多発されたことから理解されるように、時政個人への権力集中が図られたのである。」と評している。なお、拙稿「北条時政発給文書について――その立場と権限」（『学習院史学』一九号、一九八二年）をはじめ、湯山賢一「北条時政執権時代の幕府文書――関東下知状成立小考」（小川信編『中世古文書の世界』、吉川弘文館、一九九一年）、柏美恵子「比企氏の乱と北条時政」（『法政史論』七、一九八〇年）、杉橋隆夫「執権・連署制の起源――鎌倉執権政治の成立過程・続論」（『立命館史学』四二四～四二六合併号、一九八〇年）、同「鎌倉執権政治の成立過程――十三人合議制と北条時政の「執権」職就任」（御家人制研究会編『御家人制の研究』所収、一九八一年、のち『日本古文書学論集』五 中世Ⅰ所収）、折田悦郎「鎌倉幕府前期将軍制についての一考察――将軍実朝期を中心として（上）・（下）」（『九州史学』七六・七七号、一九八三年）、青山幹哉「「御恩」受給文書様式に見る鎌倉幕府権力――下文と下知状」（『古文書研究』二五、一九八六年）等を参照されたい。なお、拙稿は、改稿して北条氏研究会編『北条氏発給文書の研究』（勉誠出版、二〇一九年）に掲載した。

(19) 北野神社文書（『鎌倉遺文』補遺編第一巻補遺三六三号）。関東御教書に見られる「依鎌倉殿仰、執達如件、」という文言は早くから用いられており、文治年間の源頼朝袖判御教書から見られる。

(20) 肥後小代文書（『鎌倉遺文』第三巻一三九七号）。

(21) 『吾妻鏡』同日条。

(22) 各々『吾妻鏡』同日条。

(23) 各々『吾妻鏡』による。

(24) 『吾妻鏡』同日条。

(25) 『吾妻鏡』同日条。源仲章については、杉山次子「鎌倉初期の北面衆と軍記物語」（『日本古代・中世史の地方的展開』所収、吉川弘文館、一九七三年）参照。

(26) 『吾妻鏡』建仁三年十一月二―三日条では、北条時政の沙汰として、実朝が馬場殿において小笠懸を射ている。同書元久元年二月十二日条では、実朝が由比浜に出て、桟敷で御家人の小笠懸・遠笠懸的等を見ている。和歌については、同書元久元年九月十五日条に見える喜撰法師の詠歌に因んだ月蝕による義時亭へ逗留のエピソード、絵画・管弦については、『吾妻鏡』元久元年十一月二十六日条の実朝が京都で描かせた将門合戦絵や、時期が下るが同書承元四年（一二一〇）十一月二十三日条の実朝が京都から召し下した奥州十二年合戦絵の記事があり、管弦は同書元久元年八月十五日条の満月の下由井浦に船を浮かべて管弦を行った記事等がある。

(27) 『吾妻鏡』同日条。

(28) 前掲注18岡田論文、同注杉橋論文（二番目）参照。

(29) 元久二年では、同年八月二十三日の源実朝奥上署判下文（常陸鹿島神宮文書、『鎌倉遺文』第三巻一五七四号）、同年十一月十二日の源実朝袖判下文（伊予長隆寺文書、『鎌倉遺文』第三巻一五八八号）、翌建永元年では、吏僚の中原仲業が奉じる（同年）六月二十八日の関東御教書（高野山文書、『鎌倉遺文』第三巻一六二五号）、吏僚の大江朝臣・中原師俊・二階堂行光・中原仲業・惟宗孝実五人の奉じる同年七月四日の関東下知状（書陵部所蔵参軍要略抄下裏文書、『鎌倉遺文』第三巻一六二六号）等、様々である。

(30) この文書様式は、すでに源頼家時代の元久元年十二月十八日の関東下文（集古文書十二成田行明蔵、『鎌倉遺文』第三巻一五〇九号）や元久二年五月二十八日の関東下文案（中院文書、『鎌倉遺文』第三巻一五四九号）にも見られる。文書名については、前掲注（2）五味文彦氏の論文では「鎌倉殿下文」、湯山賢一「北条義時執権時代の下知状と御教書」（『國學院雑誌』八〇―一一、一九七九年）では「関東下文」、前掲注18杉橋論文（二番目）では「将軍家略式政所下文」、青山幹哉「『御恩』受給文書にみる鎌倉幕府権力――下文と下知状」（『古文書研究』二五、一九八六年）では「下知／下文」と称しているが、政所の職員（吏僚）が奉じた下文の意味で「関東下文」を用いた。

(31)『吾妻鏡』同年八月七日、同十一日、同十九日条等による。

(32)『吾妻鏡』各日条。

(33)将軍（源実朝）家政所下文案（筑前宗像神社文書、『鎌倉遺文』第三巻一七九七号）。

(34)前掲注2五味氏論考。

(35)『吾妻鏡』承久元年七月二十五日条によると、源頼茂は後鳥羽上皇の叡慮に背いたとして京都で討たれている。

(36)『吾妻鏡』建保元年八月二十六日条及び同二年八月十三日条。政所下文の連署を見ても、大内惟信の署名のあるのは、建保四年七月十六日の将軍（源実朝）家政所下文写（萩藩閥閲録五十八内藤次郎左衛門、『鎌倉遺文』第四巻二二五二号）だけで、この時一時鎌倉に下向した可能性はある。ただ、この文書は近世の写であるので疑問も残る。

(37)『吾妻鏡』承元四年五月十一日条では、後鳥羽上皇の命により、実朝は滝口の武士を推薦している。

(38)受領になるということは、諸大夫身分に上昇することである。前述した北条時政の遠江守任官と比較すると、政子の北条氏と他の御家人との差別化を図る意図が伺える。

(39)『吾妻鏡』承元三年十一月十四日条。

(40)『吾妻鏡』各日条。

(41)この文書は「東大寺要録」二所収（『鎌倉遺文』第四巻一九〇五号）。正中二年八月三日の初若丸美濃国大井庄下司職文書渡状案（東大寺文書、『鎌倉遺文』第三十七巻二九一七三号）に「二位家御時二位家奉書」として引用される。他にも『鎌倉遺文』第六巻四一四一号）に「二位殿御教書」と見える。田辺旬「北条政子発給文書に関する一考察――「和字御文」をめぐって」（『ヒストリア』二七三号、二〇一九年）及び前掲注6拙稿参照。

(42)小早川家文書（『鎌倉遺文』第十三巻九五二一号）。

(43)宗像神社文書（『鎌倉遺文』第十巻七二七五号）。

(44)『公卿補任』。なお、源実朝は、鎌倉で拝賀の儀を行った最初の人物である。拝賀は慶賀とも奏慶とも言い、本来は除目の終わった後三日以内に参内して任官を奏上する儀式である。実朝は、鶴岡八幡宮を内裏に見たてて行ったものであろう。元久二年左中将に補任された時、建保四年に権中納言兼左中将の昇任した時、同六年三月に左大将を兼任した時に行っている（『吾妻鏡』）。四度目の任右大臣拝賀の時暗殺された。

建保年間の源実朝と鎌倉幕府

坂井孝一

さかい・こういち——創価大学教授。専門は日本中世史。主な著書・論文に『源実朝——「東国の王権」を夢見た将軍』（講談社、二〇一四年）、『承久の乱——真の「武者の世」を告げる大乱』（中公新書、二〇一八年）、「中世前期の文化」（『岩波講座 日本歴史』中世1、二〇一三年）などがある。

建保年間には、後鳥羽院の支援を受けた鎌倉幕府三代将軍源実朝と、執権北条義時らが協調関係にあったことを、御家人の官位叙任記事や『吾妻鏡』に対する新たな解釈によって導き出した。また、なぜ後継将軍に親王を推戴するという実朝の案が幕府の総意となったのか、公暁の実朝殺害はどのように行われたかといった点についても明らかにした。

はじめに

建保七年（一二一九）一月二十七日夜、鎌倉幕府三代将軍にして正二位《しょうにい》・右大臣・左近衛大将《さこのえのたいしょう》たる源実朝が、兄頼家の遺児公暁《こうぎょう》(1)によって殺害された。享年二十八。『吾妻鏡』によれば、翌二十八日、大江親広・長井時広・中原季時・安達景盛・二階堂行村・加藤景廉ら百余名の御家人が、哀傷の思いに堪えきれず出家を遂げたという。百余名という数字は誇張であろうが、相当数の御家人が実朝の死を悼んで出家したことは疑いない。正治元年（一一九九）一月、頼朝が急死して頼家が鎌倉殿を継いだ時、主要な御家人の中で出家した者はいなかった。実朝の死がいかに衝撃的であったか、実朝がいかに多くの御家人たちに支持されていたか、出家者の数はそれを物語るものであろう。

かつては和歌・蹴鞠といった公家文化にうつつを抜かす文弱な将軍、朝廷の官位に執着する武家政権の長にあるまじき将軍、荒々しい東国武士の中で孤立した悲劇の貴公子、実朝はこのような評価を受けていた。しかし、研究の進展[2]により、こうした実朝像は覆されつつある。将軍親裁を推進して確固たる権威・権力を保ち、和歌や蹴鞠を通じて治天《ちてん》の君《きみ》後鳥羽院と信頼関係を築いて朝幕協調を実現した将軍、それが実朝であった。

一方、武士たちが自らの権威・権力のために朝廷の官位に執着したことも明らかにされた。正二位・右大臣・左近衛大将という、頼朝をはるかに越える高位高官に昇った将軍実朝が御家人たちの支持を集め、多くの御家人たちがその死を悼んだのも当然だったのである。

では、なぜその実朝が甥の凶刃に倒れなくてはならなかったのか。犯行はどのように行われたのか。背後に黒幕はいたのか。幾多の研究が積み重ねられ、筆者自身も考察を加えてきた。本稿では、生涯の後半に当たる建保年間に焦点を当て、実朝と幕府について論じたい。

一、建保年間の鎌倉幕府

(1) 和田合戦後の幕府

建暦三年（一二一三）、十二月に改元して建保元年となるこの年の五月、鎌倉初期最大の武力抗争、和田合戦が起きた。侍所別当の和田左衛門尉義盛が糾合した相模・南武蔵の反北条勢と、政所別当の一人である北条義時の率いる軍勢が、鎌倉を舞台に二日にわたって激闘を繰り広げたのである。結果は、間一髪の差で将軍実朝の身柄を確保し、いわば官軍となった義時勢が勝利を収めた。乱後、実朝から侍所別当に補任された義時は、政所・侍所という幕府の中心機関の長官を兼ね、相模の武士に対する影響力も強めた。かくして建保年間の幕府は、親裁を推し進める将軍実朝と、将軍に次ぐNo.2であり、御家人たちの最上首たる執権の義時が、直接、相対する新たな段階に入った。

とはいえ、両者は対立したわけではなかった。和田合戦を通じて将軍権力の大きさを御家人たちに再認識させた実朝と、最大のライバルを倒した義時とは互いの力を認め合い、補完・協調し合う関係になり、建保二年（一二一四）以降、幕府政治はむしろ安定した。

変化が生じたのは、後鳥羽院が実朝に対する支援を始めた建保三・四年頃である。『吾妻鏡』建保三年七月六日条によれば、後鳥羽の内々の勅命を受け、実朝の御台所坊門信子《ぼうもんのぶこ》の兄忠信が「去六月二日仙洞歌合衆議判一巻」を送ってきた。和歌を通じた実朝の取り込み工作である。さらに、正二位・右近衛中将・美作権守《みまさかごんのかみ》という散位《さんに》の公卿であった実朝は、建保四年六月二十日の除目《じもく》で権中納言《ごんのちゅうなごん》に任じられて現任《げんにん》の公卿に列し、七月二十日には左近衛中将になった。以後、実朝は後鳥羽の支援を受けて急速に官位を上げていく。

（2）官位挙任のシステム化

実朝の父頼朝は、朝廷の官位を御家人統制に利用した。頼朝の推挙を受けない自由任官を厳禁し、御家人たちの官位を一元的に管理したのである。そして、従二位《じゅにい》の高位に昇った鎌倉殿の頼朝が公卿相当、鎌倉殿の家臣のうち源氏一門と一部の吏僚《りりょう》が国守《くにのかみ》に任官できる四位・五位の諸大夫《しょだいぶ》、一般の御家人は六位以下の侍《さむらい》という身分秩序を構築した。

朝廷も、建久八年（一一九七）十二月、頼朝の嫡子である十六歳の頼家を従五位上《じゅごいのじょう》・右少将に叙任し、頼朝が急死した直後の除目《じもく》では左中将に任じた。五位中将《ごいのちゅうじょう》は摂関家庶子家の子弟と同格の待遇である。朝廷も幕府のトップを公卿、しかも摂関家とほぼ同等に扱ったことがわかる。

実朝は、北条時政によって擁立された建仁三年（一二〇三）九月七日、十二歳で従五位下《じゅごいのげ》・征夷大将軍に叙任され、同年十月二十四日に右兵衛佐《うひょうえのすけ》、元久二年（一二〇五）一月二十九日には、十四歳の若さで五位中将となった。実朝もまた、摂関家と同格の扱いを受けたのである。さらに、承元三年（一二〇九）四月十日、従三位《じゅさんみ》に叙されて公卿に列すると、建暦三年（一二一三）二月二十七日には閑院内裏《かんいんだいり》造営の賞により正二位に昇叙された。

一方、御家人では、頼朝死後の正治二年（一二〇〇）、政子の父で、二代目鎌倉殿頼家の祖父である北条時政が遠江守に任官した。これにより時政は源氏一門と同格の諸大夫となった。その後も時政の子の義時が相模守・陸奥守、時房が遠江守・駿河守・武蔵守・相模守を歴任し、鎌倉殿の身内の北条氏は、侍である一般御家人と一線を画す諸大夫の地位を確立した。

これに対し、一般の御家人の中にも国守任官を望む者が現れた。最も東国武士らしい東国武士と評された和田合戦の主役、和田左衛門尉《さえもんのじょう》義盛が、承元三年（一二〇九）五月、上総介に推挙してほしいと実朝に款状《かじょう》（願いを訴える文書）を提出したのである。上総国は親王が国守を務める親王任国であり、実質的な国守は上総介である。北条氏に対抗すべく義盛も諸大夫への上昇を図ったといえよう。しかし、鎌倉殿の身内でもない、左衛門尉という侍身分の義盛を上総介に推挙・任官、すなわち挙任するのは、頼朝が構築した秩序を崩す措置である。実朝が母の政子に諮ると、頼朝の先例を無視するのであれば勝手にせよとはねつけられた。それでも、義盛や和田一族の人々と親しい実朝は、二年半ほど朝廷に打診し続けた。結局、後鳥羽の院近臣藤原秀康が上総介に補任されたため、義盛は自ら欵状を取り下げたが、この一件も北条氏打倒を掲げた和田合戦の遠因になったことは間違いない。

その反省からか、『吾妻鏡』建保二年（一二一四）十二月十二日条によれば、実朝は「諸人の官爵の事は、家督の仁、その官仕の労を存知し、これを執り申すべし」と定め、奉行人は「直《じき》の欵状」すなわち個人による直接の嘆願は将軍実朝に披露しないよう、中原（大江）広元[3]を通じて普く通達したという。将軍による官位挙任のシステム化といっていい。

（3）義時・広元の諫言

建保四年になると、後鳥羽の支援を確信した実朝は、積極的に将軍親裁を推進するようになる。四月には、政務の中心機関である政所の別当をこれまでの五名から九名に増員し、実朝の側近で後鳥羽の院近臣でもある源仲章や、源氏一門の源頼茂・大内惟信を起用したのである。これにより将軍家政所下文は、九名の別当がずらりと並んで署判する堂々たる形式をそなえることとなった。また、実朝は御家人たちの愁訴を自ら聴断するなど将軍親裁の実績を積み重ねた。さらに、権中納言任官後の七月二十九日には、小河法印忠快に攘災のための修法《しゅほう》、六字河臨法《ろくじかりんほう》を相模川で盛大に行わせた。『吾妻鏡』同日条によれば、その場に臨んだ実朝の輿には、義時・時房、広元、仲章、二階堂行光・行村、小山朝政ら多数の御家人が供奉《ぐぶ》し、無双の壮観であったという。

『吾妻鏡』は、こうした将軍の権威・権力の増大に執権義時が敏感に反応した、と受け取れるような記事を載せている。建保四年九月十八日条である。これによれば、義時は広元に、頼朝と実朝を比較して次のように語ったという。頼朝は官位の宣下があるたびに固辞したが、壮年にも達していない実朝は中納言・左近衛中将に任じられた上、大将への昇進を望んでいると聞く。御家人たちも都に祗候しないまま「顕要《けんよう》」な、つまり地位が高くて重要な官職に任じられている。過分というべきである。自分が諫めても、逆に戒めを蒙るだけなので、広元から申し入れて欲しいと依頼した。広元も義時に同意し、次のように述べたという。

> 今、先君の貴跡を継ぎ給ふばかりなり。当代に於てさしたる勲功なし。而《しか》るにただ諸国を管領《かんれい》し給ふのみにあらず、中納言・中将に昇りおはす。摂関の御息子にあらずんば、凡人に於てこの儀あるべからず。いかでか嬰害《えいがい》・積殃《せきおう》の両篇を遁れ給はんや。

つまり、実朝は頼朝の跡を継いだだけで大した勲功もないのに、諸国を治めるのみならず、中納言・中将という高官に昇った。摂関家の子息でなければ、臣下の身でこのようなことはあるはずもない。どうして大きな災いを遁れることができようか、というのである。

二日後の九月二十日、将軍御所に参上した広元は「相州《そうしゅう》（相模守、義時の官職）」の使いと称し、中納言・中将という今の官職を辞し、征夷大将軍として年月を重ねから大将を兼ねるべきだと実朝に諫言した。『吾妻鏡』同日条によれば、実朝の返答はこうであった。

諫諍《かんそう》の趣、尤も甘心《かんしん》すと雖も、源氏の正統、この時に縮まり畢《おはんぬ》。子孫敢てこれを相継ぐべからず。然《しか》れば飽くまで官職を帯び、家名を挙げんと欲す。

諫言の趣旨には感心したが、源氏の正統は自分の代で絶えてしまう。子孫が継ぐことは決してない。そこで、あくまで自分が高い官職に就いて家名を挙げたいと思う。広元は何もいえずに退出し、この内容を義時に報告したという。源氏の正統は自分の代で絶えるという衝撃的な発言、朝廷の官職に執着するかのごとき表現によって、公家かぶれで孤立した悲劇の将軍、という実朝像を生む論拠となった記事である。

（4）『吾妻鏡』の作為

この記事については、これまで筆者自身もそれらしいことが実際に起こったのではないかと考えてきた。執権義時と義時に近い広元が、後鳥羽の支援を受けて将軍権力を強化し始めた実朝に脅威を覚え、牽制しようとして失敗した記事と捉えたのである。しかし、その表現や内容を精査していくうちに、不可思議な点が多々あることに気がついた。たとえば、広元が「摂関の御息子にあらずんば、凡人に於てこの儀あるべからず」と口にする点である。頼朝・頼家の代から、鎌倉殿が摂関家とほぼ同格の扱いを受けてきたことを、頼朝期以来の重鎮である広元が知らなかったはずはない。これは直後の「いかでか嬰害・積殃の両篇を遁れ給はんや」、このままでは大きな災いを遁れることができない、という発言を引き出すためのものであろう。つまり、実朝の横死を前提としているのである。そこに『吾妻鏡』編纂者の作為を読み取るのはさして難しいことではない。

とすれば、実朝の返答にも疑いをさしはさむ余地が生じてこよう。「源氏の正統、この時に縮まり畢。子孫敢てこれを相継ぐべからず」という部分は、自らの運命を予言する、霊感に満ちた実朝らしい発言とこれまで捉えられてきた。しかし、実朝横死と源氏将軍断絶を知っている編纂者が、その事実を正当化するために作成した記事と捉える方が現実的であろう。後鳥羽の支援を背景に官位を上げ、将軍として前向きに幕政に取り組んでいる実朝が、建保四年九月の段階で、自らの死を予感・予言していたとみる方がよっぽど非現実的である。

同様の作為は義時の発言にも指摘できる。義時は、御家人たちが在京せずに地位の高い重要な官職に就くことを過分だと非難している。ただ、在京すべき京官《きょうかん》（中央官）に任じられているのは一部の吏僚《りりょう》であり、それも民部丞《みんぶのじょう》など六位相当の官にすぎない。一方、北条氏の場合、義時の嫡子泰時が、叙爵前にもかかわらず、従五位下相当の京官である修理《しゅり》亮《すけ》に任じられている。その上、義時自身が、翌建保五年一月二十八日、相模守から右京権大夫《うきょうごんのだいぶ》に昇任するのである。相模守は従五位下相当の下官《げかん》（地方官）であるのに対し、右京権大夫は正五位上《しょうごいのじょう》相当の在京すべき京官である。これは父時政が従五位下相当の遠江守止まり、弟の時房もまだ従五位《じゅごいの》上《じょう》相当の武蔵守という下官だったことを踏まえると、一族にとっての極官《ごっかん》（歴代の最高職）でもあった。つまり、義時も官位の上昇を望んでいたのである。

ところが、『吾妻鏡』はそれを隠して在京せず京官に任官している御家人たちを非難し、官位を固辞した頼朝より官位の上昇を望む実朝が劣っているかのような記事に仕立てている。これもまた、実朝の官位の急上昇、その果てに訪れる横死を知っている編纂者が、それを因果応報の運命であったとする作為的な記事とみるべきであろう。

とすれば、こうした作為を排し、御家人たちの官位叙任の事実そのものに目を向ける必要があろう。その際にまず注目したいのは前年十二月にみえる『吾妻鏡』の記事である。

（5）建保四年における御家人の官位叙任

建保三年（一二一五）十二月十六日条によれば、幕府の司《し》天《てん》（天文博士や陰陽師）が打ち続く天変・怪異に関する勘文《かんもん》を提出したという。和田合戦直後に鎌倉を襲った大地震の余震、将軍御所の西の侍所に鷺が群れ集まる怪異、天体の運行の異常、実朝の夢に和田義盛以下の死者が現れ、御前に群参するという異様な夢告などが続いたためである。勘文によれば、将軍実朝が慎むべき異変であるという。これを受けて義時・広元・行光は、善政を施して佳運長久の策をめぐらすよう実朝に進言した。直ちに実朝は、貴賤の崇敬を集める信濃善光寺に絹布を下賜し、三浦義村を奉行に指名して御所の南庭で陰陽師安倍宣賢《あべののぶかた》に天変の祈祷を行わせた。明けて建保四年になると、国土安穏・五穀豊穣を祈る将軍の公式業務「二《に》所詣《しょもうで》」を行うとともに、諸人の愁訴を聴断するなど積極的に将軍親裁を推進するようになる。御家人の官位叙任もこうした流れの中で行われた。

まず、北条義時である。義時の位階は建保元年（一二一三）二月二十七日以来、正五位下《しょうごいのげ》であった。それが建保四年一月十三日、従四位下《じゅしいのげ》に昇叙されたのである。さらに、先にみたごとく、翌年一月二十八日には、当時の北条氏の極官である右京権大夫に昇任する。また中原広元は、建仁三年（一二〇三）、京官である大膳大夫《だいぜんだいぶ》を辞してから長らく散位《さんに》（現任ではない前大膳大夫《さきのだいぜんだいぶ》）であった。ところが、建保四年一月二十七日、「大国《たいこく》」の国守である陸奥守に任官する。陸奥守は従五位上相当の下官ではあるが、『官職秘抄』が「然るべき人を以てこれに任ず。鎮守府を兼ぬるによって也」[4]つまりかつては鎮守府《ちんじゅふ》将軍を兼ねるような、然るべき人が任じられていたと記す官で、「嚢祖将軍《のうそしょうぐん》」源頼義や、その子八幡太郎義家も任官した幕府にとっては名誉ある地位である。そして、建暦元年（一二一一）以来、修理亮であった義時嫡子の泰時は、建保四年三月二十八日、式部丞《しきぶのじょう》に遷任した。さらに、当時まだ叙爵していなかった泰時は、同年末の十二月三十日、従五位下に叙されたのである。

これらの官位叙任は『鎌倉年代記』や『尊卑分脈』の記載から判明するもので、『吾妻鏡』には記されていない。むろん将軍実朝は別格として、『吾妻鏡』が御家人の官位に言及する例はあまりない。記事がないこと自体は編纂者の作為によるものではないといえよう。ただ、官位叙任の事実は厳然としているのであるから、これを無視するわけにはいかない。

さらにまた、広元の場合、この年に改姓の願いも叶えている。『吾妻鏡』建保四年四月七日条によれば、広元は実父維《これ》光《みつ》の姓氏である大江氏の衰退を嘆き、養子先の中原から大江に戻す改姓について実朝の諾否を尋ねたという。改姓は勅許が必要な難しい手続きである。恐らくは実朝の口添えがあったのであろう。朝廷との交渉は順調に進み、六月十一日、広元が申請を行うと、わずか二十日後の閏六月一日、改姓の勅許がおりたのであった。

（6）義時・広元の諫言記事に対する新たな解釈

こうした叙位・任官・改姓は、北条氏が実朝を傀儡化していたから実現したとみる向きもあろう。しかし、後述する唐船建造のように、義時・広元が反対しても、実朝は自ら遂行すべきと考えた事案については、御家人たちを率いて完遂する権力と意思を持っていた。実際、建保五年十一月十日、広元が病を得て陸奥守を辞すと、実朝は朝廷に推挙して義時に陸奥守を兼ねさせ、義時は参賀のため将軍御所に参上している。また『吾妻鏡』建保六年一月十七日条、二月二十三日条、三月二十四日条には、実朝が泰時を「上国《じょうこく》」の国守である讃岐守に推挙しようとしたが、泰時は過分であるとして辞退したという記事がみえる。泰時の謙虚な姿勢を称揚する『吾妻鏡』編纂者の意図が透けてみえるが、ともあれこれらの記事は実朝が自らの意思で任官者を選び、朝廷に推挙していたことを証するものである。

以上を総合すると、義時の意を受けた広元の諫言は、編纂者が作為的に事実を改変した記事である可能性が高いと考えられよう。そもそも御家人の一人にすぎない広元が、主君である将軍の実朝に、後鳥羽の朝廷が任じたばかりの中納言・中将を辞すよう諫言するなど、建保四年当時の朝幕関係、つまり承久の乱以前の朝廷と幕府の力関係からしてあり得ないことである。ただ、義時が持ち出した「官位」の話が、実朝ではなく義時自身のことであったとすれば問題は別である。翌年一月、義時が右京権大夫という初の京官に昇任した事実を考え合わせると、都に祗候すべき「顕要」な官職に言及しているのも示唆的である。とすれば、この記事は、実朝の官位の急上昇をみた義時が、自分の官位昇任の推挙を懇請した記事と解釈できるのではないか。しかし、義時は一月に従四位下への昇叙を果たしたばかりである。実朝に推挙を拒絶される恐れもあった。自分が諫めても戒めを蒙るだけだと義時が述べているのは、この辺りの事情を反映しているのではないか。そこで、陸奥守に推挙され、改姓の口添えも受けた広元に仲介を依頼した。御所に参上した広元が、わざわざ「相州」義時の使いと称しているのもそれ故である。ところが、実朝は推挙を一旦は断った。広元が何もいえずに退出し、義時に報告したとあるのはこのことを指すのであろう。ただ、実朝は善政を施すため、結局は推挙に踏み切り、翌年一月、義時は京官昇任の願いを叶えることができた。

実際にこれに近いことがあったとすれば、得宗専制期に編纂された『吾妻鏡』に、得宗家始祖の義時が昇任の推挙を懇請したものの将軍に却下された、と編纂者が書けたとは思われない。そこで、高い官位に達しながら実子なくして横死するという、誰もが知る「嬰害・積殃」に見舞われた実朝を持ち出し、義時の官位懇請を糊塗・粉飾したのではなかったか。

むろん、あくまで想像の域を出ない解釈である。しかし、建保三年末の義時・広元・行光による進言から、同四年・五年における御家人の官位叙任・改姓は史料に裏付けられた事実である。官位挙任権を握る将軍実朝と、執権義時や広元・泰時ら幕府首脳部との間には明らかに協調関係があったと考えるべきである。かくして建保四年から五年にかけて、将軍・執権・幕府首脳の御家人たちはそろって官位を上げ、幕府自体の権威が高まることになった。

二、実朝の後継将軍

(1) 渡宋計画の失敗

同じく建保四年の十一月二十三日、実朝は権中納言任官後、初めて直衣を着す直衣始《のうしはじめ》の儀を行い、翌日には鎌倉滞在中の宋人の技術者陳和卿《ちんなけい》に、巨大な唐船《とうせん》を建造するよう命じた。『吾妻鏡』によれば、実朝の前世を医王山（阿育王寺）の長老だと語る陳和卿の言葉を信じ、医王山参拝を企てたのだという。義時と広元は反対したが、実朝は有力御家人の結城朝光を奉行に任じて随行者六十余名を定め、造船を開始させた。

従来、この渡宋計画は孤立を深めた実朝が現実から逃避し、日本脱出を図ったのだと考えられてきた。しかし、後鳥羽の支援を受けた実朝は、将軍親裁を推進して自らの権威・権力を増大させ、執権ら首脳部とも協調関係にあった。日本脱出などあり得ない。

そもそも権中納言という現任の公卿に列し、直衣始という晴れの儀式を行った直後である。唐船の建造には、自らの権威・権力を誇示する巨大モニュメントの造立に通じるものがある。また、随行者の選定には、将軍に直属する派閥の育成という意味もあったと考えられる。さらに、実朝自身が渡宋せずとも、舎利信仰の聖地である阿育王寺から舎利を持ち帰ることができれば、将軍の権威をいっそう高める効果が期待[5]できた。要するに、唐船の建造は、建保四年に高まり増大してきた将軍の権威・権力を誰の目にもみえる明確な形で示そうとした一大事業だったとみるべきなのである。

むろん建造には莫大な費用がかかる。義時や広元が反対したのもそれ故であろう。しかし、翌建保五年四月十七日、造船命令から五カ月足らずで巨船は完成する。実朝の将軍権力が、大事業を完遂することができるほど強大なものであったことを如実に示すものである。ところが、由比浦の地形は巨大な船の進水に適さず、完成した唐船を海に浮かべることはできなかった。計画は失敗に終わり、逆に将軍親裁に汚点を残す最悪の結果となってしまった。

（2）後継将軍問題

同じ頃、将軍の地位に関わる重大な問題が顕在化していた。実朝の後継将軍問題である。御台所の坊門信子が鎌倉に入ったのは元久元年（一二〇四）十二月十日、以来、十二年の歳月が過ぎても二人の間に子供は一人も生まれていなかった。世継ぎの誕生を望む周囲の声は、実朝・信子夫妻に重くのしかかったことであろう。

では、源氏一門の人々、中でも頼家の子である公暁《こうぎょう》・禅《ぜん》暁《ぎょう》ら頼家の子、つまり実朝の甥たちは後継候補と目されていたのであろうか。僧籍に入ってはいるが、還俗すれば将軍職に就くことも可能である。しかも、後述するように、公暁は政子の配慮で実朝の猶子《ゆうし》になっていた。ところが、実朝は甥に継がせる意思を全く持っていなかったようである。それはなぜか。

『吾妻鏡』元久元年（一二〇四）八月四日条によれば、将軍御台所には足利義兼の娘が内定していたが、実朝がこれを許容せず、都から迎えることになったという。当時十三歳の実朝がそこまで自己主張できたかどうかは分からない。実朝を将軍に擁立した北条時政が、源氏一門の足利氏が将軍御台所の実家になることを警戒し、実朝の意向を装った可能性もある。ただ、自分の名付け親である後鳥羽が君臨する都の世界に、実朝がすでに関心を寄せていたことは確かである。御台所を都から迎えることが決まると、兄頼家の服喪中にもかかわらず、実朝は由比浦に船を浮かべ、大はしゃぎで管弦を楽しんだからである。

同年十二月、後鳥羽の院近臣坊門信清《ぼうもんのぶきよ》の娘、後鳥羽の従兄妹《いとこ》にあたる坊門信子が鎌倉に下着した。実朝は御台所との新生活の中で、後鳥羽が編纂する『新古今和歌集』の話など様々な都の情報を得た。さらに、院近臣らと交流を重ねることで、信子の血統が持つ価値、その重要性を意識するようになったのではないか。何しろ信子は後鳥羽の母七条院殖子と血のつながった姪、後鳥羽の従兄妹である。実朝の名付け親であり、実朝が模範としてきた治天の君後鳥羽の極めて近い親族なのである。特別な存在といっていい。一方、実朝自身も、従二位・権大納言・右近衛大将となった源頼朝の実子であり、摂関家とほぼ同格の扱いを受ける貴種である。その自分と信子との間に生まれる子以外に跡を継がせる子はいない、と実朝が考えるようになったとしても不思議ではない。

父頼朝や兄頼家と違い、実朝が妾《しょう》（側室）を持たなかったのもそうした意識に基づくものとすれば納得がいく。後鳥羽との関係を考えれば、都から妾を取るわけにはいかない。東国武士の娘から選ぶことになるが、その女性が産む子は後鳥羽の血統と何の関係もない。信子が産む子とは大違いである。ちなみに、公暁の母親も武士の娘であった。

通常、権力者は自分の子に跡を継がせたいと願う。そこで、複数の女性を妾に取り、できるだけ多くの子を儲ける。妾の子を溺愛し、跡を継がせた例もある。ただ、実朝は通常の権力者とは異なる資質を持っていたように思われる。人々が、時折、実朝の行動を不可思議なものと感じることがあったのもそれ故であろう。妾を持たず、後鳥羽の従兄妹である御台所坊門信子が産む子に固執したのも、そうした資質によるものといえるかもしれない。

（3）御家人たちにとっての源氏

御家人たちはどうか。東国武士の政権にとって源氏はもはやや不必要だったとみなすのは、承久の乱後の歴史から遡及した結果論に過ぎない。そもそも実朝の父頼朝は、内乱を勝ち抜いていく中で義仲・行家ら近い親族を滅ぼすとともに、大内・足利・武田ら源氏一門を家人化して諸大夫に位置付け、時には誅殺することによって後白河院を支える「唯一の官軍」[6]、「唯一の武家の棟梁」[7]という地位を築いた。その総仕上げが全国の御家人に動員をかけ、頼朝自ら大軍を率いて奥州藤原氏を攻めた奥州合戦である。そして、前九年合戦に勝利した源頼義が行った儀式をその場で再現し、頼朝が「嚢祖将軍」頼義の唯一の直系の子孫であることを御家人たちに印象づける政治的演出を行った。効果は絶大であった。御家人たちは頼朝を特別な源氏と認識し、頼朝の子孫が将軍になるという「源氏将軍観」が定着していった[8]。政子・義時・広元らも、頼朝の子である実朝と信子との間に生まれた子が跡を継ぐと考えていたとみるのが自然である。

ところが、実朝に子ができない状況が続いたことにより、公暁・禅暁ら頼家の遺児や、大内・足利・源頼茂ら源氏一門を後継将軍に立てるか否かという問題が浮上してきた。しかし、頼朝の子孫ではない諸大夫の源氏を将軍に立てることは「源氏将軍観」の否定であり、御家人同士の派閥争いを惹起する恐れもあった。かつて実朝の御台所を足利義兼の娘とする案が退けられたのも、同様の論理が働いたからであろう。

では、頼朝の孫にあたる公暁・禅暁ら頼家の遺児はどうか。政子・義時ら北条氏は頼家を将軍職から追い、誅殺した側の人間である。その遺児を将軍に立てることが、彼らにとって危険であることはいうまでもない。要するに、御家人たちからしても、実朝の実子以外の源氏を将軍に立てるという選択はあり得なかったのである。この点で実朝と御家人たちの利害は一致していた。

(4)親王将軍構想

とはいえ、何らかの手を打たなくてはならない時期に来ていた。御台所坊門信子の産む子と同格、後鳥羽とのつながり、そうした難しい条件を考えた時、実朝の脳裏に浮かんだのが、建保三・四年頃から手をさしのべてきた後鳥羽その人ではなかったか。後鳥羽の皇子ならばすべての条件を満たす、いやそれ以上である。後鳥羽の親王を鎌倉に招来し、将軍として推戴する。まだ明確にイメージできたわけではなかったろうが、実朝がこの構想を抱いたのは、信子との子の誕生に諦めを感じ始めた建保四・五年頃だったと考える。

なお、後述するように、親王招来の交渉役には北条政子・時房が当たった。このことから、親王将軍構想を発案したのは政子・義時・時房ら北条氏であったとする見解もある。しかし、それはあり得ない。なぜなら、稀代の帝王として都に君臨する後鳥羽と北条氏とでは、それこそあまりにも格が違うからである。政子は幕府の創設者頼朝の未亡人ではあるが、無位無官の尼に過ぎない。義時は建保五年にようやく右京権大夫という中央官に任官した諸大夫であり、在京経験も乏しい。時房は在京経験豊富な文化人ではあったが、やはり国守レベルの諸大夫である。彼らも、都から下向した院近臣らと関係を持つ程度のことはあったろうが、治天の君たる後鳥羽と直接のやり取りをしたことなどなかったのである。

　一方、元服に際し、後鳥羽から「実朝」という名を賜った実朝は、和歌や蹴鞠を通じて交流を重ね、朝幕のトップとして信頼関係を築いてきた。しかも、今や正二位・権中納言・左中将の公卿である。格という点でも、個人的なつながりという点でもはるかに後鳥羽に近い。実朝でなければ、親王の将軍推戴など思いつくことすらできなかったといえる。

　ただ、その実朝でも、簡単には口に出すことのできない畏れ多くも大それた構想である。実際、構想の実現に向けて幕府が動き始めるのは建保六年一月である。構想を抱いたのが建保四年から五年にかけてだったとすれば、建保五年の間に転機が訪れたことになろう。思い当たるのは将軍親裁に汚点を残した渡宋計画の失敗である。これが直接の契機となって、建保五年の後半、実朝はこの構想を政子・義時・広元ら幕府首脳部に打ち明けたのではないか。

（5）朝幕の合意

　実朝と利害が一致している幕府首脳部も、この提案に賛同した。ただし、水面下でひそかに進めるべき、高度な政治交渉であることは間違いない。情報はごく一部の関係者にしか伝えられず、しかも様々なカモフラージュがなされた。交渉の経緯が諸史料に明記されていないのはそれ故であると考える。

　断片的な記述ではあるが、『吾妻鏡』や『愚管抄』によれば、建保六年（一二一八）一月十五日、政所で政子の熊野詣《くまのもうで》に関する審議があり、時房の同行が決まった。熊野詣はカモフラージュであり、親王下向の交渉を行うのが目的であった。時房が同行するのは都で政子を補佐するためである。二人は二月四日に鎌倉を発った。次いで二月十日、広元が近衛大将昇進という実朝の意向を朝廷に伝える使者を発遣した。二日後の十二日には、頼朝を越える左大将に任じてほしいと伝えるため、再び使者を送る念の入れようであった。以上のメンバーの中に義時の名はない。ただ、政所別当の義時が審議に加わらなかったとは考え難い。実朝の意を受け、将軍に次ぐNo.2として、使者の人選や交渉案の策定など交渉全般を差配したと考える。幕府首脳部は一丸となって実朝の構想を実現するために行動したのである。

入洛した政子は、後鳥羽の乳母《めのと》で権勢並びなき卿二位《きょうのにい》藤原兼子と会談し、交渉を成功させた。後鳥羽も実朝の提案を快諾したのである。その結果、雅成《まさなり》親王、頼仁《よりひと》親王のどちらかを将軍として推戴し、実朝が後見するという朝幕の合意が形成された。交渉の立役者政子は従三位に叙され、鎌倉帰還後には従二位に昇叙された。尼でありながら公卿に列したのである。また、時房は院の鞠会への出仕を許され、蹴鞠の技量を後鳥羽から称賛されて狂喜した。

むろん、親王将軍を補佐することになる実朝も昇進した。すでに建保六年一月十三日の除目で権大納言に昇任していた実朝は、三月六日、左近衛大将・左馬寮御監を兼任して父頼朝の極官を越え、六月二十七日、後鳥羽が下向させた殿上人らを従え、左大将任官の拝賀の儀を鶴岡八幡宮で盛大に挙行した。後鳥羽は豪華な調度・装束・牛車などを下賜して祝意を表した。七月八日、鶴岡八幡宮で左大将の直衣始の儀を行った実朝は、十月九日には内大臣に昇任、さらに二ヵ月も経たない十二月二日、武家では到底考え難い高官、右大臣に任じられた。

三、実朝殺害事件

(1) 頼家の遺児公暁

かくして翌建保七年(一二一九)一月二十七日、実朝は鶴岡八幡宮で右大臣拝賀の儀を行うことになった。公暁による実朝殺害事件が起きたのはこの時である。公暁は頼家の次男もしくは三男として正治二年(一二〇〇)に誕生した。母親は加茂重長の娘か、比企能員の娘若狭局、有力御家人の三浦義村が乳母夫であった。四歳の時に父頼家が将軍職を追われ、翌年、伊豆の修善寺で誅殺された。六歳になった元久二年(一二〇五)、政子の計らいで鶴岡八幡宮の二代目の別当尊暁《そんぎょう》のもとに入室し、頼暁《らいぎょう》と名乗った。

鶴岡八幡宮は、頼朝が十数年かけて整備した宗教面における鎌倉の核である。政子にとっては亡き夫の遺産でもあった。ただ、建保頃までは、人材面でも制度面でも発展途上(9)にあった。政子が公暁を別当尊暁の弟子にしたのも、源氏の氏神を祀る鶴岡の発展を二代将軍の遺児に託そうという思惑があったからであろう。さらに、建永元年(一二〇六)、政子は七歳になった公暁を実朝の猶子《ゆうし》にし、将軍と擬制的親子関係を築かせて後援した。

十二歳になった建暦元年(一二一一)、三代目別当定暁《じょうぎょう》のもとで落飾した公暁は、時期は明確ではないものの、源氏と関わりの深い園城寺に上り、明王院僧正公胤《こういん》から伝法灌頂《でんぽうかんじょう》を受け、法名を公暁《こうぎょう》に改めた。公胤は承元三年（一二〇九）九月、実朝の招きで鎌倉に下向し、仏事の導師や説法を行って絶賛された高僧である。政子は公暁をその弟子にすることで、やがては鶴岡の別当として宗教面で幕府を支える存在になってほしいと考えたのである。

　ところが、建保五年もしくは四年に公胤が、また鶴岡の別当定暁が建保五年五月に死去する。そのため、ろくに修行を積んでいない十八歳の公暁を、四代目別当として呼び戻すことになった。公胤や定暁がもう少し長生きをしていれば、歴史はまた違っていたかもしれない。

　一方、公暁は、二代将軍の子としてやり直す好機が訪れたと感じたであろう。建保五年六月二十日、鎌倉に下向し、十月十一日に神拝を行うと、その日から一千日の参籠《さんろう》を始め、髪を切ることもなく一心に祈請《きしょう》を続けたからである。実朝を呪詛《じゅそ》していた可能性が高い。ところが、建保六年、親王将軍を推戴するという朝幕の合意が形成された。秘密裏に進められていた計画も、同年後半になれば人々の知るところとなる。公暁は驚き、焦ったのではないか。親王が下向すれば、自分が将軍になる目はなくなる。その前に実朝を殺害し、自分がなり替わる。これが追いつめられた公暁の犯行の動機であったと考える。

（2）『愚管抄』の記述から

　実朝殺害事件を伝える主要史料は『愚管抄』と『吾妻鏡』である。『愚管抄』の記述は、事件を目撃した公卿・殿上人の情報をもとに、慈円が二年以内にまとめたもので、最も信憑性が高い。『吾妻鏡』は、義時を始祖とする北条得宗家全盛の十三世紀後半に作成された編纂物で、北条氏を擁護・顕彰しようとする編纂者の作為が散見する。しかし、幕府関係者しか知り得ない情報も多く、その点で貴重である。一長一短があり、事件の全容を明らかにするには、両者を慎重に組み合わせるしかない。

　まず、『愚管抄』の記述をみてみよう。本殿で奉幣を終えた実朝が、石段を下り、後鳥羽の派遣した公卿たちの前を会釈しつつ歩いていたところ、法師の格好をした公暁が飛びかかって下襲《したがさね》の裾に乗り、一の刀で頭を切りつけ、倒れた実朝の頸を打ち落とした。「一ノ刀ノ時、ヲヤノ敵ハカクウツゾト云ケル、公卿ドモアザヤカニ皆聞ケリ」、すなわち親の敵はこのように討つのだと公暁が叫んだのを、公卿たちははっきりと聞いたという。

　また、同様の格好の三・四人が供の者を蹴散らし、松明を持っていた源仲章に襲いかかり、「義時ゾト思テ」切り伏せた。ただ、義時は実朝から「中門ニトヾマレ」と命じられ、中門付近に控えていた。鳥居の外に「数万武士」がいたが、犯行には気づかなかったという。

本稿が注目するのは二点である。第一は公暁が「ヲヤノ敵ハカクウツゾ」と叫んだ点、第二は公暁の一味が仲章を「義時ゾト思テ」切り殺したが、義時は実朝の命令で中門付近にいたという点である。なぜ公暁は人々の前で声を上げて犯行に及んだのか。なぜ公暁の一味は義時の命を狙い、にもかかわらず仲章を義時と間違えてしまったのか。

実朝の命を奪うだけなら、本殿の奥深くで進められる拝賀の儀式の最中に襲うのが一番であろう。別当の公暁には容易いことである。ただ、それでは義時を討つことはできない。実朝と一丸となって親王将軍推戴に動いている義時、将軍に次ぐ№2、御家人の最上首たる執権の義時をも討っておかなくては、たとえ将軍になれたとしても安泰とはいえない。義時を討った上で、北条氏に対抗し得る有力御家人の乳母夫《めのと》三浦義村に執権の地位を保証すれば、自分を支持してくれるはずだとの読みもあったろう。むろん、これは公暁の自分勝手な読み、希望的観測であって、義村が実際にどのように対応するかは別問題であるが。

では、二人を同時に殺害するにはどうすればいいか。武装した随兵《ずいひょう》が垣の外に控え、実朝の近くに公卿・殿上人と、武装せずに布衣などを着した前駈《ぜんく》の義時たちしかいない場所で襲うこと、これが最も成功率の高い、ほぼ唯一の機会である。しかも、人々がみまもる中であれば、親の敵を討つための行為であるとアピールすることができる。武士社会において敵討《かたきう》ちは、自力救済の一種としてある程度の正当性を持っていた。二十数年前、頼朝が主催した富士の巻狩の場で、曽我兄弟が実父の敵《かたき》工藤祐経を討ち取った行為も、親の恩に報いる「曽我語り」として普及し始めていた頃である。公暁は親の敵を討つということを持ち出せば、将軍殺害も正当化されると考えたのであろう。

（3）『吾妻鏡』の記述から

仲章を義時と間違えた点については、『吾妻鏡』が記す行列次第に謎を解く鍵があると考える。行列は、後鳥羽が臨席させた「殿上人」十人が左右二列になって進んだ。その最後尾右に「文章博士《もんじょうはかせ》仲章朝臣」がいた。次に足利義氏、大江親広、長井時広、北条時房ら「前駈」二十人が左右二列で続く。最後尾は上位の左側が源氏一門の「修理権大夫《しゅりごんのだいぶ》」大内惟義、下位の右側が「右京権大夫」北条義時であった。そのすぐ後ろが、檳榔《びんろう》の葉で飾った豪華な牛車すなわち実朝の乗る「御車」、次いで最前列の左・右に「小笠原次郎長清」「武田五郎信光」が並ぶ有力御家人の「随兵」十人、雑色・検非違使・調度懸・下臈御随身をはさんで、御台所の兄坊門忠信や西園寺実氏ら「公卿」五人、さらに一般御家人が左右二列で続いた。そのほか「路次随兵一千騎」に及んだという。

この記述から、義時が実朝のすぐ前を進む前駈の最後尾右であったことがわかる。前年六月二十七日の左大将拝賀の行列でも、義時は惟義とともに前駈の最後尾、実朝のすぐ前の位置にいた。ただし、この時は右京権大夫の義時が左、格下の前駿河守である惟義が右であった。ところが、建保七年一月、惟義は実朝の推挙によって修理権大夫に任官していた。修理権大夫は右京権大夫と同格の京官であるが、位階は惟義が正四位下、義時は従四位下であり、惟義が格上であった。そこで、今回は惟義が最後尾の左に上がり、義時が最後尾の右に下がったのである。恐らく実朝は、右大臣拝賀という最高の晴れの舞台で、前駈の最後尾左という名誉ある位置に惟義を並ばせようと考え、修理権大夫に推挙したのであろう。父頼朝も重く用いた惟義の積年の功労に対する心遣いである。ただ、これにより奇しくも義時は、殿上人十人の中の仲章と同じ位置、つまり最後尾の右に並ぶことになった。

一方、雪があがったとはいえ月明かりもない真冬の暗い夜に、一瞬で決着をつけなくてはならない公暁たちは、ターゲットの立ち位置の目星をつけていたはずである。実朝の居場所はすぐわかる。問題は義時である。ただ、八幡宮に向かう行列を目にする機会ぐらいはあったであろう。その際に最後尾の右という義時の立ち位置を確認したのではないか。『愚管抄』によれば、公暁に続いて飛び出した三・四人は、供の者たちを蹴散らして迷うことなく仲章に突進し、義時だと思って切り伏せたという。その場に居並ぶ人々の最後尾右にいるのが義時だ、と確信していた証拠である。しかし義時は、実朝から中門に留まれと命じられ、他の前駈十九人とともに中門付近に控えていた。公暁たちにとっては痛恨の誤算であった。

また、武装した随兵たちも実朝の周囲にはいなかったと考える。『吾妻鏡』によれば、実朝が殺害された直後、真っ先に馬で現場に駆けつけた随兵は武田信光であったという。実朝の牛車のすぐ後ろを進んだ随兵十人のうち、最前列の左が小笠原長清、右が武田信光であった。信光が馬で駆けつけたということは、随兵たちは中門よりもさらに外側に控えていたということである。『愚管抄』に「鳥居ノ外ナル数万武士」、『吾妻鏡』に「路次随兵一千騎」と記されているように、実朝を護衛すべき武士たちはかなり遠くにいたのである。

『愚管抄』は「大方用心セズサ云バカリナシ」「ヲロカニ用心ナクシテ、文ノ方アリケル実朝ハ、又大臣ノ大将ケガシテケリ」と記している。右大臣・左大将として公卿・殿上人の前を誇らしく歩くことを優先し、護衛の武士たちを遠ざけるという、実朝の用心のなさを痛烈に批判するのである。親王将軍推戴という構想の実現にあと少しというところまできた実朝に、わずかではあるが、心の隙が生じていたといえるかもしれない。

おわりに

実朝殺害事件については、『吾妻鏡』の作為、黒幕の有無など言及しなくてはならない問題がまだある。ただ、すでに与えられた紙数を大幅に超えてしまった。そこで、そうした問題は別の機会に譲ることとし、最後に実朝の死の影響について少しだけ触れておきたい。

正二位・右大臣・左大将にして鎌倉幕府三代将軍の源実朝の死は、朝幕の多くの人々に衝撃を与え、歴史を大きく変えることになった。幕府は、わずかに頼朝の血を引く摂関家の三寅（後の頼経）を将軍予定者に迎え、北条政子・義時・時房らによる集団指導体制を敷いた。執権政治の前身ともいえる体制である。朝廷では、信頼する実朝の命を守れなかった幕府に対し、不快感と不信感を抱いた後鳥羽が、実朝亡き後の幕府を実質的に取り仕切る北条義時を追討するための挙兵、すなわち承久の乱への道を突き進むことになる。乱後、朝幕の力関係は劇的に変わり、「真の武者の世」が訪れたことは周知の通りである[10]。要するに、実朝の死は、中世社会を大きく転換させる最初の引き金になったといえるのである。

注

（1）舘隆志氏「公暁の法名について」（『印度學佛教學研究』第六一巻第一号、二〇一二年）をはじめとした同氏の研究により、園城寺公胤《こういん》の弟子となった公暁の法名は、漢音で「こうきょう」または「こうぎょう」と読むべきであることが明らかにされた。尊暁・定暁の弟子であった公暁が、もとの名を頼暁《らいぎょう》といったことを考慮に入れ、本稿は「こうぎょう」の読みを採用したい。なお、史料が少なく謎に包まれた公暁の生涯に言及した書として、矢代仁氏『公暁――鎌倉殿になり損ねた男』（星雲社、二〇一五年）がある。

（2）河内祥輔氏『日本中世の朝廷・幕府体制』（吉川弘文館、二〇〇七年）、拙著『源実朝――「東国の王権」を夢見た将軍』（講談社、二〇一四年）、五味文彦氏『源実朝――歌と身体からの歴史学』（角川選書、二〇一五年）など。

（3）広元は大江氏の出身であったが、中原広季の養子となり、長く中原姓を称した。しかし、建保四年（一二一六）閏六月一日、勅裁により大江姓への改姓が認められ、以後は大江広元と称した。

（4）『官職秘抄』は正治二年（一二〇〇）頃、平基親が著した有職故実の書である。鎌倉初期の人々の官職に対する認識を知ることができる史料である。
（5）舎利信仰については、田中貴子氏『外法と愛法の中世』（砂子屋書房、一九九三年）、小林直樹氏「実朝伝説と聖徳太子――『吾妻鏡』における源実朝像の背景」（『文学史研究』四七、二〇〇七年）を参照。
（6）元木泰雄氏『源頼朝――武家政治の創始者』（中央公論新社、二〇一九年）。
（7）川合康氏『院政期武士社会と鎌倉幕府』（吉川弘文館、二〇一九年）。
（8）源氏将軍観については金永氏「摂家将軍期における源氏将軍観と北条氏」（『ヒストリア』一七四号、二〇〇一年）が参考になる。
（9）永井晋氏「金沢北条氏と鎌倉の仏教体制」（『金沢北条氏の研究』、八木書店、二〇〇六年）、平雅行氏「鎌倉寺門派の成立と展開」（『大阪大学大学院文学研究科紀要』四九、二〇〇九年）、末木文美士氏「実朝と神仏」（季刊『悠久』第一五六号、二〇一九年）などを参照。
（10）拙著『承久の乱――真の「武者の世」を告げる大乱』（中央公論社、二〇一八年）参照。

文書にみる実朝

高橋典幸

鎌倉幕府発給文書研究の成果をふまえて、文書から実朝像にせまることを試みた。今回とり上げたのは実朝の書状と御判下文であるが、それらからは鎌倉幕府の首長としての自覚や、実朝の権威の大きさをよみとることができる。一方、それを抑制しようとする動きや北条政子発給文書との関係などが今後の検討課題として浮かび上がる。

はじめに

源実朝について、かつては「悲劇の将軍」「文弱の将軍」というイメージが先行しがちであったが、そうした実朝像はおおいにあらたまりつつある。鎌倉時代の基本史料である『吾妻鏡』の読み直しや和歌事績の研究が実朝像の更新に大きな役割を果たしているが、当該期の幕府発給文書研究の深化も見逃すことはできない。そうした成果をふまえて、本稿では文書から実朝像にせまってみたい。紙幅の都合上、今回は実朝の書状と御判下文をとり上げる。

一、書状

実朝の書状については、すでに折田悦郎氏が収集・分析しており、(1)その後の知見もふまえるし、表に掲げた十一通が知られている。(2)書状とはいえ、いずれも実朝に寄せられた訴えや要請に対する回答・指示を内容とするものであり、大江広元や北条義時ら侍臣による副状が付けられていることから、(3)一種の「公文書」とみるべきである。政務のあり方や実朝の

たかはし・のりゆき——東京大学大学院人文社会系研究科准教授。専門は日本中世史。主な著書に『鎌倉幕府軍制と御家人制』（吉川弘文館、二〇〇八年）、『源頼朝　東国を選んだ武家の貴公子』（山川出版社、二〇一〇年）『中世史講義　院政期から戦国時代まで』（五味文彦と共編、筑摩書房、二〇一九年）などがある。

表　源実朝書状一覧

No.	日付	差出	出典
1	建永元年12月29日	左（ママ）中将	高野山文書又続宝簡集142（鎌倉遺文1655）
2	建永2年8月11日	＊不明	注2参照
3	（承元4年）2月14日	右近中将（花押）	千家家文書（『松江市史』）
4	建暦元年5月20日	右近中将〈在判〉	注2参照
5	（建保4年）3月17日	右近中将実朝	三浦周行氏旧蔵文書（鎌倉遺文補遺705）
6	（建保4年）3月18日	実朝	尊経閣古文書纂編年文書（鎌倉遺文補遺・尊経閣16）
7	（建保6年）7月13日	左大将実朝	関戸守彦氏所蔵文書（黒川高明『源頼朝文書の研究 史料編』）
8	（建保6年）12月28日	右大臣（花押）	高野山文書宝簡集9（鎌倉遺文2415）
9	正月20日	左（ママ）中将実朝	蒲生文書（鎌倉遺文1546）
10	2月7日	右中将（花押）	勧修寺文書（『勧修寺論輯』2）
11	7月8日	右近中将（花押）	尊経閣古文書纂編年文書（鎌倉遺文補遺・尊経閣15）

政治姿勢を伝える文書といえよう。

中でも注目されるのが、**表**No.1として掲げた次の書状である。

備後国大田庄地頭事、本地頭依陰謀事、没収其跡、令補康信法師候畢、

故大将之時、此如（ママ）令成敗候、当時無指其咎候之間、難改易候也、可然之様、可令披露給候也、恐々謹言、

建永元年十二月廿九日　左（ママ）中将

高野山領備後国大田荘では、下司（＝本地頭）らの謀叛の咎により、建久七年（一一九六）十月に頼朝側近の三善康信が地頭に補任されていた。以後、高野山は地頭停止活動を展開しており、[4] 右の文書もその一コマのものと考えられる。貞応二年（一二二三）の文書では[5]本文書が「院宣御請文」と呼ばれていることから、高野山の訴えは後鳥羽院を経由して実朝に伝えられたのであろう。すなわち充所を欠くものの、右の実朝書状は後鳥羽院に対する回答なのである。

後鳥羽院からの問い合わせ（おそらくは大田荘地頭の改易要求もしくは打診）に対して実朝は、大田荘地頭が源頼朝によって設置された経緯にふれたうえで、「当時さしたるその咎無く候ふの間、改易しがたく候ふなり（現在これといった落ち度もないので、大田荘地頭を改易するのは難しい）」と回

答している。実はこの年のはじめ、頼朝の時に拝領した所領は「大罪」を犯さない限り改易されないことを、幕府は定めたばかりであった（『吾妻鏡』建永元年正月二十七日条）。実朝はこの原則を掲げて、高野山の訴えを退けようとしているのである。

しかも回答の相手は後鳥羽院である。幕府の首長として、幕府の原則・論理を主張して後鳥羽院・朝廷に対峙する鎌倉殿実朝の政治姿勢が伝わってこよう。

実朝は後鳥羽院と密接な関係にあったことも知られているが、幕府を背負って立つ鎌倉殿としての自覚はその後も一貫している。

高野山衆徒訴申備後国大田庄事、所詮、領家進止庄務、乃貢勤否之条、即可被触沙汰候歟、地頭者不知其沙汰之由所申候也、仍召問衆徒之処、領家無沙汰之間、為達訴訟下向関東云々、然者、尤於京都可被糺済否候者也、謹言、

十二月廿八日　右大臣（花押）

春宮大夫殿（西園寺公経）

表No.8として掲げた右の書状も備後国大田荘に関わるものである。充所の「春宮大夫」は関東申次として公武交渉にあたっていた西園寺公経であることから、これまた後鳥羽院への回答とみることができる。高野山衆徒は再び後鳥羽院を通じて大田荘の年貢について幕府に訴え出ていたようであるが、調査の結果、これは京都で究明されるべきことを、実朝は後鳥羽院に言い送っているのである。ここからも、先に掲げた書状と同様の実朝の政治姿勢を読みとることができよう。

差出に「右大臣」とあることから、この文書の日付は建保六年（一二一八）十二月二十八日に比定できるが、(6) 奇しくもこの一か月後、実朝は鶴岡八幡宮で凶刃に倒れている。現存する実朝最後の書状である。

二、御判下文

次に実朝の御判下文を取り上げたい。当時の武家社会において下文は最上格の文書であった。ことに主人の花押がすえられた御判下文は、将軍家政所下文への切り替えを迫られた千葉常胤がなお御判下文の下賜を熱望したという逸話（『吾妻鏡』建久三年八月五日条）からも知られるように、主従の紐帯を象徴する重要な文書であった。頼朝も征夷大将軍に任じられて将軍家政所下文を使い始めるまでは、恩賞授与や安堵、裁許などの重要案件の決裁には御判下文を用いており、続く頼家も当初は御判下文を用い、従三位に叙されてから将軍家政所下文に切り替えている。

父や兄の例にならえば、実朝もまずは御判下文を用いるところであったが、実際はそうはならなかった。建仁三年（一二〇三）九月の比企氏の乱後、実朝は鎌倉殿に擁立され、十月には元服、正式に将軍宣下を受けているが、重要案件の決裁には、実朝の袖判下文ではなく、新たに執権北条時政署判の下知状が用いられている。その時政が元久二年（一二〇五）閏七月に失脚すると、今度は政所職員連署の下知状が使われるようになる。[7]そして承元三年（一二〇九）四月に実朝が従三位に叙されるに至って、将軍家政所下文に切り替えられることになるのである。注目すべきは、北条時政署判下知状・政所職員連署下知状・将軍家政所下文のいずれにも、実朝の花押はすえられていないことである。

実朝の権力や幕府内における政治的立場を考える場合、このことのもつ意味は大きく、重要な検討課題と考えられる。ここでこの問題に取り組む余裕はないが、その一方でごくわずかではあるものの、実朝御判下文が散見されることに注目したい。実朝の花押がすえられない文書が大勢を占める中で、このことはどのように理解したらよいのであろうか。

実朝御判下文として、現在知られているのは、次の四通である。[8]

A　元久二年八月二十三日奥上判下文
（「鹿島神宮文書」、鎌③一五七四）

B　元久二年八月日奥上判下文写
（「正木文書」鎌③一五七八）[9]

C　元久二年十一月十二日袖判下文案
（「長隆寺文書」、鎌③一五八八）

D　建暦三年五月九日袖判下文
（「三階堂文書」、鎌④二〇〇七）

事例が乏しい中で注目されるのは時期に偏りがあることで、元久二年八月から十一月の間に三通（A・B・C）も集中している。[10]これは先に言及した北条時政失脚直後にあたる。また政所職員連署下知状が登場する前でもある（時政失脚後に確認される政所職員連署下知状の初見は建永元年（一二〇六）七月である）。[11]それまで幕政の実権を握ってきた北条時政の失脚という政治的混乱のもと、新たな統治形態を模索する中で実朝御判下文が選択されたとみることができようか。

残るDも、建暦三年（一二一三）五月の和田合戦直後という重大な局面にあたっていることに気が付く。

周知のように和田合戦は鎌倉幕府を二分する大規模な内戦であり、御家人たちもどちらにつくか逡巡するありさまであった。ここで注目されるのは、実朝の身柄を確保していた北条義時・大江広元は、実朝の花押をすえた御教書を発し、

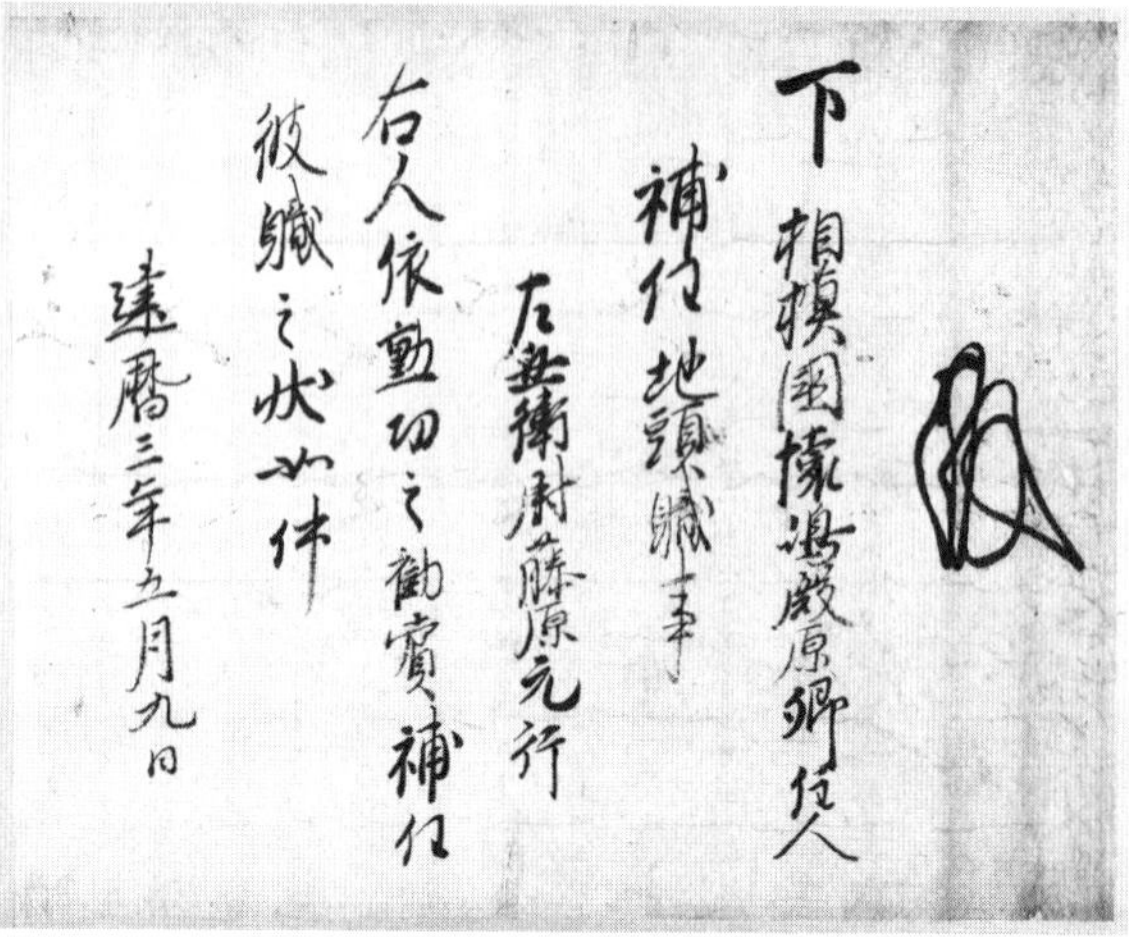
下　相模国懐島殿原郷住人
補任　地頭職事
左兵衛尉藤原元行
右人依勲功之勧賞、補任
彼職之状如件
建暦三年五月九日

図1　源実朝袖判下文（二階堂文書、東京大学史料編纂所所蔵）二階堂元行に勲功賞を与えるもの

御家人らの動員に成功していることである（『吾妻鏡』建暦三年五月三日条）。さらに和田合戦鎮圧後、京都の治安維持・西国の警戒のために在京御家人に発した義時・広元連署の御教書にも実朝の花押がすえられていた（『吾妻鏡』建暦三年五月三・九日条、『明月記』同年五月十七日条）。

五月七日および九日には和田合戦の勲功賞が行なわれているが（『吾妻鏡』）、Dは日付・内容から（**図1**参照）、この時の勲功賞で授与された文書と考えてよいだろう。とすると、他の勲功賞も実朝袖判下文によって行なわれた可能性が高い。北条義時や大江広元らは実朝の花押を「駆使する」ことによって和田合戦を乗り切ったといえよう。

建暦三年といえば、将軍家政所下文が使われ始めて五年目。そうした時期に実朝の袖判下文が突如用いられるのはやや異常な事態といわざるをえない。それだけ和田合戦の衝撃が甚大なものであったことがうかがわれるが、同時にそうした衝撃・混乱を収拾しうる権威が実朝やその花押に備わっていたとも考えることができよう。時政失脚直後に実朝御判下文が集中して現れるのも、そうした権威を早くから実朝が備えていたことを意味するのではないだろうか。

ただし、いずれも単発の現象で終わってしまう。北条義時や大江広元は実朝花押の効力を身をもって認識していたはずであるが、あえてそれを活用し続けようとせず、封印してしまったのであろうか。あらためて実朝の権力や幕府内における政治的立場を検討する必要性が痛感される。

三、北条政子

最後に実朝の立場を考える参考として、北条政子の発給文書を取り上げてみたい。北条政子については自筆と伝わる仮名書状が何点か知られているが、最近、田辺旬氏は、大江広元らを奉者として政子の意を奉じた仮名奉書が発給されていたことを明らかにした。[12] 注目されるのは、それはいずれも御家人の所領支配や相続に関するものであり、実朝将軍期から発給されていたという指摘である。

御家人の所領支配や相続といえば、御家人制の根幹に関わるものであり、鎌倉殿実朝の権能を考える上でも、北条政子仮名奉書は見逃すことはできない。田辺氏が紹介した仮名奉書の一つ、建暦元年(一二一一)の大江広元奉書は、[13] 東大寺領美濃国大井荘下司職をめぐって幕府に訴え出た相論当事者に対して、幕府に裁判権はなく、東大寺に訴えるべきことを伝えた文書であるが、裁判権・裁判管轄を明示しているという点で、一でふれた実朝の書状に通じるものが感じられる。また前者が御家人相手であるのに対し、後者が朝廷あてである点に、両者のすみわけ(機能分担)も読み取れそうである。

鎌倉殿の権能・権力の構成や実態を考える上で、北条政子仮名奉書は興味深い問題を提示している。二で言及した政所職員連署下知状の問題などとともに、今後検討を進めていきたい。

注

(1) 折田悦郎「鎌倉幕府前期将軍制についての一考察 実朝将軍期を中心として(上)(下)」(『九州史学』七六・七七号、一九八三年)。

(2) **表**No.2・No.4はそれぞれ、「尊経閣古文書纂東福寺文書」弘安十年十月十一日関東下知状(鎌倉遺文補遺尊経閣文庫文書一二七号)・「京都大学文学部所蔵文書・宮内庁書陵部所蔵谷森文書」寛喜三年五月十一日中原章行勘文(鎌倉遺文六巻四一四一号。以下、同書からの引用は鎌⑥四一四一の如く表記する)に引用されているものである。

(3) 「高野山文書宝簡集九」(建保六年)十二月二十九日二階堂行光書状(鎌④二四一六)は**表**No.8の、「蒲生文書」二月三十日大江広元書状(鎌③一五四七)は**表**No.9の副状である。表No.2とともに列記される「同(建永二年八月)廿三日書博士(中原師名)奉書」、**表**No.4とともに列記される「建暦元年五月廿四日権大夫殿(北条義時)御教書状案」もそれぞれの副状と考えられる。

(4) 古澤直人「幕府権力の変質と領主制」(『日本歴史』四一六号、一九八三年)参照。

(5) 「高野山文書又続宝簡集一四二」貞応二年十一月日備後国大田荘地頭太田康継・康連連署陳状案(鎌⑤三一八〇)。

(6) 実朝は建保六年十二月二日に右大臣に任じられ、鎌倉では二十日に政所始が行なわれていた(『吾妻鏡』)。

(7) この文書の性格を下知状とみるか、下文とみるかについて、議論が重ねられている。佐藤秀成「鎌倉幕府前期発給文書と執権制」(佐藤『鎌倉幕府文書行政論』吉川弘文館、二〇一九年)参照。

(8) 錦織勤「鎌倉期の小早川氏に関する若干の考察」(『鳥取大

学教育学部研究報告 人文社会科学』三五号、一九八四年）は、「小早川家文書」文永三年四月九日関東下知状（鎌⑬九五二二）に引用される「同（建永）二年四月五日御下文」を実朝袖判下文とするが、これは先述した政所職員連署下知状とみるべきである。

（9） ただし『鎌倉遺文』は奥上判を逸し、「関東下文案」とする。『群馬県史』資料編四、一八九—一九〇頁の翻刻によられたい。

（10） 「東大寺文書」正中三年三月日東大寺衆徒等申状土代（鎌㊳二九四五三）などにみえる「元久二年右大臣家下文」も、元久二年九月以降の発給と考えられ（「東京大学文学部所蔵東大寺文書」元久二年九月二十八日東大寺三綱文書出納日記、鎌③一五八一）、実朝奥上判下文の可能性がある。

（11） 「宮内庁書陵部所蔵『参軍要略抄』下紙背文書」建永元年七月四日鎌倉幕府政所職員連署下知状（鎌③一六二六号）。

（12） 田辺旬「北条政子発給文書に関する一考察」（『ヒストリア』二七三号、二〇一九年）。

（13） 「東大寺要録二」建暦元年大江広元書状（鎌④一九〇五）。

付記 本稿校正中に久保田和彦「源実朝の発給文書」（北条氏研究会編『北条氏発給文書の研究』勉誠出版、二〇一九年十月）に接した。あわせて参看されたい。

実朝の追善

山家浩樹

やんべ・こうき――東京大学史料編纂所教授。専門は日本中世史、室町幕府の研究。主な著書・論文に「越前国坂北庄をめぐる天皇と室町殿」(『室町時代研究』三、二〇一一年)、『足利尊氏と足利直義』(山川出版社、二〇一八年)などがある。

実朝の追善供養は、さまざまな人びとが担い手となり、高野山金剛三昧院をはじめ多くの場で展開した。頼朝の追善が法華堂に集約されたのとは対照的である。実朝追善の具体像を整理し、さらに政権を担う勢力にどのように継承されたかを検証する。実朝が歴史をどのように生きたか、考える手掛かりの一つとしたい。

建保七年(一二一九)正月二十七日、源実朝は不慮の死を遂げる。頼朝の血筋も断えた。その死を受け止めた御家人たちは、実朝にどのような思慕を捧げ、同時に、実朝という過去をいかに意義付けようとしたのか。さらに時が下り、統治者たらんとする武家は、実朝をどう位置づけようとしたのか。本稿では、実朝への追善の実際を改めて整理する。死後の実朝への対峙のあり様から、室町時代初期にいたる実朝の歴史的意義づけを垣間見たい。

一、近侍者による追善

『吾妻鏡』によれば、実朝の死の翌日、出家した御家人は、大江(長井)親広・時広兄弟、中原季時・安達景盛・二階堂行村・加藤景廉ほか、百余輩に及んだ。このうち、安達景盛、二階堂行村は、実朝の供養を志した痕跡を残す。

(1) 安達景盛(覚智)

景盛は、出家して大蓮房覚智と称した。覚智は、実朝の菩提を弔うため、河内国讃良庄の得分を、「高野禅定院御堂護摩用途」に寄進し、寛喜元年(一二二九)八月に幕府から下知状で認可を受けている[1]（六九）。覚智は、承久三年（一二二一）十二月に讃良庄の「預所地頭職」を給与されている（六八）。幕府からの給与分を寄進するため、幕府の認可が必要であった。「預所地頭職」という表現から、讃良庄は、上級職を将軍が保有する、いわゆる関東御領だと判断される。

禅定院は、金剛三昧院の前身と説明されることもあるが、同時代史料に乏しく、詳細は不明である。金剛三昧院は、すでに貞応三年（一二二四）の文書にその名がみえる（二）。一方、高野山禅定院の名は、建長元年（一二四九）の史料にも確認される[2]。そして、弘安四年（一二八一）に金剛三昧院の草創などを記した文書には、讃良庄は金剛三昧院管領の「護摩堂領」としてみえる（五七）ので、禅定院は、それまでには金剛三昧院と一体化していることがわかる。

金剛三昧院が創建された経過もまた明瞭でない。先の弘安四年の文書には、金剛三昧院は、本願である大蓮房覚智が北条政子に申請し、伽藍を整備し祈祷を継続して、三代将軍の菩提を弔ったとみえる。寛元元年（一二四三）と翌年、将軍頼経や幕府は、覚智に対し、寺務をになう住持の推挙を命じており（五・一二四）、覚智は金剛三昧院の実際の管理を担う立場であったと確認される。同時に、金剛三昧院は、将軍や幕府の意向が強く反映する寺院であったことも忘れてはならない。以後、安達氏と金剛三昧院の関係は鎌倉時代を通じて継続している。

政子の死後、金剛三昧院には政子を弔う性格も付与されている。実朝の追善には、金剛三昧院と関わる事例がいくつかみられる。それらは、次章でまとめて扱うこととし、本章ではそれ以外の事例を整理していきたい。

（2）二階堂行村

行村の事例はあまり明瞭でない[3]。「石清水八幡宮末社記」の行願院の説明に、嘉禄年中（一二二五～二七）に、二階堂隠岐入道行西、つまり行村が、「将軍家御菩提幷関東御祈」のために建立した、とみえる。行村と実朝との関係を考えると、将軍家とは、具体的には実朝を指すと思われ、行願院は、実朝を弔う施設という性格が強いとみなされる。行願院の詳細は明らかでないが、「宮寺縁事抄納筥目録」願文三に、嘉禄二年（一二二六）十二月十三日付、行村の供養堂願文が掲げられており、行願院の供養である可能性が高い。「男山考古録」巻八によると、阿弥陀を中心に、太子像も安置していたらしい。

（3）宇都宮朝業（信生）

かつて京都三鈷寺に伝来した文書に、寛喜二年（一二三〇）四月付、沙弥の置文がある[4]。実朝追善の費用として、丹波国国分寺領に所課する内容。この沙弥は関連文書から信阿である。出家して信生と名乗った、宇都宮朝業に充てられる。宇都宮朝業は、塩屋を称し、兄蓮生とともに、善慧房証空の弟子としても知られている。和歌を通じて実朝に仕え、歌集「信生法師集」によって、実朝の死により出家したと確認される。

証空は法然房源空の高弟で、西山義の祖として知られる。実朝追善の場、つまり丹波国国分寺領から所課が進納される先は、同じ日付の信阿の所領寄進状の宛先と同じく、往生院となろう。往生院は、証空が継承し、三鈷寺と改められた。前二者と同じく、実朝に近侍し、その死とともに出家した武家による追善となる。浄土宗（西山義）による点も注目される。

（4）後藤基綱

基綱は、実朝追善のために「大倉堂」を建立した。貞永元年（一二三二）十二月二十七日、定豪を導師に堂供養が行われている（「吾妻鏡」）。基綱は、文官として活躍し、将軍藤原頼経の側近と位置付けられるが、実朝との関係をうかがわせる徴証もある。実朝は、昵近祇候人から芸能の輩を選んで学問所番を組織している。そのなかに「後藤左衛門尉」がおり、基綱とみなされている（「吾妻鏡」建保元年二月二日条）。基綱は、一二三〇年代以降、和歌に関わる事績を多く残しており、さかのぼって実朝にも和歌を介して祇候していたと思われる。承久の乱後、基綱の和歌の事績が確認されるのは、堂供養の前年であり、[5]和歌への回帰が実朝追善の契機となった可能性もあろう。堂供養の導師は定豪であり、大倉堂は真言系と位置付けられようが、堂供養以降の変遷は明らかでない。

実朝の死とともに出家していない点、前三者と異なるが、和歌を介している点で、宇都宮朝業と共通する。

（5）毛利季光

季光は大江広元の息で、毛利を名乗った。実朝死去の日に出家している。浄土宗隆寛（長楽寺流祖）に帰依し、西阿と名乗った。承久の乱で軍功を挙げ、幕府の中枢を担いつつあったが、宝治元年（一二四七）六月の合戦で三浦氏と運命を共にする。行田市の天洲寺に伝わる聖徳太子立像には胎内銘があり、寛元五年（宝治元年）正月、西阿が造立趣旨を記している。西阿は季光に充てられ、両親・兄弟や、季光には娘婿の父親に当たる北条泰時の往生を願い造立した旨が記される。さらに、頭部内の銘には、六名ほどの名とともに「御所ほたいのために」と見える。死去した将軍を指す可能性が高く、季光の経歴を勘案して、実朝と考えられている。実朝は、持仏堂で童形の聖徳太子の御影を供養し、また大江広元

に太子のことを調べさせるなど、太子信仰に関わる事績を残していることが指摘されている。(6)

実朝の死とともに出家した点で後藤基綱を除く三者と、浄土宗という点で宇都宮朝業と共通し、二階堂行村とは太子像という点で関連する可能性を有している。

(6) 坊城女房

坊城女房は、実朝追善のため、堂を建立し、伊勢国原御厨と越前国山本庄の「預所地頭職」および河内国大窪庄の地頭職を寄進している。原御厨と山本庄は、「預所地頭職」とあるので、関東御領である。堂は「有須河堂」と記される。将軍藤原頼経は、寛喜元年（一二二九）十一月二十六日にこの寄進を認可している。(7)

坊城女房は、藤原国通の周辺の女性である可能性が高い。国通は坊城と呼ばれ、「有洲河亭」に居住していた。実朝の右大臣拝賀のため鎌倉に下向した五名の公卿のうちに見えており、実朝の死に立ち会ったことになる。北条時政と牧の方の子供で平賀朝雅室であった女性は、国通に再び嫁いだ。牧の方は国通邸に身を寄せ、「明月記」嘉禄三年（一二二七）正月二十三日条によると、国通の「有巣河家」で時政の十三回忌を行なっている。また、寛元二年（一二四四）には泰時娘の富士姫を猶子とする（「吾妻鏡」寛元二年四月十日条）など、国通は継続して北条氏と関係を保持していた。

堂領のうち山本庄は、鎌倉円覚寺の造営料所に充てられたため、さきの三か所の堂領に関わる文書は円覚寺に伝来している。永仁六年（一二九八）十月十七日の北条貞時下知状では、実朝追善の御堂は「有栖河清浄寿院」と呼ばれ、堂領三か所の経過が記される。まず、「有栖河殿遺跡」は、院領三か所も含めて、北条氏嫡流に相承されたとある。これより先、建治三年（一二七七）、北条時宗は「有栖川殿領」を拝領している。「有栖川殿」とは国通を指すのであろう。国通は正元元年（一二五九）四月に死去し（貞永元年（一二三二）出家）、おそらくは継承者がないため、遺領は妻方の北条氏嫡流への伝領が認められたとみなされる。堂領（院領）三か所については、時宗が別に知行者を定めることを認めたため、御堂（有栖河清浄寿院）などに権利が留保されていた。しかし、実際には北条氏領として展開したため、堂領として機能せず、御堂は荒廃した。この貞時の下知状で、北条氏嫡流の管理のもと、堂領として再度認められたものの、山本庄は円覚寺の造営終了後に返付するなど、記された具体策に実効性は乏しい。なお、下知状には、「太政法印坊」が「本主余流」として御堂の寺務を相伝したとあり、親玄に比定されている。醍醐寺地蔵院の親玄は、関東に下向して、北条氏と関係を築き教線を広げたことで知られ、下知状の直前、九月十三日には、幕府の推挙で、鎌倉にとどまったまま、醍醐寺座主となっている。

坊城女房は、詳細はわからないものの、実朝に近侍した女性であったろう。建立した御堂（有栖河清浄寿院）は、北条氏に所縁をもちながら、十分な庇護を得ることはできず、衰退していったと思われる。

（7）実朝室　坊門信清娘

実朝の室である坊門信清娘は、実朝の死後に出家し、京都の八条朱雀あたりにあった邸宅をそのまま仏寺とした。寛喜三年（一二三一）正月、実朝十三回忌にあたり堂供養を行い、十七回忌の嘉禎元年（一二三五）、また仁治元年（一二四〇）の忌日には、ここで法華八講を修している。邸宅は「八条」「西八条」と通称されていたようで、寺は「西八条故右大臣後家尼公堂」などと呼ばれている。[8]

実朝室（本覚尼と伝えられる）は、文永九年（一二七二）八月と十二月にかなの置文を残している。長文の八月の置文では、寺を遍照心院と明記し、実朝の御影を置いて追善し、将軍家を祈祷する寺であること、北条政子の御文を得て、伊予国新居庄を寺領とすることなどを記す。十二月の置文では、「西八条殿寺」と表記して、実朝の菩提を弔うために幕府の許可を得て寺としたこと、寺領などについて北条時頼の了解を得ていること、寺領ほかに問題あるときは、実朝側近であった安達景盛の孫、泰盛を仲介者として将軍に申請し、解決を図ることなどを記している。寺は、こののち（西八条）遍照心院として史料に見える。開山は廻心上人真空、明示されないが、八月の置文にも言及される。これ以前に高野山金剛三昧院五世となるなど、安達氏と由縁の深い僧である。遍照心院もまた、安達氏と深くかかわっていた。

遍照心院の文書や名跡は、その後、大通寺に継承されている。加えて、十五世紀を中心に、寺辺所領を巡って相論が絶えなかったため、相論相手の東寺などに関係史料が多く残っている。

（8）さまざまな追善施設

このほか、実朝の供養に関わる施設として確認しえた事例を列挙しよう。

・**信濃善光寺**　かつて実朝木像が安置され、戦国期に頼朝木像とともに甲斐善光寺に移された。頼朝木像には文保三年（一三一九）の修理銘がありそれ以前の作、実朝木像も同時期のものとされる。実朝像がまつられた経緯は不明だが、頼朝は善光寺復興に尽力している。[9]

・**高野山寂静院**　「高野春秋」によると、貞応二年（一二二三三)、頼朝の息である貞暁は、源氏三代将軍追善のため、阿弥陀堂と三基五輪を建て、阿弥陀堂は寂静院にあたるという。本尊阿弥陀には、頼朝、あるいは三代将軍の遺髪を納めたとされる。(10) 現在、西室院に所在する三基の五輪塔は、鎌倉前期のものを含むとみなされている。

・**鶴岡八幡宮**　「社務職次第」などに「柳営別当」がみえるが、「新編鎌倉志」は、柳営明神とし、実朝社と呼んでいる。本社の西にあり、将軍頼経の創建という。(11)

・**鎌倉寿福寺**　「新編鎌倉志」に、実朝の石塔を安置した「画窟(えがきやぐら)」を載せる。寿福寺は開山栄西で、退耕行勇が継承するが、退耕は金剛三昧院の初代長老である。

・**相模金剛寺**　「新編相模国風土記稿」によると、波多野庄にある金剛寺は、実朝の首を埋葬した場という。墓所には五輪塔が置かれ、現在鎌倉国宝館に保管されている木製五輪塔がそれと伝える。金剛寺の開山も退耕とされる。

(9) 実朝追善の分散性

以上、実朝を追善する事例を列挙した。このほか、金剛三昧院に関わるものは二章で、法華堂については三章で取り上げるが、ここで整理をしておきたい。特徴として、多くの事例が確認されること、そして、追善施設の地域に広がりがあること、を挙げ得るだろう。鎌倉だけでなく、京都で石清水八幡宮行願堂、往生院、有須河堂、西八条殿寺と四例を数え、別に高野山金剛三昧院もある。実朝追善に見える特徴は、頼朝の追善と比較することで明瞭になる。頼朝の追善施設は、後述する鎌倉の法華堂にほぼ限定され、ほかには、実朝の事例としても挙げた、貞暁による高野山、信濃善光寺などとなる。

実朝と頼朝の追善につき、特徴を対比的に整理するならば、実朝の分散と頼朝の集約となるだろう。違いが生じた理由はいくつか想定される。ひとつは、血縁のある後継者の有無。頼朝には弔う血縁が存在しており、追善の担い手が明確であった。実朝にはそれがなかったため、諸人がひとしく、それぞれの立場で追善を行い得た。もうひとつは、死後、幕府に占める立場の相違。頼朝は鎌倉で幕府を創業した重い存在である。継承者として幕府を担うものたちにとって、頼朝の追善を行うのはその立場を明確にする行為でもあった。ゆえに継承者として行う追善は、他との差別化を図ったであろう。一方、実朝は、頼朝に比べると立ち位置が明確でなく、鎌倉幕府が存在した時期、実朝の追善には、相対的に高い政治性は生じえなかったと推測される。

二、高野山金剛三昧院

前章、安達景盛のなかで言及した金剛三昧院をここで取り上げる。金剛三昧院は、多様な人物が関わりながら、実朝追善という機能を高めていく。

(1) 葛山景倫(願生)

葛山景倫は、実朝の死去を受けて出家して願生と名乗り、高野山に身を置いた。北条政子から、高野山での生活の資縁に充てて実朝菩提を弔うため、紀伊国由良庄地頭職を与えられている。無本覚心の伝記「法灯円明国師行実年譜」などによると、願生はまず、由良庄に、西方寺を開き、実朝の頭骨を収め、実朝と政子の菩提を弔う場とした。安貞元年(一二二七)のこととされる。[12] のちの興国寺である。願生はついで、嘉禎二年(一二三六)、由良庄地頭職を金剛三昧院に寄進して、実朝と政子の追善の資としたい旨、初代長老である退耕行勇に伝え、関東下知状で認可を得ている(八八・八九)。年齢を重ねた文永元年(一二六四)には、改めて寄進状を作成している(九〇)。

願生は、二通の文書で、西方寺分は金剛三昧院への寄進から外している。文永の寄進状では、西方寺につき、退耕と申し合わせて建立し、無本覚心に譲る、と記す。無本は退耕の弟子で、入宋ののち、康元二年(一二五七)から翌年にかけ、金剛三昧院の第六代住持を務めた。「法灯円明国師行実年譜」では、正嘉二年(一二五八)に願性は無本覚心を西方寺の開山住持に請じたとある。

文永九年(一二七二)、願生は、金剛三昧院の「雑掌職」を辞退して幕府から認められており、それまでに金剛三昧院の運営にも関与していたことがわかる(九一)。願生は、政子の給与の趣旨を生かし、由良庄現地の西方寺、そして地頭職の収入によって高野山金剛三昧院と、実朝と政子を弔うふたつの寺院の整備に務めたのである。実朝は、御家人らを宋に派遣しようと試みて、景倫(願生)もその一員だったとされ、さまざまな伝承が伝えられる。景倫は、実朝の死のとき、九州まで下向していたとするもの(「法灯円明国師行実年譜」ほか)、由良で出航の準備をしていたとするもの(「紀伊国続風土記」願生伝など)、さまざまである。景倫が実朝の近臣であったことは疑いないであろう。

(2) 大弐尼

大弐尼なるもの、高野山に実朝の供養のために塔を建立している。頼朝・政子に仕えた女房大弐局は、加々美(小笠原)遠光の娘で、実朝の養育にも関与している。[13] 遠光の孫にあたる大井朝光は、宝治二年(一二四八)、大弐尼建立の塔の仏聖灯油に充てるため、伊賀国虎武保地頭職を寄進している（九二）。

大弐尼は、大弐局が実朝死後に出家した姿であろう。先述した弘安四年、金剛三昧院の由緒などを記した文書をみると、金剛三昧院には塔は二基あり、虎武保は「南塔」の所領とされ、大弐尼の塔は金剛三昧院の「南塔」であると確認される（五七）。

前章で見た坊城女房と同様に、実朝所縁の女性が、実朝供養のための施設を設けたことになり、この事例では供養の場は金剛三昧院であった。なお、大井朝光は、寄進と同日付で安達覚智に書状を出し、自らが大弐尼建立の塔の「奉行」と認められたので、所領寄進を行ったことを改めて伝え、取り計らいを依頼している（九三）。多様な御家人が金剛三昧院に連なり、それを覚智が統括している様子を具体的に示している。

(3) 足利義氏

金剛三昧院には、嘉禎三年（一二三七）の政子十三回忌に建立された大仏殿があった。足利義氏は、報恩のため丈六の大日如来を造立して安置し、実朝と政子の骨を納めた。嘉禎四年三月、義氏は大仏殿に美作国大原保を寄進し、住侶の資縁としている。寄進状では、実朝・政子の菩提回向の余薫により、自らの子孫の繁栄することを願っている。また、大原保の庄務は、金剛三昧院の第二代住持である隆禅に任せ、その後継者を隆禅の選択に委ねている。金剛三昧院には、この義氏の寄進状（五九）、同日付で義氏が隆禅に充てた、寄進状を隆禅に進めるという内容の文書（六〇）、五月に寄進を認可した幕府下知状（六一）、義氏が隆禅に充てた、幕府下知状を隆禅に進めるという内容の書状（六二）、以上四通が案文で残っている。

足利義氏は、実朝生前、和田合戦で幕府方となり、実朝死後も、政子・北条義時、ついで北条泰時を補佐して、幕府の中心メンバーといいうる。ただし、実朝・政子の追善を行う理由を考える際には、政治的立場にとどまらず、その根拠ともなる血縁関係に注目すべきであろう。義氏の母は、北条時政の娘であり、政子の妹とされる。時政から見れば、義氏と実朝はともに孫であり、義氏にとって、実朝は従兄弟、政子は伯母にあたる。[14] 寄進を行った嘉禎四年、将軍藤原頼経は北条泰時らとともに上洛し、しばらく京都に滞在している。泰時は、七月に、政子追善のため、園城寺唐院に一切経を奉納している（『吾妻鏡』暦仁元年七月十一日条）。義氏にとって、金剛三昧院への寄進は、自らが源氏将軍や北条氏に連なることを明示する行為だったともみなしうるだろう、

（４）大原保　義氏寄進から金剛三昧院領へ

大原保は、金剛三昧院領として安定するまで、複雑な経過をたどったようだ。本題から少しそれるが、整理しておきたい。関連文書は、金剛三昧院に伝わる次の五通である。

A　建治二年（一二七六）八月二日　　鎌倉幕府下知状案（六三）
B　弘安二年（一二七九）十月二十八日　　鎌倉幕府下知状案（六四）
C　弘安五年（一二八二）四月二十九日　　鎌倉幕府御教書案（六五）
D　嘉元三年（一三〇五）十二月十五日　　摂津親鑑書下案（六六）
E　徳治二年（一三〇七）五月二十五日　道寂寄進状（二三）

まずAは、隆禅の後継者法禅と、義氏の曾孫足利家時との相論を裁許した文書である。敷衍して整理してみる。

建長元年（一二四九）、隆禅から法禅に大原保の権利が譲渡されると、ときの足利家当主、おそらく義氏の子泰氏は、所領（幕府から恩補された所領であろう）を寺院に寄進するのは禁止されていると主張して、義氏の寄進を無効にすべく、北条氏家臣の有力者であった平盛綱を介して出訴した。主張は認められ、大原保の知行者、すなわち現地を掌握する者は、法禅から泰氏に変更された。泰氏は、建長年中に、大原保を他の所領とともに子頼氏に譲与し、安堵下文を得る。ただし、泰氏以下の足利家当主は、法禅に「寺用」を納入しており、法禅は、知行権は失ったものの、得分権を保持している。

文永十年（一二七三）、法禅は、大原保に関する権利の回復を求めて幕府に出訴し、四年をかけて勝訴する。頼氏の子家時の知行をとどめてふたたび法禅が知行者となり、大原保は「大仏殿之領」と記されている。

次にBによると、弘安二年、法禅から明寂に権利が譲与されるのと前後して、家時はAの破棄を求めて幕府に越訴する。しかし主張は求められなかった。ただし、この幕府下知状では、「保務」つまり知行権は寺家に保証されており、明記されないものの、明寂は、少なくとも知行権を否定されている。Bの文面には、すでに大仏殿の名は見えず、ここに大原保は、金剛三昧院領として確立したことになる。

Cでは、Bをうけて、法禅の権利継承者に対し、所持している関係文書を知行者である金剛三昧院に渡すよう、命じている。

二十年を経たDでは、嘉元三年、明寂から権利譲与を受けた道寂が、BやCの破棄を求めて幕府に越訴を試みたが、本格的な審議に至る前に、退けられている。

それを受け、道寂は知行の回復を断念し、Eを作成した。Cの命に従って、相伝の証文、つまり義氏寄進状はじめ嘉禎年間の四通、A、隆禅からの代々譲状三通、ほかあわせて十通を、金剛三昧院に寄進している。Eは正文で伝わる。おそらくは、金剛三昧院との間に、得分の保証などの妥協が成立したのであろう。

足利氏の立場で整理すると、大原保の知行を確保しようとした泰氏や家時の意向は実現しなかった。また、義氏は大原保を金剛三昧院大仏殿に、具体的には隆禅に寄進した。しかし最終的には、大原保は金剛三昧院領となったのであり、義氏の寄進状なども金剛三昧院に伝来することになった。

(5) 義氏寄進状の留意点

これら大原保の一連の史料には、やや注意を要する点がある。足利義氏の官途表記である。嘉禎四年(一二三八)の寄進状では、義氏は「前陸奥守」と名乗り、同年の幕府下知状でも「前陸奥守」と表記されている。ただし、義氏は、寛喜三年(一二三一)正月の除目で左馬頭に任ぜられており、[15]『吾妻鏡』でもこれ以降、左馬頭と表記される。また、A以降の文書をみると、Aでは「足利左馬頭義氏朝臣(法名正義)」、Bでは「故足利左馬入道正義」と表記される。一方、隆禅後継者から金剛三昧院に文書を譲渡したEでは、「足利前陸奥守殿」とある。つまり、隆禅後継者の発給したEと、Eに伴って金剛三昧院に渡されたと思われる嘉禎四年の一連の文書では「前陸奥守」、文永以降の幕府での相論では「左馬頭」と表記されている。この表記の問題から、現在伝わる嘉禎四年の一連の文書は、その時点で作成された文書ではないと判断する可能性も生ずる。ただし、そのように考える場合でも、左馬頭と表記するAに、嘉禎四年に義氏が大原保を金剛三昧院大仏殿に寄進したこと、その際に隆禅の知行が認められていたことは明記されており、その事実は動かない。

もうひとつ、嘉禎四年の寄進状や幕府下知状で、追善の対象は「右府将軍」すなわち実朝、および政子となっているのに対し、Aでは「右大将家」つまり頼朝、および政子となっており、隆禅後継者もEで頼朝と政子としている。嘉禎四年の一連の文書を後作とする場合、足利義氏の追善対象は、本来は頼朝と政子だったことになる。隆禅後継者は、文永の相論以後に嘉禎四年の義氏寄進状等を失い、Eで伝来文書を金剛三昧院に寄進する際、事実確認が曖昧なまま、追善の対象を実朝と政子とし、義氏の官途を前陸奥守として、嘉禎四年の文書を作成したことになろう。すると、大原保の寄進が実朝追善の事例となるのは、当初の義氏寄進の段階ではなく、E以降、十四世紀に入ってからとなる。嘉禎四年の一連の文書が後の作成にかかるものかどうか、結論を示すには至らないが、現存する義氏寄進状の問題点を指摘し、多様な可能性を提示しておきたい。

三、鎌倉勝長寿院と右大臣家法華堂

(1) 実朝と勝長寿院

実朝は死の翌日、「勝長寿院之傍」(『吾妻鏡』)に葬られた。勝長寿院は、頼朝が父義朝の菩提を弔うために創建した寺院で、「大御堂」「南御堂」と呼ばれた[16]。十二月二十七日には、政子の発願で、実朝追善のため、「勝長寿院之傍」に五仏堂が建立され、運慶作の五大尊が安置されている。

四年後の貞応二年(一二二三)、政子は勝長寿院の谷の奥に、伽藍と邸宅を建てる。それぞれ「南新御堂」「御堂御所」などと呼ばれ、「廊御堂」と呼ばれた持仏堂には、実朝の持仏が本尊として安置されている(同八月二十七日条)。嘉禄元年(一二二五)七月十一日、政子が死去すると、御堂御所で火葬される。ついで実朝十三回忌には、南新御堂に三重宝塔が造立されている。寛喜元年(一二二九)十月十四日に決定、材木は駿河国富士郡から徴され(同十一月二十六日条)、翌年十月六日に居礎、翌月十一日上棟、十二月二十五日に落慶供養が行われている。

このように、勝長寿院は、実朝の埋葬の地であり、追善においても重要な役割を果たした。

(2) 右大臣家法華堂

一方で、墓所と密接に関わる供養の施設としては、法華堂がよく知られる。鎌倉では、単に法華堂といえば頼朝の法華堂を指し、御家人の精神的な紐帯となったこと、事例は多い。他の法華堂は、故人を指す呼称を冠して呼ばれ、『吾妻鏡』では、頼朝のほか、政子や北条義時の法華堂も散見する。そして実朝の法華堂である右大臣家法華堂にも少なくともふたつの所見がある。

ひとつは、嘉禄二年(一二二六)四月四日、頼朝、実朝、政子の「三ケ之法華堂」に如法経が奉納されている。政子が死去して半年後にあたる。もうひとつは、正嘉元年(一二五七)八月、実朝が開創した大慈寺において曼荼羅供を行うにあたり、法要の主体となる大阿闍梨を決定するのに、「本願聖霊右大臣家法華堂別当」が関わっている。数名の候補者の名を一名ずつ書いて異なる箱に入れ、実朝法華堂別当に送って七日間護摩を修し、一箱だけ取り寄せて、中にみえる名の僧に決めたのである(同二十一日・二十八日条)。

このほか、建長二年(一二五〇)十二月二十九日に、北条重時と時頼は、頼朝、実朝、政子、義時の「御墳墓堂」に巡礼しており、これも法華堂とみなしてよいであろう。また、承久三年（一二二一）正月二十七日に行われた実朝の三回忌は、「法花堂」で行われている。表記からは頼朝法華堂を指すと思われるが、実朝法華堂である可能性も残る。

実朝法華堂の場所について明証はない。政子の法華堂は、「南新法華堂」と呼ばれた事例がある（「同」延応元年五月二十六日条）。この所見は、北条泰時が、政子追善のために、政子法華堂の傍らに僧侶のため温室を建てる、というもので、政子の法華堂が北条氏により保護されている点でも貴重だが、同時に、その名称から、政子法華堂は、勝長寿院に政子が堂舎を設けた地域にあった可能性が高いことになる。政子の法華堂が政子葬送の地周辺に設けられているので、実朝の法華堂も、同様に勝長寿院にあった可能性が高いが、確証はない。なお、実朝法華堂が勝長寿院にあったと考える際には、勝長寿院は、康元元年（一二五六）以降、しばしば火災に遭い、再建が繰り返されていることにも注意が必要だろう。実朝追善のため政子が建てた五仏堂は、康元の火災後に再建され、正嘉二年（一二五八）五月二十八日に本尊が戻されていることが確認される。

実朝にも法華堂は存在し、死後四十年頃にも別当、つまり法華堂を総括する立場の僧侶が置かれていたことは間違いない。一方で、その所見が少ないことも確かである。実朝追善の施設としてみた場合、実朝の法華堂は、追善を意図した他の寺院と比べて、際立った存在感を示していない。勝長寿院もまた、十三回忌ののち、追善の場として機能した形跡はない。

四、追善の継承

時間の経過とともに、実朝の追善はどう継承されたか。実朝と安達景盛との関係を端緒とする安達氏との関りは、金剛三昧院だけでなく、遍照心院でも確認された。鎌倉後期、安達泰盛の盛衰に大きな影響を受けたと推測される。さらに下ると、目立つのは足利将軍家の関与である。以下、順に整理しよう。

(1) 右大臣家法華堂の継承

別当職は、南北朝期以降、「二位家右大臣家両法花堂別当職」として見える。暦応四年（一三四一）三月には、随心院経厳に安堵され、ついで貞和三年（一三四七）十二月には三宝院賢俊に安堵される。こののち、両法華堂別当職は、醍醐寺三宝院に伝領される。(17)

経厳は、暦応二年（一三三九）、後醍醐天皇の百箇日に武家主催で行われた曼荼羅供において、導師を務めており、武家に重用されたことが窺われる。[18] 賢俊は、いうまでもなく、尊氏挙兵に光厳上皇院宣をもたらすなど、足利将軍家に近い真言僧であった。経厳は、元徳二年（一三三〇）に東寺一長者となり、康永二年（一三四三）二月、賢俊の後任としてふたたび一長者となるが、翌月、御影供をまえに辞任し、賢俊が再任している。背景は不明だが、経厳と賢俊とは比肩する立場であったことが窺われる。経厳は貞和二年（一三四六）六月に死去しており、経厳の死により、両法華堂別当職は賢俊の手に帰したと思われる。賢俊は、延文二年（一三五七）、両法華堂別当職を、「武家恩補所職」のひとつとして光済に譲る。ほかに洛中六条八幡宮、丹波国篠村八幡宮、御持仏堂などの別当職がみえ、六条八幡宮は、鎌倉幕府以来、洛中で武家の崇敬もっとも厚い八幡宮、篠村八幡宮は、尊氏挙兵の場所として知られる。足利将軍家は、自らと関わり深い由緒をもつ寺社を賢俊に託したのであり、実朝法華堂もそのひとつであった。

政子法華堂領として、讃岐国（東）長尾庄領家方・豊後国竈門庄小坂村地頭職・讃岐国造田庄（造駄郷）領家職がみえ、実朝法華堂領として、武蔵国高田郷が確認される。[19] 両法華堂領として表記されるのは、観応二年（一三五一）十一月の「二位家右大臣家両法花堂両讃岐国造駄郷」が初見で、のち応永六年（一三九九）、足利義満が満済に安堵した所職の目録には、両法華堂領として、長尾庄・造田庄・高田郷とみえる。政子法華堂と実朝法華堂は、当初は組織としては別のもので、南北朝期を通じて、別当職、所領の順に一体化が進んだとみなされる。武蔵国高田郷は、永享年間、一四三〇年代にも所領回復の動きがみられるが、すでに三宝院領と記載されるのみである。供僧職については、南北朝期の所見はないが、応永二十四年（一四一七）に、両法華堂供僧職として安堵された事例がある。

（2）頼朝法華堂の継承と比べて

比較のため、頼朝法華堂（右大将家法華堂）の推移についてみておきたい。頼朝法華堂別当職は、観応年間（一三五〇〜五二）に、醍醐寺地蔵院に安堵された。[20] 地蔵院は、鎌倉時代から関東に教線を伸ばし、実朝室に由来する西八条遍照心院に関わったのもその一環と思われる。南北朝以降もその権限の拡大と保持に務めたが、関東在住僧との相論が絶えなかったこと、鎌倉永福寺や明王院の別当職で確認される。頼朝法華堂別当職においても、おもに地蔵院側の史料で競合する様子が窺える。至徳三年（一三八六）、地蔵院道快は、別当領伊豆国宇加賀・下田両郷の年貢で護摩堂を建立し、本尊・御影を移したと主張し、幕府は鎌倉府に対し、本堂を別当、つまり地蔵院側に返すよう命じている。本堂、そこに納める本尊・御影をめぐり争奪が起きているのであろう。別当領の確保をはじめ、相論は義持の時代にも続き、三宝院満済の日記にみえる。応永三十二年（一四二五）十月、将軍義持は、鎌倉府からの使節に対し、法華堂に対する関東僧の押領を問いただし、使節は、仏供・燈明などすべて行われず、修理もされないので他人に命じたと弁明している。それを聞いた満済は、地蔵院に実情を聞くまでもなく、現地には寺務代を置いて勤行を継続し、修理も怠っていないと聞いている、と抗弁している。

頼朝法華堂の場合、供僧職・禅衆職、それらに付随する所領、および法華堂そのものにかかわる文書群が明王院に伝来している。関東で頼朝法華堂を支配していた主体が集積した文書群とみなされ、このうえに関東で別に別当職を立て、地蔵院と支配を争ったのであろう。

頼朝法華堂の経過を踏まえると、実朝法華堂（および政子法華堂）の場合、所領をめぐる相論はすこし確認されるものの、別当職などの領有を巡る相論が起きた形跡はない点が注目される。史料残存の条件が大きく異なるとはいえないだろう。三宝院側で実際に領有できていたのか、あるいは名目上確保できていればよかったのか、関東側で、京都と対抗してまで確保する対象ではなかったのか、などその判断は難しい。南北朝期以降の実朝法華堂については、実質的な部分は不明とせざるを得ないが、京都幕府が、別当職を三宝院に託して確保し続けたことを確認しておきたい。

（3）遍照心院の継承

建武四年（一三三七）十一月十八日、足利直義は、西八条遍照心院に対し、殺生禁断を主な内容とする禁制を出している。[21] 実朝の菩提所、実朝室の建立、政子の帰依などの由緒を挙げて、「爰に天道の授くるところ、我家忽ちに運を開く、斯の時に相い当たり、豈に崇重せざらんや」と、政権奪取のいま、崇拝の対象だと明記する。内容の点で当時のものと信用することに問題がなければ、幕府を開いた足利将軍家が遍照心院を特別視していたことを物語る史料となる。直義は、同じ日、こちらは簡単な文章ながら、金剛三昧院領の筑前粥田庄に対しても殺生禁断を命じている（一三四）。

康永三年（一三四四）十一月三日には、尊氏が、かつて六波羅探題料所であった山城国中村地頭職を、西八条遍照心院に寄進している。政権として、京都周辺で確保している重要な所領を寄進したと理解される。室町幕府初期、尊氏・直義らは、西八条遍照心院に意を用いていたことは疑いない。しかしながら、このの後同様の痕跡は確認できない。

(4)金剛三昧院の継承

金剛三昧院と初期室町幕府の距離の近さは、ふたつの事例が雄弁に語る。ひとつは、金剛三昧院伝来文書そのものである。「六巻書」と呼ばれる巻子六巻と「御経蔵文書」の最後の第四巻、計七巻は、初期幕府が作成した校正案文の写である。それぞれ、巻末に貞和二年(一三四六)七月二十三日付の直義の跋文を置き、正文は寺庫に収めたままとし、この校正案文を正文に準ずるよう定める。冒頭には、尊氏・義満・義持・義教・義政の証判が据えられ、六巻本には義稙も加わる。六巻本の第一巻は、弘安四年(一二八一)、金剛三昧院の寺史を伝える文書一通、第二巻は、冒頭に足利義氏の寄進状等を置く。義氏の事績を顕彰し継承しようとする意図を読み取ることも許されるだろう。

もうひとつは、尊経閣文庫に所蔵される「宝積経要品」である。これは「金剛三昧院短冊和歌」としても知られる。裏面は和歌短冊の集成で、尊氏・直義・北朝天皇をはじめ、公武僧侶の有力者・歌人二十七人による短冊が一二〇枚、序歌は三宝院賢俊である。表は、尊氏・直義・夢窓疎石による「宝積経」の部分書写で、直義が康永三年(一三四四)十月八日に跋を加えている。尊氏らによる寺社への和歌奉納はままに行われるが、参加者の顔ぶれからみても代表となりうる遺例であり、初期幕府の宗教政策の中に位置付けて理解する試みも提示されている[22]。尊氏・直義らにとって、金剛三昧院がとりわけ尊崇の対象であったことを窺わせる。

(5)実朝追善施設の継承

以上、実朝を追善する施設として、墳墓堂とおぼしい右大臣家法華堂、実朝室のかかわる遍照心院、諸人による追善の重なる金剛三昧院と、実朝追善の施設として重要なものいくつかで、足利将軍家・室町幕府によって継承と興隆が図られている様子を見た。頼朝の追善施設である法華堂の場合、別当職は醍醐寺地蔵院が確保に努めているが、足利将軍家が積極的に関与した形跡は見られない。その理由はいくつか想定されるが、頼朝は鎌倉の地を整備した人物であり、その追善を担った法華堂は、鎌倉に根付いた勢力にとって確保すべきという意識が強く、京都からの介入は困難だった、という想像が妥当であろうか。

実朝の追善施設は分散し、法華堂もその中枢の位置を占めたとはいいがたい。実朝法華堂ほか実朝追善施設の継承は、頼朝法華堂よりも容易であったろう。足利将軍家にとって、実朝は頼朝よりも近い血縁関係にあり、追善の継承によって、その関わりを誇示することも可能となる。また、三代実朝の追善は、源氏将軍そのものの後継者と主張することにもなりうる。実朝の追善を継承する意義は少なくなかったはずである。同時に、その中心は尊氏・直義の時代で、観応の擾乱以降となると、実朝法華堂と金剛三昧院では先蹤の形式的な継承となり、遍照光院では保護が確認できなくなることにも留意が必要であろう。室町幕府で、権威のよりどころが変わってきていることを窺わせる。

(6)政子追善との一体化

実朝の追善が母である政子の追善と一体化している点も見逃せない。前提として、足利将軍家にとって、北条氏もまた追善の対象だったことが挙げられる。政子の法華堂の継承には、北条氏の追善という意識もあったかもしれない。しかしそれは政子を尊重する理由はなっても、一体化の理由には足らない。鎌倉幕府のもとでも、実朝と政子の葬送の場である勝長寿院では両者の追善も行われ、金剛三昧院は、少なくとも葛山願生の例にみられるように、両者の追善を担っており、両者の追善の場は重なる傾向にある。そのうえに足利将軍家のもと、法華堂が一体化していく。一体化の理由もまた定かではないが、頼朝亡きのちに源氏将軍という存在を担うべく、協力して責務を担ったというイメージが定着していったのであろうか。

注

(1) 金剛三昧院文書。高野山文書刊行会『高野山文書』五による。同文書を典拠とする場合は、この活字本の文書番号で示す。同院については、原田正俊「高野山金剛三昧院と鎌倉幕府」(大隅和雄編『仏法の文化史』吉川弘文館、二〇〇三年)、同「室町幕府と高野山金剛三昧院」(中尾堯編『中世の寺院体制と社会』吉川弘文館、二〇〇二年)。

(2) 「金沢文庫古書目録」略念誦作法奥書、『大日本史料』第五編之二二、一六五頁。

(3) 「石清水八幡宮末社記」は『続群書類従』第二輯上、巻三一。「宮寺縁事抄納筥目録」は『大日本古文書』石清水文書五。「男山考古録」は『石清水八幡宮史料叢書』一。

(4) 東京大学法学部所蔵「三鈷寺文書」。植田信広「東京大学法学部法制史資料室所蔵三鈷寺文書」(『古文書研究』一七・一八、一九八一年)。朝業の出家は、『大日本史料』承久元年正月二十七日実朝没条、第四編之一四、一〇五四頁参照。

(5) 中川博夫「後藤基綱・基政父子(一)(二)」(『藝文研究』四八・五〇、一九八六年)。『吾妻鏡』は、『新訂増補国史大系』による。

(6) 門屋光昭「源実朝の聖徳太子信仰——二躰の聖徳太子像をめぐって」(『盛岡大学紀要』一四、一九九五年)。季光の出家は、『大日本史料』実朝没条、一〇五一頁参照。

(7) 「円覚寺文書」は『鎌倉遺文』三九〇三、一九八五六。「有洲河亭」は「明月記」嘉禄二年十月十三日条(国書刊行会本)。時宗の拝領は、「建治三年記」七月四日条(『続史料大成』)。「醍醐寺座主次第」四六代親玄(史料編纂所蔵架謄写本)。

(8) 『大日本史料』寛喜三年正月二十一日条、嘉禎元年正月二十六日条、仁治元年正月二十七日条。置文は、「大通寺文書」

『鎌倉遺文』一一〇九三、一一一七二。細川涼一「源実朝室本覚尼と遍照心院」(『中世寺院の風景』新曜社、一九九七年)。

(9) 鎌倉国宝館展示図録『源実朝とその時代』(二〇一九年)参照。

(10) 『大日本史料』貞応二年是歳条参照。

(11) 『大日本史料』実朝没条、一〇五六頁参照。実朝社、寿福寺、金剛寺も同じ。

(12) 『大日本史料』安貞元年十月十五日条。「法灯円明国師行実年譜」は『続群書類従』第九輯上、巻二二七。願生の伝記は、『大日本史料』実朝没条、一〇四六頁参照。

(13) 大弐尼の伝記は、『大日本史料』宝治二年四月六日条。

(14) 松島周一「足利義氏の時代」(『鎌倉時代の足利氏と三河』同成社、二〇一六年)。

(15) 「民経記」寛喜三年正月二十九日条(『大日本古記録』)。これ以降で「前陸奥守」という所見は、水無瀬神宮に関わる仁治元年(一二四〇)七月の発給文書写(『鎌倉遺文』五六〇九)の署判だが、この文書も慎重な検討を要すると考えている。詳細は別稿を期したい。

(16) 貫達人・川副武胤『鎌倉廃寺事典』(有隣堂、一九八〇年)勝長寿院項。小池勝也「『吾妻鏡』以後の鎌倉勝長寿院と東国武家政権」(『千葉史学』六五、二〇一四年)参照。明示しない場合の典拠は「吾妻鏡」である。建長二年十二月二十九日条の実朝と判断される表記は「左大臣家」となっている。

(17) 暦応四年五月十四日室町幕府御教書(「随心院文書」『大日本史料』暦応四年三月二十二日条)、貞和三年十二月二十一日足利直義書状(大日本古文書『醍醐寺文書』一五七)。両法華堂別当職は、義満・義教・義政の「醍醐寺方管領諸門跡等目録」にみえる(『醍醐寺文書』六三・一一一・一二一)。

(18) 後醍醐百箇日は『大日本史料』暦応二年十一月二十六日条。経厳の伝記は、『同』貞和二年六月是月条。延文二年六月十一日賢俊譲状(『醍醐寺文書』三三三〇)。

(19) 典拠は順に、正応元年八月三日関東御教書(『醍醐寺文書』二七三六)、暦応四年五月二日室町幕府御教書(「随心院文書」『大日本史料』暦応四年三月二十二日条)、康永三年八月七日足利直義下知状(「善通寺文書」『同』該当日条)。観応三年十一月十二日足利尊氏御判御教書(『醍醐寺文書』二八)。観応二年十一月二十日細川頼春書状(『同』三二〇九)。永享四年武蔵国高田郷券文案(『同』二〇二五)。応永二十四年六月十九日満済補任状案など(『大日本史料』該当日条)。

(20) 応安四年六月二日室町幕府御教書(「尊経閣古文書纂 宝菩提院文書」『神奈川県史』資料編三、四六六五)、至徳三年五月二十五日室町幕府御教書案(「松雲寺文書」『同』五〇〇七)。関係史料として『同』四三四九~四三五一など。『満済准后日記』応永三十二年十月二十六日条(『続群書類従』補遺)。地蔵院と関東との相論に関する研究は多いが、山家も関説したことがある(「駿河国大岡荘と足利満詮」『静岡県史研究』一〇、一九九四年)。「法華堂文書」は『鎌倉市史』史料編一所収。『鎌倉廃寺事典』法華堂項。また矢野立子「法華堂における禅衆について」(『日本女子大学紀要 文学部』六六、二〇一七年)参照。

(21) 「大通寺文書」、『大日本史料』該当日条。

(22) 西山美香「『高野山金剛三昧院短冊和歌』奉納」(『武家政権と禅宗』笠間書院、二〇〇四年)。

実朝像の由来

渡部泰明

わたなべ・やすあき——東京大学大学院人文社会系研究科教授。専門は和歌史。主な著書に『中世和歌の生成』（若草書房、一九九九年）、『和歌とは何か』（岩波書店、二〇〇九年）、『中世和歌史論——様式と方法』（岩波書店、二〇一七年）などがある。

歌人としての源実朝は、しばしば「無垢」や「純粋」と形容されてきた。しかしそれは実朝の歌が生み出した歌人像だと考えらえる。主体の身体性を抑制し、それを言葉のつながりや景物の中に昇華させようとする、実朝固有の方法が背景にあったと見なされる。

はじめに

樋口芳麻呂氏は、新潮日本古典集成『金槐和歌集』（新潮社、一九八一年）（以下、『集成』とする。実朝歌の引用は同書による）の「解説」を執筆するに当たって、「金槐和歌集——無垢な詩魂の遺書」というタイトルを付した。同叢書の解説にこのような題目が付くケースはそれほど多いとはいえず、あっても「清少納言枕草子——人と作品」（萩谷朴校注『枕草子上』）のごとく内容を客観的に示すものが普通である。樋口氏の注釈そのものは、抑制のきいた信頼度の高いものであり、両者の距離は小さくない。詩人・評論家ならばいざしらず、中古・中世の散逸物語および秀歌撰をめぐって、実証的な研究を積み上げた氏の命名であることを思うとき、いっそうその特異さが際立つ。正岡子規このかたの、とくにアララギ派による絶大なる実朝評価の影響力を思わずにはいられない。もちろんそこには、鎌倉幕府第三代征夷大将軍となり、二十八歳にして暗殺されたという彼の伝記的事実が影響していることは間違いない。またいくつかのとびきり個性的な歌がそのような評価を呼び込んだことも確実である。しかしそれだけで、こうした高評価が与えられ続けたとは考えがたい。やはり実朝の歌そのものに理由があった、個性的と言われる歌以外の歌にもその要因が存した、と見るべきなのだろう。源実朝は、何を求め、どのようにして歌を作ろうとしたのか、結局そこに立ち返らざるをえないのである。

一

実朝がどういう作品を目ざして表現を彫琢しようとしていたかを考えるには、同時代、もしくはほど近い時代の実朝歌への評価を参考にするのが、穏当な手続きとなるだろう。実朝が初めて入集した勅撰集は、実朝の死後十六年後に成った『新勅撰集』であり、その撰者は実朝の師と言われる藤原定家であった。『新勅撰集』撰入歌は、実朝の目ざしたものへと接近する、格好の入口になるはずである。実朝は、『新勅撰集』に二十五首の入集を果たしている。その中で糸口としたいのは、次の二首である。『金槐和歌集』から引用する。

荒れたる宿の月といふ心を

浅茅原主なき宿の庭の面にあはれいくよの月かすみけむ

（五六〇、新勅撰集・雑一・一〇七六）

久しき恋の心を

わが恋は逢はでふる野のを笹原幾よまでとか霜の置くらむ

（四六四、新勅撰集・恋四・九〇四）

まず五六〇番歌「浅茅原」から見よう。かつての主もいなくなった家も浅茅原となって荒れ果て、その浅茅の上に置いた露に、ただ月だけがひとり澄んでいるが、その月はどれほどの歳月を経たのだろうか、という内容である。「主」は人を待ち続けたあげく消えうせた女性を思わせる。「すむ」（住む・澄む）、「よ」（夜・世）は掛詞であり、それぞれ宿や月の語と縁づけられている。素朴に見えて案外言葉のつながりに気を配っていることがわかる。初二句の「浅茅原主なき宿の」は、諸注指摘するように、

荒れはてて人も侍らざりける家に、桜の咲き乱れて侍りけるを見て　恵慶法師

浅茅原主なき宿の桜花心やすくや風にちるらん

（拾遺集・春・六二）

に倣いつつ、さらに世界を展開している。「主なき」は「月住み」に対応し、「浅茅原」はそこに置いているだろう「露」に月が宿っていることを暗示するのである。

注意すべきは「いくよ」である。日本古典文学大系『山家集 金槐和歌集』（以下、『古典大系』）の頭注や、片野達郎『金槐和歌集』評釈（一）～（三）――『新勅撰和歌集』入集歌の研究」（以下、「片野注」とする）[1]など、以前は「幾夜」

と解されることが多かったが、最近は、意味上は「幾世」が基本となると見た上で、「よ」に「夜」を掛け、月の縁語と捉えることが多く、(2)そう解するべきだと考える。実朝は、言葉相互の関連を深めるよう腐心した形跡があるからである。「幾よ」は「幾夜」を掛けることで、月と関わるのは無論のこと、浅茅原や、涙を思わせる露と響き合って、幾晩も来ぬ人を待つ女の姿を彷彿とさせる。つまり古歌の言葉が美しく必然性を与えあって組み合わされていることになる。実朝の工夫はここにあろうし、定家もそこを評価したに違いない。

ただし、「幾世」と解するのに躊躇したくなる要因もないではない。主がいなくなってからの時間を「幾世」と形容するのは、さすがに大げさにも思えるからである。この点については、実朝歌が、

荒れにけりあはれ幾世の宿なれや住みけむ人のおとづれもせぬ　(古今集・雑下・九八四・読人不知)

を摂取していること(『集成』・「片野注」など)を参考にすればよいであろう。この古今歌の「幾世」の使い方などもなかなか大げさで、両者には通じるところがあるからである。ただしまったく同じというわけではない。実朝歌は、ある特定の「主」がいなくなってからの年月を指しているというよりも、荒れ果てた宿の空漠とした寂寥感を、人の一生で区切られる時間から、それを越えるものへと引き上げようとしたと思われる。「月」は現実から理念の世界へと歌の次元を高める媒介として機能している。「主」も、また「あはれ」と嘆じる主体さえも、存在感は希薄である。月が「主」の代わりに「住み」の主語となっている擬人法であることもその要因の一つだが、その理由だけでなく、人は消えて月だけが照らしている、というように、歌の主役は「月」に取って代わられていると言うべきである。

二首目(四六四)「わが恋は逢はでふる野のを笹原幾よまでとか霜の置くらむ」の方はどうだろうか。五六〇と「いくよ」が共通するが、それだけでなく、下句の構成に類似するところがある。この歌でも、「幾よ」がやはり捉えにくい。「幾夜」に笹の縁語「節(よ)」を掛けるとする(『古典大系』、「片野注」、『今関注』)、「幾夜」と「幾世」を掛ける(『集成』)などの解がある。和歌文学大系『新勅撰和歌集』の注は念が入っていて、「幾夜」「幾世」の掛詞のうえに、さらに笹の縁語「節」を掛けるとする。この指摘が創作意識を捉えているだろう。幾夜も逢えず、そのまま白髪が生えるまで歳月を重ねよというのか、それこそこの霜降る布留のふる野の小笹原にふさわしいとでも言わんばかりに——という言葉の脈絡を構想したのであろう。歌の言葉が相互に網の目のように結び

付いていることはもとより、その結びつき方さえも、五六〇とよく似ている。それは、本作が影響を被ったと指摘されている、

我が恋は布留野の道の小笹原いく秋風に露こぼれ来ぬ
（六百番歌合・七七九・旧恋・有家）(3)

と比べても、「逢ふ」—「夜」、「ふる」—「世」—「霜」（白髪）、「笹」—「節」などの語相互に連絡が図られていて、格段に手の込んだ歌を作ろうとしていることからも判明する。反面、そのような言葉の連携によって、主体の直截的な嘆きは薄まり、洗い漉されていく。代わって霜が風景の中の主役として位置づけられている。「霜」は白髪の喩ではあるが、そのような身体性を、幾星霜をも経た観念的な野の風景へと昇華する起点ともなっている。

さて、この二首の『新勅撰集』入集歌とよく似た歌が、『金槐和歌集』中に存する。

故郷の心を
鶉鳴く古りにし里の浅茅生に幾世の秋の露か置きけむ
（五八八）

である。とくに「幾世」を中心とした下句が共通するが、「浅茅生」が五六〇と、「ふる」が四六四と通う。しかし、この五八八の「幾世」は「幾夜」との掛詞とは言いにくい。「露」も涙は暗示するが、そもそもはかないものである露と「幾世」は、なじみにくいだろう。素材を取り集めただけで、それらが相互に結び付いているとは言いがたい。それに対して、五六〇はそこに宿る月を持ち出すことで、さりげなく「露」の存在を暗示し「幾夜」を連想させている。一方四六四は、「露」ではなく「霜」にすることで、白髪から歳月へ、「幾世」へと連想を延ばしている。この五八八を踏み台にして、五六〇・四六四が出来上がったと見てよいだろう。

五八八は景物どうしに特別の連環がはかられているとは言えない。言い換えれば風景とそれを捉える主体という単純な構造から成っている。主体は露わであるとまでは言えないが、その分一首全体に安定して存在している。五六〇・四六四は、「あはれ」と嘆き、「わが恋は」と訴えている点では、より主体の姿が明確に据えられている。ところが、言葉が相互に縁づけられて展開していく中で、結果的にその主体の身体的な存在感が抑制され、希薄になっていくように仕組まれている。

右のことは、実朝がどのように歌を磨き上げて行ったかという過程を垣間見せているだろう。言葉の相互連関を強め、主体の身体性を抑制する方向へと向かうのである。

二

前節では、表されていた主体の身体性が、やがて言葉の連関を生かして、より高い観念的な次元に昇華してゆくような詠み方を垣間見た。そのような歌を詠むことが本当に意図されたものだったのかどうか、他の歌で確かめてみよう。

(一)「木のもと」の歌

屏風絵に、旅人あまた花の下に臥せるところ

木のもとの花の下ぶし夜ごろ経てわが衣手に月ぞ馴れぬる　(五一)

木のもとに宿りはすべし桜花散らまく惜しみ旅ならなくに　(五二)

木のもとに宿りをすればかたしきのわが衣手に花は散りつつ　(五三)

今しはと思ひしほどに桜花散る木のもとに日数経ぬべし　(五四)

屏風絵を詠んだ歌である。旅人が花の下に宿るという絵柄を歌ったものだが、どれも「木のもと」の語を持っていることのほか、相互に類似の発想や言葉が散見する。四首詠み試みて、ここから一首選ぼうとしたと見なしてよいであろう。どれが選ばれるべきものだったのか、証拠はどこにもなく、あくまで推測にすぎないが、以下のように考えてみる。

二首目(五二)と三首目(五三)は、ともに「木のもとに宿り(は・を)す」という語句から始まっている。それはまた、絵柄をそのまま説明するような言い方でもある。それ故、この辺りに、作者の出発点があった可能性が想定できる。だが、五二は第五句「旅ならなくに」が絵に即さず、不適当である。「散らまく惜しみ」も事柄を説明したにとどまる。五三は「我が衣手に花は散りつつ」と身の振舞いとして優艶に取りなして、五二の欠点を改善した形跡がある。しかし、「散りつつ」だけでは時間の経過が表しきれず、「木のもとの宿り」の趣意が十分に生かしきれないし、それ以上心も深まっていかない。

その点、一首目(五一)四首目(五四)は、それぞれ「夜ごろ経て」「日数経ぬべし」と、花に執着するあまりに花の下で何日も過ごしてしまったと、花への情を深めている。五四は、「今しはと思ひしほどに」という初二句によって、さあもう行こうとぐずぐずしているうちに、何日も過ごしてしまったと、わが心のままならなさが軸となっている点、花に惑うやるせなさが伝わってくる。ただし、「今しは」と思うからには、没入度がそれほど深いとは言いがたいだろう。

五一の方は、「衣手」を持ち出した五三と着想を同じくし

つつ、「月」を新たに加えたところが味噌である。「臥し」「衣」「馴れ」と、恋する身を連想させる言葉を連ねることで、花への執着を綴じ付けている。月が馴れた、ということは「衣手」に涙を思わせる露が置いていて、そこに月が宿っていることになり、それもまた恋の趣を強めている。馴れ親しむことになった月は、擬人法的な色合いをもち、女性の身代わりにも思えてくる。言葉を相互に縁づけることで、いつの間にか花の下に浸り込んでしまったことを表そうとしていることが確認できる。ただし、主体の存在感は、月を持ち出したために、少し後景に退いている。その点では、五六〇の「月」や四六四の「霜」が主体に取って代わる勢いがあったことと通じるものがある。そのように主体の身体性を希薄にさせることによって、没入の深さを表そうとしたのであろう。この五一が最終的な到達点となった歌だと認めたい。

では、実朝はこのような言葉の連関をどこから持ち出してきたのか。一つの想像だが、建仁元年（一二〇一）の『仙洞句題五十首』の「花下送日」題の一連の歌などが参考にされたのではないか。

花下送日

花のかげ旅寝の嵐夜比へて月ぞなれ行く袖の手枕

（一〇二、後鳥羽院）

故郷のあれまくたれかをしむらん我が世へぬべき花のかげかな

（一〇三、藤原良経）

咲きて散る日数おもへば山ざくらほどは七日の花の下伏し

（一〇四、慈円）

いたづらに待つと惜しむと木の本に花より外の春ぞしられぬ

（一〇五、俊成卿女）

住み馴るる宿を霞のほかにしていく夜になりぬ花の下臥し

（一〇六、宮内卿）

木の本に待ちし桜を惜むまでおもへばとほき故郷の空

（一〇七、藤原定家）

とくに最初の後鳥羽院の歌との関わりが目を惹くが、それのみにとどまらず、共通する言葉が多い。これらの歌々から言葉のつなぎ合わせ方を学んでいたと想像される。そして身体性に満ちた主体をいったんは持ち出しながら、それを希薄化してゆく方法を育てていったのではないだろうか。

(二)「時鳥を待つ」題詠

時鳥を待つといふことをよめる

夏衣たちし時よりあしびきの山時鳥待たぬ日ぞなき

（一二〇）

時鳥聞くとはなしに武隈のまつにぞ夏の日数経ぬべき

（一二一）

初声を聞くとはなしに今日もまた山時鳥待たずしもあらず　（一二二二）

時鳥かならず待つとなけれども夜な夜な目をもさましつるかな　（一二二三）

「時鳥を待つ」は一般性の高い題だから、もしかしたら四度の機会の詠歌をまとめたのかもしれない。しかし仮に一度の詠作機会でなくても、彼の詠作の軌跡をうかがうことも不可能ではないと考える。まず二首目（一二二一）と三首目（一二二二）がともに第二句に「聞くとはなしに」を有していることに注目しよう。前項（二）同様、ここに作者の発想の起点のごときものがあったと見なしておきたい。諸注指摘するように、この句は

ふた声と聞くとはなしに郭公夜深く目をもさましつるかな　（後撰集・夏・一七二・伊勢）

の第二句を摂取したものである。ただし伊勢歌では、この第二句は「聞けもしないのに」の意味で用いられている。それに対し、実朝の「聞くとはなしに」は微妙な問題を孕んでいる。一二二一について「聞こうとして聞き得ずに」とする『古典大系』（一二二二ではこの語句に施注していないが、同意とするか）もあるが、一二二一・一二二二ともに「ぜひ聞こうと思っているわけでもないのだけれど」という趣旨で解する『今関注』や、一二二一は「聞くこともないまま」とする一方、一二二二の方は「聞きたいわけではないが」とする『集成』もある。ここは、『今関注』が正しいと考える。

問題はとくに一二二一で、聞けないまま待っていて夏の日が過ぎてしまいそうだ、という趣旨で解して一見よさそうだが、しかしそれでは、どうして聞けないままに過ぎていくのか、理由が判然としない。「聞くとはなしに」を「待つ」に掛かると解釈すれば、明確な意志のもとに待っているわけでもないのに、まるでそうだといわんばかりの格好で日が過ぎていく、ということになろう。つまりつい待ってしまう心の傾きを表そうとしていると思われる。一二二二「待たずしもあらず」は、待っていないと言うわけではないが、また待っているというわけでもない、という、意識と無意識のあわいに及ぶ、微妙な心の領域を問題にしているのだろう。この一二二二から考えて、一二二一も右のように解されるのである。ただし、それはやはり「聞くとはなしに」の用法としては無理があるし、うまく歌の中で機能しているとも言いがたい。

四首目（一二二三）の「かならず待つとなけれども」も、式子内親王の名歌（新古今集・秋下・五三四「桐の葉も」）に学びながら、そういう自分でもコントロールできない待望の気持を表そうとしたのだろう。だがさすがにこの言い方は題意に

背いてしまってよろしくない。それよりは、一首目（一二〇）が、説明を控えている分、待つ心の傾きが、季節の到来とともに生じたという形で、うまく表現されているだろう。ただし言葉の個性という点で物足りないし、「衣」「たつ」の縁語がないのも物足りない。ともあれ、全体として無意識にも湧いてくる時鳥を待つ心を純化しようとする方向で言葉を出し入れしていることが確かめられる。

（三）「秋の初風」

秋風

夕されば衣手すずし高円の尾上の宮の秋の初風
（一六二、新勅撰集・秋上・二〇七）

ながむれば衣手さむし夕月夜佐保の河原の秋の初風
（一六三）

詞書の「秋風」は、題詠だと見ても前の（二）に比べてさらに一般的な題であり、しかも題詠ではない可能性も、別々の場で詠んだ可能性もある。しかしいずれであっても、作者の発想の傾向をうかがいたくなるものがある。両首は「……ば衣手涼し（寒し）」＋歌枕＋「秋の初風」という酷似した構成をもつ。すでに指摘されているように、

ながむれば衣手涼しひさかたの天の河原の秋の夕暮
（新古今集・秋上・三二一・式子内親王）

や、「片野注」の指摘する、

明けぬるか衣手寒し菅原や伏見の里の秋の初風
（新古今集・秋上・二九二・藤原家隆）

も念頭にあったことだろう。その点で、より先行歌からの飛躍の少ない二首目（一六三）の方が、早い段階での試みであったと想像される。この歌の難点としては、第三句の「夕月夜」がいまだよく生かされていないことが挙げられる。

一方一六二「夕されば」における、『万葉集』に見られ院政期に復活した地名「高円の尾上の宮」は、まだこの時代新鮮味があったろう。顕昭が「萩が花ま袖にかけて高円の尾上の宮に」（新古今集・秋上・三三一）と歌い、その本歌である『万葉集』歌が「宮人の袖つけ衣……高円の宮」（二十・四三一五・家持）と詠んだように、「衣手」（袖）との関連も密であり、第二句とよくつながっている。「夕されば」「高（円）」「尾上」の各語も、「涼し」を生かす働きをしている。この一六二は、初句を「ゆふぐれは」として『新勅撰集』に入集している。一首は、「秋の初風」を「衣手涼し」という認識以前の身体的感覚において発見しているのだが、それが言葉の連繋によって説得的なものになっていることを確認しておきたい。

(四)「名所の秋の月」題

名所の秋の月
月見れば衣手さむし更級や姨捨山の峰の秋風
（二四一、続千載集・秋下・四五九）

山さむみ衣手うすし更級や姨捨の月に秋ふけしかば
（二四二）

さざなみや比良の山風さ夜更けて月影さむし志賀の唐崎
（二四三、続千載集・秋下・五一〇）

一首目（二四一）と二首目（二四二）が相似する。推敲の跡を想定すべきだろう。憶測するに、二四二の「さむみ」と「うすし」の重複、および第五句「秋ふけしかば」の説明をくどいと判断して、二四一へと、つまり二首目から一首目と改稿したのだろう。結果として二四一は、前項（三）の一六二の『新勅撰集』入集歌「夕されば」と、よく似た言葉の配置を持つ歌となった。本歌の『古今集』歌（雑上・八七八）の「わが心なぐさめかねつ」という主情を、「衣手さむし」という身体的感覚の裏に潜めようとしたのである。それがずっと後の勅撰集入集につながりもしたのだろうが、一方で、「秋風」がうまく必然化されていない憾みもないではない。三首目（二四三）は、場所を琵琶湖沿岸の「志賀の唐崎」に設定することで、琵琶湖に吹き下ろす「比良の山風」を持ち出すことができた。そこから「さ夜更けて」を経て「月影さむし」へと至る展開も滑らかである。これもまた二首目（二四二）の改作の一つであろう。ちなみに「月影さむし」は意外に先例がない。藤原定家に、

さをしかの妻どふを田に霜おさて月影さむし岡のべの宿
（建仁元年八月十五夜撰歌合・八四）

があるくらいである。あるいはこれを早速に取り入れたのかもしれない。

(五)

海のほとりを過ぐとてよめる
わたのはら八重の潮路に飛ぶ雁の翼の波に秋風ぞ吹く
（二二二、新勅撰集・秋下・三一九）

ながめやる心もたえぬわたのはら八重の潮路の秋の夕暮
（二二三）

海辺で詠んだ実情詠二首という体裁を取るこの両者を比べて見るとき、「わたのはら八重の潮路」の句を共有しながらも、心情表現を極力排除する一首目（二二二）と、初二句にわが心を強く表出する二首目（二二三）とで、大きく異なることに留意される。これまでの考察をここで援用するならば、実際の風景を見ての初案が二二三で、それを練り上げる形で改訂したのが二二二だ、という想像をしてみたくなる。二二

三は、属目の風景を詠んだ作品として、いかにもありそうな詠みぶりと思われるからである。「心もたえぬ」の「ぬ」など、完了の助動詞の終止形なのか打ち消しの助動詞の連体形なのか、曖昧である。あるいは貞享版本系の本文にあるように、「たへぬ（堪へぬ）」のつもりだったのかもしれないが、それでも「ぬ」が落ち着かない。一応「絶えず」の連体形と見て、茫茫と広がる潮路のごとく、尽きることなく湧き上がり、果てしなく広がっていく思いを表していると考えておく。本作は後に『新後撰集』に入集したが、そこでは、

（題知らず）　鎌倉右大臣

ながめわび行くへも知らぬ物ぞ思ふ八重の潮路の秋の夕暮　（秋上・二九一）

と改作されている。この歌から逆算するとき、右のように解されるのである。ただし、この『新後撰集』入集歌への改訂は実朝自身によるものではないかもしれず、ひとまず措いておく。ここでは、二二二が、実際の体験を潜めて磨き上げたらしいことに注目したい。

二二二番は、奥山陽子氏が明らかにしたように、(4)『最勝四天王院障子和歌』の源通光の歌、

若浦や塩ひをさして行く田鶴のつばさの浪にやどる月かげ　（若浦・一〇三）

を摂取し、「翼の波」もそこから取り入れていると思しい。ただし「翼の波」は捉えにくい語で、神作光一・長谷川哲夫氏の『新勅撰和歌集全釈 二』（風間書房、一九九八年）では、古注以来三つの解釈に分かれるとし、(1)翼にかかる波、(2)翼を波に見立てた、(3)基本的に「翼の並」と解し、「波」を掛けるとする、の三つを示したうえで、(1)を採用しつつ、「並」も掛けている可能性をも顧慮する。「並」の掛詞を含めて、これに賛意を表したい。ただし「翼にかかる波」はあくまで想像の産物にほかならない。海の波に秋風が吹く（論理的には風が吹いて波立つ）のはごく普通のことであって、翼の波さえ、ほら秋風に吹かれている、というのが狙いだろう。というのも、二二二の直前の歌、

天の戸を明け方の空に鳴く雁の翅の露にやどる月影　（二二一）

の「翅の露」も、想像上の産物と見られるからである。そしてこの歌の「露」が涙を暗示して、「雁」が擬人法的に表現されていることを重視するならば、「翼の波」の「波」も、涙を暗示するのではないだろうか。やや唐突な心情表現にも思われるが、そここそが、「心もたえぬ」当初の思いを、改稿しても捨てることなく託した所ではなかったか。遥か八重の潮路の向こうへと飛び行く雁に、自らの心の果てなき行方

を委ねたのである。いずれにしても、「潮路」「波」「秋風」の言葉の連絡が密になるよう、取り計らわれている。体験に由来する思いがあり、それを言葉の結びつきを生かしつつ擬人法を用いてひそやかな形で表現する。現実の思いは、雁に委ねる形で昇華されている。そのような実朝の固有の方法を、この歌にもうかがうことができる。定家は、その実朝固有の方法のもたらした達成を評価して、これを『新勅撰集』に選び入れたのだと考えるのである。

三

庭の萩わづかに散り残れるを、月さし出でて後見るに、散りにたるにや、花の見えざりしかば

萩の花暮れ暮れまでもありつるが月出でて見るになきがはかなさ　（一八八）

右の一首は、実朝らしさを表す歌として、つとに注目されてきた。例えば斎藤茂吉は次のように評する。

『くれぐれ』は『暮れ方』といふ程の意である。言振《いひぶ》りが余程稚《をさな》く出来てゐる。題詠の納まり勝ちのところが少ない。『月出でて見るに』のあたり、読んで何となしい気持に落着いて来る。作者の果敢《はか》ないうら寂しい心に同感するからであらう。さういふ一種の力を此歌は持つてゐる。それは一首全体としてであるが、『までも』の『も』、『ありつるが』の『が』、『見るに』の『に』の続けざまが如何《いか》にも働いてゐる。作る時にはおのづから斯《か》く作るのであるが、吟味する段になると矢張りかういふ細かい点まで注意する方がよい。(5)

「言振りが余程稚く出来てゐる」「作者の果敢ないうら寂しい心」「作る時にはおのづから斯く作る」といった言葉の端々から察するに、はかなさ、寂しさを感じている作者の心が、無技巧なほどごく自然に表れている、ということなのだろう。こういう場合の「稚さ」は、樋口芳麻呂氏のいう「無垢」につながるように思われる。湧き上がってくる気持に素直に従い、余計な知恵を働かせず、その心の導くままに浮ぶ言葉に自己を任せている、と見るのであろう。ちなみに、川田順『源實朝』（厚生閣、一九三八年）は「この時萩の花はまだ散つてゐない。月光に見失つただけである」という独特な解釈を施した。見失っただけの花を散ったと思い込み、はかなさをつのらせた、というのだから、実朝の「稚さ」や「無垢」をより強く読み取ろうとする姿勢といってよいだろう。この解釈には、賛意を表する論者も多い。

だがそこには、実朝は「稚」く「無垢」であるとする先入観が働いていないだろうか。本稿のこれまでの考察を援用す

れば、体験に即しつつ対象に自分をゆだねて、自分の身体性を抑制していくことは、実朝自身が意図したことだと思われる。先入観なしに見れば、無造作に見えたり、人の知恵に汚されていないと見える部分は、むしろ実朝が進んで追求した結果立ち現れてきたものだと見なせるのである。

この歌は、一見上下句の対照の妙に狙いがあるように思われる。それに間違いはないし、たしかに上下句の落差の面白さはもっと強調されてよいと考えるが、それだけでは一首の勘どころはつかめないだろう。上下句の間にある「間」にこそ、この歌のもう一方の生命がある。

庭先の萩の様子を順次解説していく歌の主体は、まるで物語の語り手のようで、輪郭鮮明に存在していている。そしてその場から消え失せたのは萩だけ、であるかに見える。しかし、歌の中の主体もまた、空白へと導かれていた。上下句の間には、主体が空白に向かって限りなく近づいて行く漸近線が描かれている。「くれぐれ」という言葉は、和歌ではしばしば「くれぐれと」の形で、心も暗くなって、暗い気持で、の意を表す。実朝はそれを、「暮れ」を強めるために使っているのだろう。暮れて行って暮れきるまで、の意の独自な用法と思しい。それだけ、日の沈む最後の一瞬まで見つめずにはいられなかった、萩の花への執着心を表したかったのだろう。

そして主体は闇の中に溶け込んでいく。前節で見た言葉の連繫を用いる方法とは明らかに異なるのだけれども、主体が希薄化して行く方向性をもつという一点において共通する。この歌の場合は、月が沈んだ後、月の出までの間の闇の時間がそれに当たる。認知の及ばない空白の時間である。しかしその空白の時間は、意外に豊かな情感に満たされている。

一方で下句は、覚醒していく主体が再度登場する。日没後の暗闇で、萩の花への執着はいったん挫折した。けれども、その挫折感は、月が出て照らし出してくれることへの期待感に代わった。月は萩に置いた露を煌めかせるかもしれない――「月出でて見るに」という、少々くどいような説明的な言い方は、その膨らんだ期待感を露わにする。だが花は無かった。なんとはかない。急転直下の意外な結末。「はかなさ」は、あっけない顚末を迎えた現実に対する、軽い驚きだろう。そして、自分を振り返って、その愚かしさを指してもいると思われる。掛詞的な用法なのだろう。上下句の対照から醸し出されるのは、「寂しさ」という言葉とは裏腹の、飄逸味である。月光の中で精彩を放つ花を味わいたいという、心の底に無意識の願望があったことを自覚させられてしまう。それを古朴かつ平俗な言葉で表していて、一種のおかしみが漂うのだ。私たちは、純粋で無垢な実朝像を第一とするあまり、自分を戯画化して笑いを誘うような、「おとなの」歌人実朝を見失いがちなのだと思う。

実朝の歌は、実朝を「純粋」「幼さ」「無垢」と捉えたうえで語られることが多かった。しかしその実朝像は、実朝が意図して創り上げた歌の中に息づく主体の姿に由来する面があると考えられるのである（実朝歌以外の和歌の引用は、新編国歌大観による）。

注

（1）『東北大学教養部紀要』第三三号（一九八一年二月）、第三六号（一九八一年十二月）、第三九号（一九八三年十二月）。

（2）和歌文学大系『新勅撰和歌集』。鎌田五郎『金槐和歌集全評釈』（風間書房、一九八三年）、今関敏子『実朝の歌 金槐和歌集訳注』（青簡舎、二〇一三年）（以下、『今関注』とする）もそう解しているとおぼしい。『集成』は「幾世」と解するが、とくに縁語の指摘はしていない。

（3）「片野注」などに指摘がある。

（4）「源実朝と『最勝四天王院障子和歌』」（『和歌文学研究』七四、一九九七年六月）。

（5）引用は『斎藤茂吉選集』第十五巻所収「金槐集私鈔」による。

実朝の自然詠数首について

久保田淳

くぼた・じゅん――東京大学名誉教授。専門は中世文学・和歌文学。主な著書に『新古今歌人の研究』（東京大学出版会、一九七三年）、『中世文学の時空』（若草書房、一九九八年）、『久保田淳著作選集』全三巻（岩波書店、二〇〇四年）などがある。

実朝の自然詠のうち、「さえ〳〵て」の句を含む五首、「やへのしほぢ」の句を含む二首が、いかなる先行歌の影響下に詠まれたかを、『金槐和歌集』の二、三の注釈書などを参考しつつ推測し、実朝が自然から何を感得したかを探る。

一、さえ〳〵て

『金槐和歌集』を通読していて、あるいはこれは実朝の好んだ表現ではないかと思われるほどしばしば用いられている句に、「さえ〳〵て」という句があることに気づいた。定家本『金槐集』の本文によって示すと、次の五首がその作例である。（歌頭は定家本、歌末は貞享四年本の番号）

月前嵐

304 ふけにけりとやまのあらしさえ〳〵てとをちのさとにすめる月かげ（三四六）

（冬哥）

322 まきもくのひはらのあらしさえ〳〵てゆつきがたけにゆきふりにけり（合点あり）（三七〇）

山辺霰

336 くもふかきみやまのあらしさえ〳〵ていこまのたけにあられふるらし（合点あり）（三四七）

羇中雪

531 たびごろもよはのかたしきさえ〳〵てのなかのいほに雪ふりにけり（五八四）

海辺冬月

573月のすむいそのまつかぜさえ〳〵てしろくぞ見ゆる雪の
しらはま（三四五）

右の五首に共通するのは、「さえ〳〵て」の句がいずれも第三句として用いられていることである。次に、「羇中雪」の一首を除く四首に共通する点は、「さえ〳〵て」の句が「あらし」または「かぜ」に関して用いられていることである。「羇中雪」の歌で詠歌主体に「さえ〳〵て」と感じさせる要因はおそらく第五句に詠まれる「雪」なのであろう。ということは、この歌では上句から詠歌主体である旅人の姿を想像することも可能であるということを意味する。それが下句では、旅人が見ている「いほ」の外の自然の描写、「のなかのいほに雪ふりにけり」という叙景に転ずる。それに対して、「さえ〳〵て」の句を含む他の四首は、ほとんど詠歌主体を前面に出すことなく、ほぼ叙景歌として、冷え徹った自然を描いている。僅かに「月前嵐」の歌が「ふけにけり」という初句によって、そのような時刻を感知する詠歌主体の存在を気づかせはしているが……。

「羇中雪」の歌に影響を及ぼした可能性が大きい先行歌として、川田順『全註金槐和歌集』（冨山房百科文庫、以下「川田注」と呼ぶ）や樋口芳麻呂『金槐和歌集』（新潮日本古典集成、以下「樋口注」と呼ぶ）他、多くの研究書が挙げる歌は、式子内親王の「さむしろの夜はの衣手さえさえてはつ雪しろしをかのべのまつ」である。この歌は『正治二年院初度百首』で詠まれ、『新古今和歌集』巻第六冬歌に六六二番の歌として採られた。撰者名注記は定家・家隆の両人である。実朝は、上句で寝所における詠歌主体の姿を写し、下句で戸外の風景を描くというこの歌の構成に学んだのであろう。彼が『正治初度百首』に触れる機会があったかどうかは明らかではないが、『新古今集』を熟読したことは確かであるから、「たびごろも」の歌が式子の「さむしろの」の歌に拠るところが多いと見て間違いないであろう。

それならば、「ふけにけり」の初句で始まる「月前嵐」の歌に及ぼした式子の「ふけにけり山のはちかく月さえてとをちの里に衣うつこゑ」の歌の影響も、当然認めてよいであろう。この歌もまた『正治初度百首』で詠進され、『新古今集』秋歌下に四八五番の歌として載った作品で、『金槐集』の諸注釈が一致して実朝の「ふけにけり」の歌を導いた先行歌と見ている歌である。

なお、近年の注釈書である今関敏子『実朝の歌金槐和歌集訳注』（青簡舎、以下「今関注」と呼ぶ）では、「たびごろも」の歌の注に後鳥羽院の「冬ふかみ外山のあらしさえさえてすそののまさき霰ふるなり」を、「ふけにけり」の歌の注に藤原定家の「なにとなく見るよりものゝかなしきは野中のいほのゆふぐれのそら」を、それぞれの家集を出典として挙げている。後鳥羽院の歌は建仁元年（一二〇一）『老若五十首歌合』での詠、定家の歌は『拾遺愚草』で文治五年（一一八九）三月「重奉和早率百首」での作である。実朝が『老若五十首歌合』の正本を入手することはできたかもしれないが、定家が慈円の百首に和した「重奉和早率百首」を目にする機会があったかどうか、疑問である。もとより定家自身が実朝に求められて、若い頃の詠草を鎌倉に送ったとすれば、知りえたであろうが…。

右の二首以外の、「さえ〳〵て」の句を含む実朝の三首についても、影響関係が考えられる先行歌を検討してみる。

まず「冬哥」の詞書がかかる「まきもくの」の歌については、川田注は、源頼綱の「ころもでによごのうらかぜさえ〳〵てこだかみやまに雪ふりにけり」の歌を、『金葉和歌集』巻第四冬部・二七八を出典として挙げ、樋口注は『新古今集』春歌上・二〇で大伴家持の歌とする、「まきもくのひばらのいまだくもらねばこまつがはらにあは雪ぞふる」を引き、「……などによる」とした。含みのある表現にとどめているのは、同書巻末の「参考歌一覧」に、『万葉集』巻第七の柿本人麻呂歌集の歌という、「痛足川川波立ちぬ巻向の弓月が岳に雲居立つらし」の歌と頼綱の歌を掲げていることから、それらの影響をも考えていたためであろう。実朝の「まきもくの」の歌は後に『風雅和歌集』に入集した。岩佐美代子『風雅和歌集全注釈』では、同集・冬・八一〇番のこの実朝歌注で、右に挙げた頼綱・家持・万葉の人麻呂歌集歌の三首を「参考」として挙げている。

次に、「山辺霰」を題とする「くもふかき」の歌では、川田注・樋口注がともに後鳥羽院の、「冬ふかみ外山のあらしさえさえてすそのゝまさき霰ふるなり」の歌を先行歌として挙げる。ただし、川田注は『千五百番歌合』の歌と誤っている。先に今関注に関連して述べたように、これは『老若五十首歌合』の詠で、樋口注が正しく記している。「……などの影響が考えられる」と、断定的な言い方を避けているが、それは「参考歌一覧」に掲げた、「あきしのやと山のさとやしぐるらんいこまのたけに雲のかゝれる」（新古今・冬・五八五・西行）、「み山にはあられふるらしと山なるまさきのかづら色づきにけり」（古今・神遊びの歌・一〇七七・採物の歌）の二首の影響をも考えているからである。

最後の「海辺冬月」を題とする「月のすむ」の歌については、川田注は『蜻蛉日記』下に載る、「たぢまのやくゞひのあとを今日みればゆきのしらはましろくてはみじ」という、藤原道綱の歌を（やや不正確な形で）引く。樋口注では、ここでも式子の「さむしろの夜はの衣手……」の歌を引いて、「……が脳裏にあろう」と言うが、「参考歌一覧」では『古今和歌六帖』第二帖の作者未詳の歌、「たぢまなるゆきのしらはまもろよせにおもひしものを人のとやみん」を挙げている。若い実朝が『蜻蛉日記』の歌に親しんでいたと想像することは楽しい。しかし、この日記の写本が彼の周辺にあっただろうか。同様の疑問は『古今六帖』についても生ずるのである。

実朝が歌を詠み始める以前の和歌で、「さえさえて」という句はどのように詠まれていたかを調べてみた。

詠出時の知られる範囲内では、この句を詠んだ歌で最も早い作例は、寛治八年（一〇九四）八月十九日の『高陽院殿七番和歌合』雪六番右、源頼綱の「ころもでによごのうら風さえ〳〵てこだかみやまにゆきふりにけり」の歌であろうか。頼綱とほぼ同時代の歌人としては、源俊頼の『散木奇歌集』に二首の作例が見られる。それらを含めて、実朝が歌を詠み始めた時点で先行歌であったと認められる、「さえさえて」の句を有する歌を集めてみると、二十八首を知ることができた。そしてわかったことは、「さえさえて」という歌句は、平安末期の堀河天皇が在位し、白河院が院政の主であった頃から詠まれ始め、時代が下るに従ってその使用頻度は高まる傾向を示しているという、単純な事実である。

すると、実朝がしばしばこの句を詠んでいるという現象も、時代の流行に馴致されたにすぎないのであろうか。しかし、総歌数六六三首という、大きいとはいえない家集での五首という数字は、他の作者たちから突出しているという印象を拭えないのである。

実朝はやはり冴えた自然にとくに敏感に反応する人だったのではなかったか。彼の身体や心は、晴朗な自然よりは冷えてきびしい自然に動かされることが多かったのではないだろうか。

二、やへのしほぢ

『金槐集』秋に、定家本では、

海のほとりをすぐとてよめる

222 わたのはらやへのしほぢにとぶかりのつばさのなみにあきかぜぞふく（二二五）

223 ながめやる心もたえぬわたのはらやへのしほぢの秋のゆふぐれ（二六三）

という形で、「やへのしほぢ」という句を有する二首の歌が収められている。群書類従本でも同様だが、貞享四年板本では二首をまとめず、まず「わたのはら」の歌は「海上鴈」の題を付して雁の歌群中に置き、やや離れて、「海のほとりをすぐとて」の詞書を付して「ながめやる」の歌を秋の夕暮れの歌群中に入れているという違いが存する。

この二首についても、一通り影響関係が考えられる先行歌について検討してみる。

まず「わたのはら」の歌については、川田注は、『新古今集』秋歌下・五〇五の俊成卿女の「ふきまよふ雲井をわたるはつかりのつばさにならすよもの秋風」と、後京極良経の『秋篠月清集』のうち、「南海漁父百首」の「はるかなるとこよはなれてなくかりのくものころもに秋かぜぞふく」の二首を掲げている。樋口注は俊成卿女の歌を引き、「……の影響もある」と注するにとどまっている。

今関注では、その凡例で「同語・同語句のみられる和歌」という意味に当たるのであろうか、「参考」として、『夫木和歌抄』巻第五春部五・帰雁に載る、法橋円快という僧の、「松浦がたあくる霞に行く雁の翅の浪に春風ぞふく」という歌を掲げる。この歌は「承元参年長尾社歌合、海辺帰雁」の詞書の下に、家隆の歌に始まる十三首の歌群中の一首である。十三首の作者の中には、雅経・源光行・権少僧都季厳など、関東に関わりのある人が含まれていることには注目してよいであろう。

実朝のこの歌は『新勅撰和歌集』巻第五秋歌下に採られた。歌番号は三一九、詞書は前の歌の詞書「秋哥よみ侍けるに」がかかる。同集の近年の注釈書のうち、神作光一・長谷川哲夫『新勅撰和歌集全釈』は、「類歌」として俊成卿女の「ふきまよふ」の歌を挙げ、「つばさのなみ」の語釈に関連して、『最勝四天王院障子和歌』の「若浦」を詠んだ源通光の「若浦や塩ひをさして行く田鶴のつばさの浪にやどる月かげ」を引き、「余釈」でもこの「通光歌に学んだ」と述べている。なお、「やへのしほぢ」の語釈で『後拾遺和歌集』巻第一・春上・四一、藤原節信の、

　　はる〴〵とやへのしほぢにおくあみをたなびく物はかすみなりけり

の歌を挙げている。

また、中川博夫『新勅撰和歌集』（和歌文学大系）でも、参考として俊成卿女の「ふきまよふ」の歌を挙げ、補注として通光の「若浦や」の歌の他、『千五百番歌合』雑二・千四百三十六番右の、三宮惟明親王の「わたのはら八重のしほぢをみわたせば雲につらなる奥津白なみ」を（実朝の歌の一・二句と一致する例としてであろう）引いている。

このように見てくると、実朝の「わたのはら」の歌に影響を及ぼした可能性のある新古今時代の作品としては、俊成卿女・良経・通光・惟明親王・円快の五人の歌が指摘されていることとなる。いずれも表現上の類似点を有する先行歌であるに違いないが、実朝がそれらの作品に接する機会があったか否かは、やはり検討の余地が残されているであろう。俊成卿女の歌は『新古今集』入集歌であるから、実朝が知っていた可能性は高いが、『新古今集』に入れられなかった『最勝四天王院障子和歌』の作品に触れる機会があったかどうか、疑念が残らなくもない。ただ、群書類従本『最勝四天王院障子和歌』によれば、通光の「若浦や」の歌は「若浦」の絵に書くべき歌として選ばれた歌であったという。そういうことであるならば、詠歌への意欲を強めていた実朝が関心を寄せて、積極的に読んでみようと考え、目的を達した作品群であったかもしれない。

良経の「南海漁父百首」の歌も全くの私詠であるから、そう簡単に他人の目に触れる機会はなさそうであるが、この百首が慈円の「北山樵客百首」と合わされて、『南北百番歌合』が成立したとなると、話は別である。

僧円快の「海辺帰雁」の歌を含む承元三年（一二〇九）の長尾社歌合の証本にしても、雅経や光行など、京鎌倉を往返する人物などによって鎌倉にもたらされ、実朝がそれを入手する機会がなかったとは限らない。

このように当時の文化情況をあれこれ考えると、検討した五首のいずれもが実朝の目に触れる可能性を有していることになりそうである。個人的には、もしも実朝が西行の『山家集』に親しんだとすれば、彼の「おきかけてやへの潮ぢをゆくふねはほのかにぞきくはつかりの声」という歌も記憶にあったかもしれないとも考えている。

次に「ながめやる」の歌について、同じような検討を試る。川田注も樋口注も、ともに藤原家隆の、「とまりとふ日さへみじかくなりにけりやへのしほぢの秋のゆふぐれ」という歌を、川田注は出所を「壬二集」として、樋口注は「参考歌一覧」で「建暦三年内裏歌会」として、引いている。今関注は『千載和歌集』巻第四秋歌上・二九一の俊恵の歌、「ながめやるこゝろのはてぞなかりけるあかしのおきにすめる月かげ」を挙げている。

実朝のこの歌は後に二条為世の撰した『新後撰和歌集』巻第四秋歌上に、「題しらず」の扱いで、「ながめわび行衛もしらぬ物ぞおもふやへのしほぢの秋の夕暮」という形で、二九一番の歌として入集している。類従本や貞享本では、この本文の違いに気付いて、この異文を「ながめやる」の歌に傍書している。『新後撰集』の注釈はまだ進んでいないので、同集の関係でこの歌についての影響を及ぼした先行歌について注したものがあるか否かを知らない。なお、第二句の「しらぬ」は「しらす」とする本もある。

さて、川田注・樋口注が共通して挙げた家隆の歌は、はたして実朝の目に触れる機会があったであろうか。家隆の家集『玉吟集』（壬二集）は寛元三年（一二四五）冬に成立した本が原撰本と考えられているから、実朝は家集の形で家隆の「とまりとふ」の歌を知ることは不可能である。この歌の家集での詞書は「同内裏御会、海路秋夕」というので、それを樋口注が「建暦三年内裏歌会」と認定したのは正しいと考えるが、その頃の順徳天皇内裏での和歌の催しを詳細に記載している『紫禁和歌集』で、建暦三年（一二一三、十二月六日建保と改元）のおそらく秋に、順徳天皇の内裏において「海路秋夕」の題で歌会が催されたことは確かめられないのである。そしてよく知られているように、定家所伝本『金槐集』の奥には、「建暦三年十二月十八日」という日付が記されている。それは十二月六日の改元の事実が鎌倉においては認識されていなかったからであろう。

家隆が「とまりとふ」の歌を順徳天皇の内裏で詠んだのは確かに建暦三年の秋だったのであろう。しかしながら、大規模な催しとも考えられない歌会での作品が直ちに鎌倉に伝わって、『金槐集』が編まれる同じ年の師走以前の実朝に感銘を与え、その影響下に「ながめやる心もたえぬ」の歌を詠ませるに至ったと考えることはいささか無理ではないだろうか。

「やへのしほぢ」の句についても、実朝の作品以前の和歌での作例を集めて、二十二首の作品を確かめた。

最も早い作例はやはり『後拾遺集』の節信の「はる〳〵と」の歌であろう。そして、「さえさえて」の場合と同様、時代が下るにつれてしばしば詠まれるようになってゆく。その中には源通親が『高倉院厳島御幸記』で詠んだ歌のような、社会での現実的な事柄に関連して詠まれたもの、源光行が元久元年（一二〇四）に編んだ『蒙求和歌』『百詠和歌』の奥に添えられた、藤原孝範の「から国の八重のしほぢの朝霧をくまなくはらふ敷島の風」という、読後感を述べた歌もある。「やへのしほぢ」は、異郷や異国への連想を誘いかねない歌句である。

実朝の「やへのしほぢ」の歌二首は、社会の現実とは直接関わりなく、おそらく鎌倉の由比ヶ浜あたりの「海のほとり」に立った時、ふと心に浮かんだにすぎないのかもしれない。しかし、沖を「ながめや」った時、彼は海のかなたの世界を思わなかっただろうか。建保四年（一二一六）から翌年にかけての挫折した渡宋計画という伝記的事実が想起されるのである。

この二首に限らず、「おほうみ」の歌（六四一）、「わたつうみ」の歌三首（五〇二他）、「うみ」の歌（六六三）などをも含めて、実朝がどんな思いを抱えて海をながめていたのか、じっくりと考えてみたい。

実朝の題詠歌──結題（＝四字題）歌を中心に

前田雅之

まえだ・まさゆき──明星大学人文学部教授。専門は古典学。主な著書に『書物と権力』（歴史ライブラリー、吉川弘文館、二〇一八年）、『なぜ古典を勉強するのか』（文学通信、二〇一八年）、『画期として室町──政事・宗教・古典学』（編著、勉誠出版、二〇一八年）などがある。

これまで源実朝の和歌については、おおむね十首程度の秀歌が分析の対象となっていた。だが、それでは、実朝の和歌の全体像は見えてこない。ここでは、これまで見向きもされなかった実朝の結題（＝四字題）の和歌に着目した。先行する和歌から語句を抜き出してパッチワークをしながら、自ら創案した四字題の題詠の中に読み込んでいく営為こそに実朝にとって和歌詠作の意味するものが明らかにされるのではないか。

はじめに──「月前擣衣」から

「月前擣衣」という四字からなる結題（＝四字題）がある。月を見ながら、衣を擣つという題の心を要求する歌題である。(1)

勅撰集では、『千載集』秋下、三三八番「月前擣衣といへるこころを」という詞書で詠まれた仁和寺後入道法親王覚性詠（一一二九〜六九年）が初例である。(2)

さよふけてきぬたのおとぞたゆむなる月をみつつや衣うつらん

歌意は、夜が更けて砧の音が弛んでいるようだ、月を見ながら衣を擣っているのだろうか、といったものだ。砧系和歌については別に論じているので、(3)ここでは詳細を省くけれども、中国伝来の閨怨詩（白居易「聞夜砧」、『白氏文集』巻十九、『和漢朗詠集』秋、下記に記す詩句）を承けて、第三者的立場の詠作主体が、晩秋、夜もすがら、砧を擣ちながら夫（ないしは男）が戻ってこないのを妻（ないしは女）が恋慕っている状況を詠む和歌の謂である。覚性詠では、「月前擣衣」という題に相応しく、砧を擣つ女は、月の美しさに見とれて、砧の音が弛んでいるようだから、閨怨詩的世界は前景から消え去り、ただしく秋の景物の和歌となっている。これは月の美しさと鞏固に組み合わせた結果生じたものとも言えるだろう。

それでは、「月前擣衣」題の初例はとなると、おそらく平安後期の儒者・文章博士菅原在良（一〇四一～一一二一年）の私家集『在良集』（一一番歌）にある

月前擣衣

月かげにあきのよすがらおきゐつつうつころもでにしもやおくらむ

となるだろう。周知のように、在良は、当時の代表的な和漢兼作の文人であり、藤原基俊（一〇六〇～一一四二年）が撰者と考えられる『新撰朗詠集』上「秋（擣衣）」三二九番詩に

客路霜乾秋韻遠、孀閨雪冷暁声寒。擣衣明月中／菅在良

客路霜乾いて秋の韻遠し、孀閨雪冷《すさ》まじうして暁の声寒し。擣衣明月の中／菅在良[4]

があるように、擣衣と月を絡めた詩を詠じていた。この詩句は、いうまでもなく、『和漢朗詠集』にも採られ、人口に膾炙している白居易「聞夜砧」（「誰家思婦秋擣帛　月苦風凄砧杵悲　八月九月正長夜　千声万声無了時　応到天明頭尽白　一声添得一茎糸」、『白氏文集』一二八七番、中華書局版『白居易集』に拠る）を踏まえて詠作している。それは、白詩の「月苦風凄」と在良の「孀閨雪冷」、白詩の「千声万声無了時　応到天明」と在良の「暁声寒」、白詩の「頭尽白」と在良の「霜乾」とがそれぞれ対応していることからも明らかであろう。

そこで、在良の和歌に目をやると、こちらも白詩「聞夜砧」を明確に踏まえていることが了解される。歌意は、月の光の中で、秋の長夜を一晩中起きて擣つ衣手にも霜がおりるのだろうかというものだろうが、「しもやおくなん」には、明け方には髪も白髪になる（悲しみで白髪になるということと霜がおりることも掛けていよう）という白詩の「応到天明頭尽白」句を受けて、霜が手におりるかと詠んだと推定されるからである。加えて、在良詠においても詠作主体は閨怨詩と同様に当事者（妻と夫）以外の第三者であり、一晩中、砧を擣って帰ってこない夫のことを偲ぶ女（思婦）のありようを想像しているという立ち位置にある。これ以降は憶測の域を超えないが、「月前擣衣」という結題は、在良以前には確認されず、また、在良の詩題「擣衣明月中」ともほぼ同義であることから、在良の作と考えてもよいのではなかろうか。和漢兼作の人在良ならではの結題とは言えまいか。

やや長い枕となったが、むろん、これは意図的である。源

実朝（一一九二～一二一九年）については、これまでそれなりの多くの論考が遺され、今後も発表されるだろうが、その多くは、実朝のさしてないとされる少数の名歌分析や『金槐集』の構成・排列などに偏っていた。(5) だが、『金槐集』（定家所伝本）の中で存外大きな比重を占めている題詠歌について見ると、本格的な論考がなされていないという現状があることから、本稿では、従来の研究傾向に敢えて逆らい、四字からなる結題（＝四字題）に着目し、それらの分析を通して実朝和歌の実像に迫りたいと企図したのである。

ここで、「月前擣衣」題に戻ると、実朝は、この題で三首詠んでいる。詠作時期は、実朝の年齢からして建仁元年（一二〇一）の『撰歌合』の「月下擣衣」題以降であることは確実であるが、「月前擣衣」題の和歌としては、在良・覚性に次ぐ三番目の詠作となる。(6) よって、手始めとして実朝「月前擣衣」題歌を検討してみたい。以下、三首を挙げる。

秋たけてよぶかき月の影みればあれたるやどに衣うつなり　（二八七番）

さよふけてなかばたけゆく月影にあかでや人の衣うつらん　（二八八番）

夜をさむみね覚めてきけばなが月の有明の月に衣うつなり　（二八九番）

最初に二八七番歌である。本歌と確定できる古歌はないが、『撰歌合』の後鳥羽院詠が本歌的役割を果たしたのではないかと目される。

十四番　月下擣衣　左勝　女房（後鳥羽院）

二七　あさぢふの月ふく風に秋たけてふる里人は衣うつなり

右　定家朝臣

二八　秋かぜによさむの衣うちわびぬふけゆく月のをちの山もと

右歌よわくきこゆるうへに、左の歌ことによろし、よりて為レ勝

後鳥羽院詠は釈阿（俊成）の判で定家詠に勝っているが、「秋たけて」「衣うつなり」が実朝詠と共通する。加えて、「あさぢふ」と「あれたるやど」の類縁性である。実朝が後鳥羽院詠を見ていたことは確実であろうし、二八七番歌は後鳥羽院詠の影響下にあることは間違いない。また、『後鳥羽院御集』では「月下擣衣」ではなく「月前擣衣」となっているから、実朝が見た写本等もそうなっていた可能性は棄てきれない。となれば、題もそのまま取ったということになる。

そして、二句・三句の「よぶかき月のかげみれば」についても、建仁三年（一二〇三）春頃に成立したとされる『千五

百番歌合』秋二の後鳥羽院による折句により判歌に共通語彙がある。

七百四十七番　左勝　保季朝臣

一四九二　さ夜ふけてはとふく山の秋かぜにむらさめすぎぬ袖にしぐれて

右　　三宮

一四九三　衣うつをちのさとよりふく風にはるばるきたるつちのおとかな

ささのいほよぶかき月のかげさむしつまどふ鹿のかよふねざめに　　（後鳥羽院判歌）

「よぶかき月のかげ」が実朝詠と一致する。最後に「あれたるやどに」については、[7] 後鳥羽院詠の「あさぢふ」以外では、『新古今集』雑上の大江嘉言詠（一五四四番）が月がらみで注目に値しようか。

山ざとにて月のよ都をおもふといへる心をよみ侍りける

都なるあれたるやどにむなしくや月に尋ぬる人かへるらむ

そうして、実朝二八七番歌を総括したい。まず、歌意は、晩秋となり、夜が深くなった月の光の照らす先を見ると、荒れている宿で女が衣を擣っているようだ、というものとなる。詠作主体は擣衣を見・聞くという第三者であり、砧系和歌のありように忠実である。しかし、二八七番歌は問題を抱えている。なぜなら、「月の影みれば」とあるように、「みれば」と視覚表現で叙述しながら、他方、「衣うつなり」と、通常は見えないけれども聞こえるという状態を含意する推定表現で和歌を閉じる、といったちぐはぐ感ないしは内部矛盾を抱え込んでいるからである。末尾の「なり」を断定と取ることも可能かもしれないが、和歌にそうした例はないし、百歩譲ってそう解釈したら、和歌的情緒は一気に減退し、簡単にいえば、和歌ではなくなってしまう。

それでは、本歌的位置にある後鳥羽院詠（『撰歌合』）はどうであろうか。末尾の「うつなり」は、「月ふく風」（月を吹く風）というやや定家ばりの特異句と呼応しており矛盾は存在しない。[8] 秋も深まり、月に吹く強い風によって擣衣の音が運ばれてくるという趣向である。また、歌語をとった判詞詠も「月のかげさむし」がやはり特異な表現とも言えるが、『千五百番歌合』成立以前に定家が詠んだとおぼされる「はまちどりつまどふ月の影さむし蘆のかれはの雪の下かぜ」（『拾遺愚草』、建仁二年三月六首、冬歌、二四四三番）が初例と思われ、「つまどふ」も合わせて、後鳥羽院判歌もその影響下にあると考えてよいだろう。目が覚めたら、月の光も寒く感じるといっているだけで、そこに矛盾は存在しない。

してみると、実朝詠は、後鳥羽院判歌の「よぶかき月の影」に続くことばをしくじったと見るより他はなさそうである。言い換えれば、せっかくいい材料をもちながらも、それらの材料をうまく（＝矛盾なく）パッチワークすることに失敗しているということだ。とはいえ、月光に照らされた荒れたる宿で衣を擣つという「月前擣衣」の題は最低限叶えているとは言えそうだ。

続く二八八番歌（さよふけてなかばたけゆく月影にあかでや人の衣うつらん）はどうだろうか。これは『古今集』物名四五二番歌が本歌であると言えそうである。

かはたけ　かげのりのおほきみ
さ夜ふけてなかばたけゆく久方の月ふきかへせ秋の山風

むろん、「さよふけてなかばたけゆく」をそのまま取り、かつ、「月」も共通するからである（網掛は物名を示す）。続く「月影にあかでや」については、やはり『古今集』恋三

六四八　さ夜ふけてあまのと渡る月影にあかずも君をあひ見つるかな　　よみ人しらず

も見ているだろう。「さよふけて」の共通性に加えて、「月影にあかでや」に極めて近い「月影にあかずも」を六四八番歌が持っているからである。さらに指摘しておけば、「月影にあかでや」という表現は実朝詠にしかないものである。だが、「あかでや」となると、藤原清輔詠（『今撰集』、『清輔集』一六〇も）に

家の歌合しけるに　清輔
七四　ちよの秋をひと夜になしてながむともあかでや月のいらむとすらん

がある。月という語彙および「あかでや…らん」という語構成が二八八番歌と共通する。

そこで、二八八番歌の評価をしておきたい。まず、歌意は、夜が更けて夜半も過ぎ西に傾いていく月の姿に飽きないでその人はまだ衣を擣っているのだろうか、というものだろう。要するに、妻と思われる女性が一晩中月を愛でながら衣を擣っていると言っているのである。ここでは、上記の覚性詠と同じく、閨怨詩的主題は後退し、月に関する思いが強くなっている。だから、衣を擣つ女性の意味するものがぼやけてしまっている。覚性詠のように、月に見とれて擣つ手が弛むとした方が、月を主題化する点では成功していようか。なんとか詠み切った和歌と言ってもよいだろう。

最後の二八九番歌（夜をさむみね覚めてきけばなが月の有明の月に衣うつなり）は、まず、本歌が『後撰集』、冬、よみ人しらず、四七八番歌

夜をさむみねざめてきけばをしぞなく払ひもあへず霜やおくらん

であると確定できよう（『拾遺集』、冬、よみ人しらず、二二八番、『和漢朗詠集』、冬、三七三番も同歌）。「夜をさむみね覚めてきけば」という初句・二句が共通するからである。他には、『続詞花集』、秋下、僧都済円、二四八番、「遠聞擣衣心をよめる」

秋のよをねざめて聞けば風さむみとをちの里に衣うつなり

が擣衣題として共通するばかりか、「ね覚めてきけば」、「衣うつなり」が共通し、第二本歌的役割を果たした可能性が強い（他方、実朝がここまで見ていたかという疑念は残る）。

となると、二八九番歌のオリジナルな表現は「なが月の有明の月に」という表現になるだろうが、実はこれについても先行例を複数指摘できる。

①『古今和歌六帖』　つらゆき

三七三九　いづれをかはなとはわかんなが月の有明の月にまがふ白ぎく

②『和泉式部集』　九月ばかり、あり明に

八八八　われならぬ人もさぞみん長月の有明の月にしかじあはれは

③『院当座歌合』（正治二年）「暁更聞鹿」

八番　左　降実

四七　夜もすがら山のたかねに鳴く鹿のちこゑに成りぬあけやしぬらん

右　勝　鴨長明

四八　今こむと妻やちぎりし長月の有明の月にをしかなくなり

④『後鳥羽院御集』　秋

一五七五　しをれこしたもとほす間も長月の有明の月に秋風ぞふく

例に上げた①から④で詠まれた景物を一覧すると、「まがふ（＝紛ふ）白ぎく（＝菊）」（①）、「しかじ（＝如かじ）あはれは」（②）、「をしか（＝男鹿）なくなり」（③）、「秋風ぞふく」（④）とあるように、擣衣と共通するものはないけれども、時節は九月二十日以降の月であるから、晩秋そのものであり、それにふさわしい景物が詠まれているということになる。実朝は、そこに勅撰集ではほぼ「秋下」（＝晩秋）に配当される「擣衣」を嵌め込んだということである。それは決して和歌詠作上外れた行為ではない。そして、歌意は、夜が寒いので目ざめると、長月の有明の月の下で衣を擣っているのが聞こえる、といったものであろう。二八七番歌と比較すると、二八九番歌は、「きけば〜うつなり」となっているので、歌の内部に矛盾はない。強いていえば、文末の「なり」があるので、「きけば」にはもう一つ工夫ができたかと思われるが、先行例に従ったということになるだろうか。しかしながら、二八九番歌には、一つとして実朝の独自な表現がないことには一応の注意を払ってもよいだろう。言ってみれば、自己の記憶や知の範囲内にある和歌ことばを題に従って再編成して矛盾なくパッチワークができた例が二八九番歌なのである。
このあたりから、これまでさんざんに言われてきた「内容の重複の多い、しかも古歌の模倣の寄せ集めと言いたくなる六百首以上の「没個性的」な歌々」といった実朝に対する低い評価が自ずと想起されてくるけれども、[9]私は、ここでも敢えて「「没個性的」な歌々」に拘ってみたい。というのも、こちらの方が量的にはずっと多数であり、実朝と和歌との基本的な関係が現出しているからに他ならない。かといって、漫然とそのような「歌々」を取り出して議論を重ねてもさして生産的な効果はないだろう。そうするのではなく、本稿で着目するのは、「月前擣衣」と同様に四字の結題（＝四字題）の和歌である。四字題が形成される過程は、上記に記した在良のように平安後期からだが、[10]実朝の和歌詠出と四字題のありよう、とりわけ実朝にしか存在しない個性的な四字題の問題は、実朝の和歌に関してこれまで注目されてなかった、あるいは、見過ごされていた姿を浮かび上がらせる可能性があるのではないか。以下、考察を進めたい。

二、実朝の四字題

まずは、実朝の四字題を一覧する。部立に分け、概ね、『金槐集』（定家所伝本）の番号順に従って排列した。

春
故郷立春　梅香薫衣　梅花厭雨　故郷梅花　山路夕花
山家見花　雨中夕花　水辺落花　湖辺落花　故郷惜花
河辺款冬

夏
山家時鳥　故郷盧橘　盧橘薫衣　社頭時鳥　深夜郭公
蓮露似玉　河風似秋　夜風冷衣

秋
山家晩望　田家夕雁　閑居望月　名所秋月　月前擣衣
名所紅葉　月前松風（但し、河辺冬月の次に置かれる）

冬
河辺冬月　寒夜千鳥　湖上冬月　池上冬月　寺辺夕雪

雑
羇中夕露　旅宿時雨　海辺立春　海辺春月　海辺春望
月前千鳥　海辺冬月　社頭松風

春十一、夏八、秋七、冬五、雑八である。『金槐集』には、むろん恋歌もあるが、定家所伝本には恋の四字題和歌はない。計三十九題である。(11) この中で最初に注目すべきは、実朝の独自題あるいは実朝以前には見出されない『金槐集』初例の題だろう。題の構成、『金槐集』以降の他例の考察結果を挙げてみた。

故郷立春（＊「立春」に「故郷」を加えた。『金槐集』初例、同題は後に飛鳥井雅有『隣女集』。「故郷」をもつ先行・同時代の四字題では、「故郷城柳」〈『金槐集』、源道済〉、「故郷落葉」〈『千載集』、惟宗広言〉、「故郷草花」・「故郷落葉」〈『林葉集』〉、「故郷落花」〈『重家集』〉、「故郷郭公」〈『教長集』〉、「故郷述懐」〈『山家集』〉、「故郷桃花」・「故郷郭公」〈『拾玉集』〉、「故郷款冬」・「故郷紅葉」〈『拾遺愚草』〉など）

梅香薫衣（＊「梅香」に「薫衣」を加えた。『金槐集』初例、他例なし。「梅香」をもつ同時代の四字題では、「梅香留袖」〈『新古今集』、藤原有家〉、『拾遺愚草』、『後鳥羽院御集』〉、「梅香渡水」〈『有房集』〉、「薫衣」をもつ先行の四字題では、「花落薫衣」〈『在良集』〉、「梅花薫衣」〈『俊忠集』〉、「野花薫衣」〈『顕季集』〉、「残菊薫衣」〈『散木奇歌集』〉など）

梅花厭雨（＊「梅花」に「厭雨」を加えた。『金槐集』初例、他例なし。「梅花」をもつ先行・同時代の四字題では、「閑庭梅花」〈『金葉集』二度本、源経信〉、「梅花散水」〈同上、源俊頼〉、「梅花夜薫」〈『金葉集』三奏本、藤原長房〉、「梅花久薫」〈『千載集』、源雅実〉、「梅花夜薫」〈同上、源俊頼〉、「梅花遠薫」〈『新古今集』、源俊頼〉、「牆根梅花」〈『経信集』〉、「社頭梅花」〈『林葉集』〉など。「厭雨」は実朝以前に用例なし）

故郷梅花（＊「梅花」に「故郷」を加えた。『金槐集』初例、同題は後に『信生法師集』）

山路夕花（＊「夕花」に「山路」を加えた。『金槐集』初例、他例なし。「夕花」をもつ同時代・後代の四字題では、「松間夕花」〈『建礼門院右京大夫集』〉、「古郷夕花」〈『拾遺愚草』、関白左大臣家百首〉、「湖辺夕花」〈『明日香井集』〉、「湖辺夕花」〈『後鳥羽院御集』〉など。「山路」をもつ先行の四字題では、「山路落花」〈『後拾遺集』、橘成元〉、「山路秋行」〈『新古今集』、『元久詩歌合』、慈円他詠者多数〉、「山路時雨」〈『経信集』、『在良集』〉、「雪埋山路」〈『国基集』〉、「山路落花」〈『忠盛集』〉、「山路草深」・「山路秋深」〈『清輔集』〉、「山路時鳥」・「山路落葉」〈『林葉集』〉など）

雨中夕花（＊「夕花」に「雨中」を加えた。『金槐集』初例、他例なし。「雨中」をもつ先行・同時代の四字題では、「雨中藤花」〈『金葉集』二度本、神祇伯顕仲、『拾遺愚草』、『後鳥羽院御集』〉、「雨中郭公」〈『金葉集』三奏本、源経信、『千載集』、

源資賢〉、「雨中思花」〈同上、藤原長能〉、「雨中秋尽」〈同上、藤原公任〉、「雨中苗代」〈『新古今集』、勝命法師、『拾玉集』〉、「雨中木繁」〈同上、藤原基俊〉、「雨中無常」〈同上、後鳥羽院〉、「雨中郭公」〈『散木奇歌集』、『秋篠月清集』、『後鳥羽院御集』、『有房集』〉など）

故郷惜花（＊「惜花」に「故郷」を加えた。『金槐集』初例、他例なし。「惜花」をもつ先行・同時代の四字題では、「老人惜花」〈『詞花集』、藤原範永〉、「代身惜花」〈『千載集』、源通親〉、「客来惜花」〈『月詣集』、殷富門院大輔〉、「暮春惜花」〈院句題五十首、良経・定家・後鳥羽院〉など）

故郷盧橘（＊「盧橘」に「故郷」を加えた。『金槐集』初例。同題は後に『亀山殿七百首』・二条為冬がある。「盧橘」をもつ先行・同時代の四字題では、「盧橘暮薫」〈『六条修理大夫集』〉、「盧橘遠薫」〈『清輔集』、『頼政集』、『重家集』、『教長集』〉、「盧橘薫囲」〈『頼政集』〉、「隣家盧橘」〈『忠度集』〉、「盧橘薫檐」〈『拾玉集』〉、「盧橘驚夢」〈『拾遺愚草』・関白左大臣家百首〉など）

盧橘薫衣（＊「盧橘」に「薫衣」を加えた。『金槐集』初例、他例なし）

社頭時鳥（＊「時鳥」に「社頭」を加えた。『金槐集』初例。同題は後に『新三井集』・西方院如意松丸。「社頭」をもつ先行・同時代の四字題では、「社頭立秋」〈『千載集』、賀茂重政〉、「社頭納涼」〈『新古今集』、大中臣明親〉、「社頭紅葉」〈『忠盛集』〉、「社頭子日」・「社頭水鶏」〈『清輔集』〉、「社頭梅花」〈『林葉集』〉、「社頭祝言」〈良経・慈円・定家・後鳥羽院〉、「社頭述懐」〈慈円・定家・守覚・後鳥羽院〉など多数）

蓮露似玉（＊「蓮露」に「似玉」を加えた。『金槐集』初例、他例なし。「蓮露」題は先行・同時代で用例なし、後代では洞院公賢・肖柏・冷泉為和などで用いられる。「似玉」をもつ先行の四字題では、「叢露似玉」〈『和歌一字抄』、相模〉、「月似玉与鏡」〈覚性『出観集』〉）

河風似秋（＊「似秋」に「河風」を加えた。『金槐集』初例、他例なし。「似秋」をもつ先行の四字題では、「樹陰似秋」〈『国基集』〉、「夏月似秋」〈『林葉集』〉、「水風似秋」〈『頼政集』・『教長集』〉、「林風似秋」〈実定『林下集』〉。「河風」は「川風」を含めて四字題の用例なし）

夜風冷衣（＊「冷衣」に「夜風」を加えた。『金槐集』初例、他例なし。「冷衣」は本歌以外なし。「夜風」をもつ先行・同時代の四字題では、「夜風知梅」〈『重家集』〉、「夜風似雨」〈『秋篠月清集』〉、「夜風告梅」〈『拾玉集』〉、「梅薫夜風」〈『拾遺愚草』・関白左大臣家百首〉、「夜風似雨」・「社頭夜風」〈『後鳥羽院御集』〉など）

田家夕雁（＊「夕雁」に「田家」を加えた。『金槐集』初例、

他例なし。「夕雁」をもつ同時代の四字題では、「山路夕雁」〈『紫禁和歌集』〉）

閑居望月（＊「望月」に「閑居」を加えた。『金槐集』初例、他例なし。「望月」をもつ先行・同時代の四字題では、「隔雲望月」〈『今撰集』、藤原脩範〉、「凌空望月」〈『出観集』〉、「古渡望月」〈『拾玉集』〉、「閑居」をもつ先行・同時代の四字題では、「閑居聞霰」〈『千載集』、良経〉、「閑居待花」〈『玄玉集』、定範〉、「雨中閑居」〈顕季『六条修理大夫集』〉、「閑居増恋」・「閑居夜雨」〈『清輔集』〉、「閑居霧深」〈『林葉集』・『頼政集』〉、「閑居蚊遣」〈『拾遺愚草』・関白左大臣家百首〉など）

名所秋月（＊「秋月」に「名所」を加えた。『金槐集』初例、同題は後に室町末期・戦国期の正広・五辻為仲にあるのみ。「秋月」をもつ先行・同時代の四字題では、「秋月如昼」〈『金葉集』二度本、藤原隆経〉、「旅宿秋月」〈『経信集』〉、「海辺秋月」〈『新古今集』良経、定家、後鳥羽院〉・「水路秋月」〈『秋篠月清集』、『拾玉集』〉など。「名所」をもつ先行・同時代の四字題では、「海路名所」〈『教長集』、公重『風情集』〉、「名所擣衣」〈『拾玉集』、『拾遺愚草』〉、「名所夏月」・「寄名所恋」〈『拾遺愚草』〉など）

名所紅葉（＊「紅葉」に「名所」を加えた。『金槐集』初例、同題は後に『澄覚法親王集』、頓阿『草庵集』、三条西実隆『雪玉集』。「紅葉」をもつ先行・同時代の四字題では「紅葉隔牆」〈『金葉集』二度本、藤原仲実〉、「深山紅葉」〈同上、経信〉、「霧蔵紅葉」〈同上、藤原資仲〉、「紅葉留客」〈『千載集』、素意法師〉、「紅葉透霧」〈『新古今集』、高倉院〉、「社頭紅葉」〈『続詞花集』、源忠季〉、「関路紅葉」〈『今撰集』、近衛院因幡、『月詣集』、藤原実国〉、「水辺紅葉」〈『国基集』〉、「月照紅葉」〈『在良集』、『六条修理大夫集』〉、「月前紅葉」・「紅葉未遍」・「山家紅葉」・「紅葉色深」〈『山家集』〉、「暮山紅葉」〈『拾遺愚草』〉、「初見紅葉」〈『後鳥羽院御集』〉など多数）

河辺冬月（＊「冬月」に「河辺」を加えた。『金槐集』初例か、同題は後に『続後拾遺集』・西園寺実氏、『風雅集』・西園寺公相。「冬月」をもつ先行・同時代の四字題では、「冬月宿水」〈『金葉集』二度本解題、平実重〉、「雨後冬月」〈『新古今集』、良暹法師〉、「湖上冬月」〈家隆、良経、定家、実朝〉、「山家冬月」〈『山家集』、良経〉・「閑夜冬月」・「庭上冬月」〈『山家集』〉、「寒夜冬月」〈後鳥羽院、藤原隆信〉など）

寺辺夕雪（＊「夕雪」に「寺辺」を加えた。『金槐集』初例、他例なし。「夕雪」をもつ四字題なし〈「夕雪」では、飛鳥井雅有、伏見院〉。「寺辺」をもつ先行・同時代の四字題では、「寺辺水鶏」〈『頼政集』〉、「寺辺時鳥」〈『重家集』〉、「月明寺辺」〈『山家集』〉）

羇中夕露（＊「羈中」に「夕露」を加えた。『金槐集』初例、他例なし。「羈中」の先行・同時代の四字題では、「羈中歳暮」〈『千載集』、僧都印性〉、「羈中見月」〈『新古今集』、大江嘉言〉、「羈中晩嵐」〈同上・定家、良経〉、「羈中見花」〈『重家集』、定家、後鳥羽院〉、「羈中初雁」・「羈中時雨」〈『重家集』〉、「羈中風吟」・「羈中山路」・「羈中眺望」〈『拾玉集』、定家〉、「羈中待花」・「羈中会恋」〈『拾玉集』〉など。「夕露」は「秋夕露」〈『承久元年内裏歌合』、家隆、定家〉があるが、四字題はない。実朝以前の例もない）

海辺春月（＊「春月」に「海辺」を加えた。『金槐集』初例、同題で後に『為家集』・『隣女集』。「春月」をもつ先行・同時代の四字題では、「旅宿春月」〈『教長集』〉、「浦辺春月」〈『拾玉集』・句題百首〉、「花洛春月」〈家隆『壬二集』〉、「河上春月」〈『拾遺愚草』・関白左大臣家百首〉）

海辺春望（＊「春望」に「海辺」を加えた。『金槐集』初例、同題で後に『玉葉集』・伏見院、『和漢兼作集』・大江頼重、『如願法師集』、『澄覚法親王集』。「春望」をもつ先行・同時代の四字題では、「水郷春望」〈『元久詩歌合』〉で家隆、通光、慈円、有家、蓮性、定家、家長、大納言局、保季、雅経、丹後、行能、具親、範清、長明、良平、秀能、俊成卿女、後鳥羽院の和歌がある）

社頭松風（＊「松風」に「社頭」を加えた。『金槐集』が建保二年に成立したとすれば、初例か。同題で後に『夫木和歌抄』・建保四年日吉歌合（九条基家）、『日吉社大宮歌合（承久元年）』（順徳院、家隆、知家、為家、範綱、定家、通光、兵衛内侍、伊平、康光））

以上から、四字題三十九例のうち二十三題、約五九％が初例であったことが判明する。存外、多いのである。ここで、対象の絞り込みと歌の分析を行う前に確認しておきたいのは、四字題の場合、主として「季節（例えば「立春」）」を示す二字に「故郷」といった随意につけられる二字とによってほぼ構成される、言い換えれば、和歌の世界でほぼ決まっている季題＝a……n＋変数である随意語＝xがルール化され結合された産物だという事実である。そのためか、実朝以外でも頻度の高い四字題はさして多くない。

例えば、建仁元年（一二〇一）、後鳥羽院によって開催された『撰歌合』の四字題は「月多秋友　月前松風　月下擣衣　海辺秋月　湖上月明　古寺残月　深山暁月　野月露涼　田家見月　河月似氷」の計十題であるが、『撰歌合』以降で詠まれた題は、「月前松風」（『金槐集』、『新千載集』・二条為実、『新拾遺集』・二条為藤、『玄玉集』・寂円法師、『続現葉和歌集』・後醍醐天皇）、「月下擣衣」（『為家集』）、「海辺秋月」（『伏見院御集』）、

「古寺残月」(『為忠集』、『伏見院御集』)、「田家見月」(『新古今集』・藤原頼実、『続拾遺集』・藤原行家、中臣祐臣『自葉集』)、「河月似氷」(『続拾遺集』・典侍親子、『新拾遺集』・良経、『自葉集』)程度しかない。しかも、詠んだ歌人を見れば、二条家系、伏見院、中臣祐臣といったように偏りが見られるのである(それらは『撰歌合』の題に反応した人たちであっただろう。)

そこから、四字題とは、結合におけるルールという限定がありながらも、かなり自在に組み立てることができるという題であることが判明しよう。むろん、他方には、藤川百首題のように和歌を詠むのに難渋する四字題もあるにはあるが、上記に示した実朝独自ないしは初例の四字題を構成する二字の熟語のうち、先行・同時代に例がないのは、「冷衣」と「蓮露」の二語である事実はやはり無視できまい。「冷衣」は『全唐詩』に熟語として二例みることができるが、「蓮露」同様に、漢籍・仏典にもほぼ見ることができない特異な語彙である。おそらく、『古今和歌六帖』貫之詠「ふりしける雪かと見ゆる月なれどぬれてさえたるさ衣ぞなき」(三一六番、なお『貫之集』二五九番では、「さえたる衣手ぞなき」となる)あたりから「冷衣」を、『拾遺愚草』四三二番定家詠「はちすのつゆ」あたりから「蓮露」を、それぞれ創案(=漢訳)したのではないか、と今は見做しておきたい(ここに実朝の強い意志を読み取ることも可能である)。つまり、実朝の独自=初例の四字題とて、組合せの結果、そうなったのであって、素材自体は「冷衣」・「蓮露」以外は既知のものであったのである。

そこで、今回は紙幅の関係もあり、上記の表において「他例なし」とされる十三例のうち、「梅香薫衣」「蓮露似玉」の四字題和歌二首を検討しておきたい。

三、実朝創案の四字題和歌

はじめに、四字題と和歌を示しておく。

梅香薫衣

一七　むめがゝはわがころもでにゝほひきぬ花よりすぐるはるのはつかぜ

蓮露似玉

一四六　さよふけてはすのうきはのつゆのうへにたまと見るまでやどる月かげ

まずは、「梅香薫衣」「むめがゝはわがころもでにゝほひきぬ花よりすぐるはるのはつかぜ」(一七番)である。十七番歌の歌意は、梅の香りは私の衣手まで匂いがきた、花の上を通り過ぎる春の初風のおかげだ、というくらいのものだろう。「むめがゝ(香)」と言っておいて、「にほひきぬ」と「香」的語彙を繰り返しているが、『新古今集』春上、源俊頼

「梅花遠薫といへる心をよみ侍りける」「こころあらば問はましものを梅が香にたが里よりかにほひきつらむ」（四三番）、『拾玉集』「梅が香をおのがにほひになしはてて垣ねをつたふ春の山かぜ」（一七一五番）があるので、さして問題ではない。しかも、「梅香薫衣」という「香」「薫」と題からして実朝創案によるものか重複しているのである。

だが、一七番歌の最大の問題は、梅が咲き、香が漂う時期と「春の初風」の不具合ではなかろうか。同時代の和歌では、『長秋詠藻』「立春」「をしのゐる池の氷のとけゆくはおのがはぶきや春のはつかぜ」（四八四番）、『秋篠月清集』「立春」「まどのゆきいけのこほりもきえずしてそでにしられぬはるのはつかぜ」（四〇一番）とあるように、「梅が香」と結びつくものはないからである。[12] この点は、やや無理があるとは言えるが、『拾玉集』一七一五番歌などは、「梅が香」「おのがにほひになしはてて」（「わがころもでにゝほひきぬ」）「春の山かぜ」（「はるのはつかぜ」）といった類似表現をもち、影響関係とまではいかないが、類似の道具立てに基づく和歌が既にあったとは言えようか。[13]

こうしたなかで、一七番歌のオリジナルな表現と言えるものが「花よりすぐる」である。他に例のない実朝語彙とも言えるものだが、類似句としては、

『秋篠月清集』

四四　かぜよりもすぐる日かずのつらきかないつかはちりしはるのはつ花

『拾玉集』

四八三五　野べの露は色もなくてやこぼれつる袖よりすぐる荻の上風

を上げることができる。意味的には、衣手に梅の香を運んできたのは花（ここでは梅の意）を通り過ぎた春の初風ということだろう。実朝は、おそらく良経や慈円の「より（も）すぐる」をここに当て嵌めて、「梅の香」・「衣手」・「春の初風」をある種の観念連合として連結したのだろう。結果的にこの言葉があることによって、一七番歌は破綻しなかったとも言えるし、自ら考案した「梅香薫衣」題とも矛盾しない表現となっているのだ。加えて、渡部泰明が着目した「はなよりすぐるはるのはつかぜ」という「は」音の反復が生み出す軽快なリズム感も実朝が狙った効果の一つだろう。[14]

次に、「蓮露似玉」「さよふけてはすのうきはのつゆのうへにたまと見るまでやどる月かげ」（一二四六番）を検討したい。一二四六番歌の特異な語句は、おそらく「はすのうきはの」と「たまと見るまで」の二つとなろう。まず、「はすのうきはの」については、先行・同時代の用例では

『拾玉集』、蓮

四三一二　いくたびかにしにこころのかよふらんはすのうきはの露のゆふぐれ

『堀河百首』、蓮、国信

四九九　水はしるはすのうき葉のしづまずてうら山しくも生ひのぼるかな

『紫禁集』、蓮

一二一七　風により蓮のうき葉の打ちなびきとまれる水にやどる月影

を挙げることができる。「はすのうきはの」は「蓮」題の決まり文句である（その他、「蓮葉のうき葉」などがある）。よって、「蓮露似玉」にはふさわしい表現と言えよう。なかでも『拾玉集』詠は「露」も重なり、実朝に影響を与えた可能性が高い。他方、「やどる月影」も共通する『紫禁集』詠は実朝没後の承久二年に詠出されているので、逆に一四六番歌の影響下にあった可能性もある。

そして、「たまと見るまで」については、

『拾遺抄』秋、斎院御屏風のゐに　伊勢

一一二一　うつろはんこと《いろ》だにをしき秋はぎに玉と見るまでおけるしらつゆ

『新古今集』秋上、中納言家持（『万葉集』一六〇二番、『和漢朗詠集』三四〇番）

三三四　さをしかのあさたつ野べの秋はぎに玉とみるまでおけるしらつゆ

『好忠集』

四三三　まろこすげしげれるやどの草のうへにたまと見るまでおけるしら露

が代表的な先例であるが、いずれも「おけるしらつゆ」と結ばれている。ところが、一四六番歌では、「おけるしらつゆ」ではなく「やどる月かげ」と結ばれているのである。それならば、「つゆ」はどうなったかといえば、三句（＝腰句）に「つゆのうへに」とあるのである。同様に「つゆのうへに」の先例では、

『新古今集』秋上、山月といふことをよみ侍りける　藤原秀能

三九八　あしびきの山ぢのこけの露のうへにねざめ夜ぶかき月を見るかな

『秋篠月清集』、秋　院無題五十首

九二四　つゆのうへにかりのなみだもおきてみむしばしなふきそをぎのゆふかぜ

『六百番歌合』、十三番　稲妻　左勝　定家（『拾遺愚草』八二八番）

三二五　かげやどすほどなき袖の露のうへになれてもうときよひのいなづま

がある。上記で注目すべきは、定家詠だろう。「つゆのうへに」の他に、「やどる月かげ」に近い「かげやどす」まであるからである。

そして、末句の「やどるつきかげ」に就くと、一等重要な和歌があったことが判明する。

『拾遺愚草』夏

四三二　この世にもこのよの物とみえぬかなはちすの露にやどる月影

この歌は、文治五年（一一八九）春の「奉和無動寺法印早率露胆百首」で詠まれたものである。実朝がこの歌から露と「やどる月影」の連結を考えたことは間違いあるまい。

ここで総括してみたい。一四六番歌は、まず歌意としては、夜が更けて蓮の浮き葉の露の上に玉とこちらが見るまでに宿っている月の姿よ、というものだろう。水面に浮かんでいる蓮の葉にある露に月影が写っている姿を詠んでいるというものである。そこから「蓮露似玉」という四字題がそっくり詠まれていることが了解されるが、それでは、何を素材にして実朝は一首の歌に構築していったか。まず『拾遺愚草』定家詠から「蓮露」題を着想し、そこから「はちすの露にやどる月影」という表現を得た。だが、そのまま使うわけにもいかず。「はちすのつゆに」を『拾玉集』、「つゆのうへに」を『六百番歌合』定家詠から得て、「はすのうきはのつゆのうへに」としてから、露の連想で「玉とみるまで」を『新古今集』家持詠から取り、それを「やどる月影」の前に置いたのではなかろうか。中核にある発想である「露」に月が写っているという現象は、『拾遺愚草』から得ているが、「玉と見るまで」＋「やどる月影」という組合せこそがやや特異ながらも実朝のオリジナルであり、「似玉」の和歌的表現となる。本稿で取り上げた和歌では、一等、上出来とは言えまいか。

おわりに――実朝を中世歌人と捉えるために

実朝は将軍であったためか、『新勅撰集』以降九十一首も勅撰集に入集する中世を代表する歌人であった。武家歌人としては、源頼政五十九首、宇都宮頼綱（蓮生）が三十九首、北条泰時が二十二首と較べても断然多い入集数である（実朝以上の入集集は宗尊親王となる）。また、江戸期の賀茂真淵、明治期の正岡子規、昭和期の斎藤茂吉に持ち上げられ、岩波旧大系本では西行と並んで一巻に収められるなど、公正的正義観念で見れば、不当にも高く評価されてきた歌人であった。

だが、そろそろ実朝を彼に先行かつ同時代の歌人や和歌に影響を受けつつ、懸命に自己の世界を構築していこうとした、一人の中世歌人として捉える時期が来たのではあるまいか。その一端を示すのは、実朝創案になる四字題とその和歌である。和歌自体はパッチワーク的寄せ集めかもしれないが、実朝としてみれば、自己考案の四字題と相俟って、自分なりの世界を構築しようとしていたからである。だから、実朝を慈円・良経・定家・後鳥羽院と比較するのはざっくり言えばナンセンスという他はない。

そうではなく、兄頼家の失脚と死によって、図らずも将軍位に就いた実朝にとっては、四字題で和歌を作り上げることこそ、和歌によって作られた王朝世界的公共圏に参入し、その中でそれなりの地位を得る手段であったのではなかろうか。それは、言うまでもなく、正しく将軍の公務でもあったのである。

注

（1）他に「月下擣衣」という類似題がある。初例は、建仁元年（一二〇一）八月十五日に後鳥羽院によって開催された『撰歌合』であるが、不思議なことに、『撰歌合』における自詠を採録した『拾遺愚草』、『後鳥羽院御集』では「月前擣衣」となっているのだ。書写過程におけるミスとも見られるが、「月前擣衣」＝「月下擣衣」ということであったとも考えられる。なお、良経の『秋篠月清集』では、正しく「月下擣衣」としている。「月下擣衣」題は、その後、鎌倉期に限定すれば、『続歌仙落書』、『為家集』、『摂政家月十首歌合』、『和漢兼作集』に用いられるが、『撰歌合』の影響と考えてよいのではないだろう。

（2）その後、勅撰集では、『新後撰集』、『風雅集』『新拾遺集』五首、『新後拾遺集』に登場する。但し、『風雅集』と『新後拾遺集』はここで論じる実朝詠である。以下、詩歌の引用は原則古典ライブラリーに拠った。

（3）拙稿「和歌の世界から見た《十二ヵ月風詠》」（臼田雅之編『バーラハマーサー《十二ヵ月風詠》論集』（仮題）春秋社、二〇二〇年刊行予定）所収。

（4）佐藤道生校注『和歌文学大系　47　和漢朗詠集・新撰朗詠集』の本文・訓読による。

（5）実朝については、斎藤茂吉の実朝論（『斎藤茂吉全集』第十九巻、岩波書店、一九七三年にほぼ収められている）以来、吉本隆明『源実朝』（『日本詩人選』12、筑摩書房、一九七一年）などを経て今も議論されているが、近年の成果としては、『金槐和歌集』の時空――定家所伝本の排列構成』（和泉書院、二〇〇〇年）をはじめとする今関敏子の研究の他は、『中世和歌史論――様式と方法』（岩波書店、二〇一七年）に収められたら「源実朝と音」「源実朝と『万葉集』」で展開される渡部泰明の研究がレベル的に群を抜いていよう。

（6）『金槐集』成立直後と思われるものに、定家の「月にうつ民の衣もやどごとに国さかへたる御代ぞきこゆる「建保三年八月十五夜内裏　月前擣衣　二一六九番」があるくらいである。

（7）『新編国歌大観』『金槐集』では「あけたるやどに」に作るが、『私家集大成』の「定家所伝本」にしたがった。

（8）この句は後鳥羽院が初例である。他には「月前竹風」「山家秋月」題でも用いている。

（9）　渡部泰明「源実朝と音」（『中世和歌史論　様式と方法』岩波書店、二〇一七年）参照。引用部分は、一般的見解を述べたもので、渡部の見解ではないことを断っておきたい。

（10）　松野陽一「組題構成意識の確立と継承――白河院後期から崇徳院期へ」（『鳥帚　千載集時代和歌の研究』風間書房、一九九五年、初例一九七四年）、藤平春男「方法の枠組」「題詠の成立」（『藤平春男著作集　第2巻　新古今とその前後』笠間書院、一九九七年、初版一九八五年）、家永香織「結題の詠法をめぐって」（『転換期の和歌表現』青簡舎、二〇一二年）など参照。なかでも松野論文が百首題の成立と絡めて歴史的かつ本質的な議論をしており、不朽の価値をもつだろう。

（11）　新編国歌大観「旧高松宮蔵本」では、上記の他、春、「雪中若菜」「名所落花」「故郷春月」「海辺春望」「池辺藤花」「水底款冬」／秋、「海辺秋来」、「山家思秋」、「山辺眺望」、「水上落葉」、「深山落葉」／冬、「水上落葉」、「月前松風」、「雪中待人」／恋、「寄月忍恋」、「寄沼忍恋」、「寄草忍恋」、「会不逢恋」、「寄月待人」、「寄瞿麦恋」「寄物語恋」／雑、「社頭時鳥」が加わる。但し、ここでは実朝の意志を示すとされる定家所伝本に限定した。

（12）　後代では、後柏原天皇の『柏玉集』に、「梅　一四七　冬ごもる雪より出でし梅がかの花にあらはるるはるの初かぜ」があるだけである。

（13）　さらに上げれば、『新古今集』春上、梅花遠薫といへる心をよみ侍りける　源俊頼朝臣　四三　こころあらば問はましものを梅が香にたが里よりかにほひきつらむ」『拾遺愚草』、梅薫夜風　一五〇九　にほひくる枕にさむきむめがかにくらきあま夜のほしやいづらん」が上がるだろうか。

（14）　渡部前掲論文参照。

実朝を読み直す——藤原定家所伝本『金槐和歌集』抄

中川博夫

なかがわ・ひろお——鶴見大学文学部教授。専門は和歌文学。主な論文に「鎌倉期関東歌壇の和歌——中世和歌表現史試論」（『中世文学』五九　平二十六・八）、「中世和歌表現史試論」（『国語と国文学』平二十八・十二）などがある。

源実朝の歌は、早くその万葉調が喧伝されて、その印象は現代にまで揺曳している。一方で、実朝が『新古今和歌集』から大きな影響を受けたこと、それを生んだ後鳥羽院に忠誠を誓っていたことも指摘されてきた。自撰家集藤原定家所伝本『金槐和歌集』の歌を和歌表現史の中に読み直すことを通じて、実朝像を捉え直す。

はじめに

源実朝の代表歌「箱根路を我越え来れば伊豆の海や沖の小島に波の寄る見ゆ」（金槐集・雑・六三九）[1]は、さまざまに評価されてきたが、和歌の表現史の中に読み直すと、表現の史的蓄積を意識上にせよ無意識下にせよ取り込んでいて、実は巧緻な仕掛けの詠作であることを指摘して、実朝の歌の読み直しの必要性を説いたことがある。[2]もう一首、実朝の歌を特徴付ける「紅の千入の真振り山の端に日の入るときの空にぞありける」（同・雑・六三三）を取り上げてみる。「紅の振り出でつつ泣く涙には袂のみこそ色まさりけれ」（古今集・恋二・五九八・貫之）や「日の入るを見て／観暹法師／日の入るは紅にこそ似たりけれ／平為成／茜さすとも思ひけるかな」（金葉集・雑下・六五二）が類辞の先行歌であることは、諸注指摘のとおりである。しかし初二句（及び三句、四句）の類辞には次の先行例もある。「真振り出の色に時雨や染めつらん紅深き衣手の森」（風情集・二六八）、「人知れず落つる涙の紅は千入も深き色とこそ見れ」（公衡集・七七）、「紅の八しほの岡の岩つつじこや山姫の真振り出の袖」「妹が袖まきての山を紅に千入振り出で雨や染むらん」（長方集・四九、九六）、「紅に千入染めたる色よりも深きは恋の涙なりけり」（無名和歌集（慈円）・七八）、「吾妹子が紅染めの岩つつじいはで千入の色ぞ見えける」（千五百番歌合・五六〇・有家）、「紅の千入も飽かず三室山色に出づべき言の葉もがな」（新勅撰集・恋一・六八一・寂蓮）。(3) 三句以下も、「山の端に入り日の影はさしながら一むら曇る夕立の空」（正治初度百首・一二三六・隆信）や「今日よりや秋はたつ田の山の端に入り日寂しくかはる空かな」（千五百番歌合・一〇五八・公経）を先行の類例として指摘し得る。すると一見独自性が強いこの歌も、上句は新古今前夜からの類辞蓄積の延長上にあり、新古今当代に類例がある下句と結び付いて、結果として新鮮さを醸していると再評価することができる。

一、諸注における本歌・参考歌の異なり

実朝の歌の注釈・読解の積み重ねの中で、家集全体を対象としてかつ本歌・参考歌の類を挙証する主なものを辿れば、貞享四年刊本『金槐集』を底本とした川田順校註『全註金槐和歌集』（冨山房、昭十三・五）は、当時としては驚異的と言える程の的確な参考歌を挙げる。同じく貞享四年刊本を底本とした小島吉雄校注『山家集　金槐和歌集』（岩波書店、昭三十六・四）も、簡要な注解を施す。定家所伝本を底本に採用した樋口芳麻呂校注『金槐和歌集』（新潮社、昭五十六・六）は、本歌やその類の歌を指摘する他に「参考歌一覧」を付して、関連する歌を網羅的に挙げて画期的である。鎌田五郎『金槐和歌集全評釈』（風間書房、昭五十八・一）は同じく定家所伝本を底本に、実朝研究の成果が反映した詳注である。最近の今関敏子『実朝の歌　金槐和歌集訳注』（青簡舎、平二十五・六）は定家所伝本を底本に、従来見落とされてきた参考歌を挙証する優れた新注である。

『金槐集』に限らず、中世の歌集類の注釈において本歌や参考歌の挙証は個々区々である。これは、参考歌のみならず本歌の定義も各注釈者によって異なるからであろうが、作者自身の証言はごく稀で、また本質的に本歌や参考歌の挙証が読者の側に委ねられている営為である以上、むしろ当然かもしれない。『金槐集』の歌について、先に挙げた主な全注釈書に限り（注釈者の姓で略称する）、例示してみよう。

「深草の谷の鶯春ごとにあはれ昔と音をのみぞなく」（金槐集・雑・五三九）には、次の各歌が本歌・参考歌として挙げられているが、その扱いは各注釈で次のとおりに異なる。

①草深き霞の谷に影隠し照る日の暮れし今日にやはあらぬ

（古今集・哀傷・八四六・康秀）

「本歌」樋口注、「参考歌」小島注（本歌や原拠）・鎌田注（本歌、先蹤歌、類歌等の各種を含む）、「参考」今関注（同語・同語句、語法・発想・構造や歌意の類似または共通、類似表現の発想の転換・歌意の相違）。
②山里も憂き世の中を離れねば谷の鶯音をのみぞなく（金葉集・雑上・五一七・忠通）
「古歌」川田注（先行歌、本歌、参考歌、類歌）、「参考歌」小島注・樋口注・鎌田注。
③道の辺の朽ち木の柳春来ればあはれ昔と偲ばれぞする（新古今集・雑上・一四四九・道真）
「古歌」川田注、「参考歌」樋口注・鎌田注。
④空蝉は殻を見つつも慰めつ深草の山煙だに立て（古今集・哀傷・八三一・勝延）
「参考歌」樋口注。

この他にも、「あはれにも見えし昔の雲ゐかな谷の鶯声ばかりして」（栄花物語・紫野・六二九・経信）を先行類歌として挙げ得る。右の諸注の本歌と参考歌との異なりについては、参考歌とする場合にもそこに本歌の意味合いを包含させている場合もあり、明確な区別ができない。また、違った意味合いで挙げられている参考歌のいずれもが妥当にも見える。実朝の歌がそのような性質を帯びていることは、その本質的な特徴と言えるのかもしれない。


本歌の認定が優れて読者の側の行為である以上、各読者の立場を明らかにして本歌を認定するしかない。実朝の当時には、承元三年（一二〇九）に初稿本が実朝に遣送された定家『近代秀歌』の言説を目安とすべきで、これに『詠歌大概』の所説を併せて定家の本歌取説を整理するのは常識的だが、注意すべきは、両書はいずれも後進の貴顕宛てで専門歌人ではない初学者等が学ぶべき言説であること、その本歌取説はあくまで詠作の一方法として説かれていること、である。即ち、定家は詠作の基本原理として、詞は古（旧）く心（情）は新しく姿は高く（風体は堪能の先達に効う）と説く。従って、定家本歌取説は、古歌の詞を取り心（主題）を転換することを準則とし、古歌詞の範囲を三代集歌人の用詞とすることを細則とするが、その準則・細則は、詠作原理の新しき心の獲得を促す方途であり、絶対の原則ではない。これに実朝が従ったと見るにしても、院政期の典型的には顕輔（右衛門督家歌合久安五年判詞）や清輔（奥義抄等）の所説に顕現して順徳院『八雲御抄』にも容認される、詞も心も取るが心を取ることを優先する本歌取（古歌取）を排除したとは断じ得ない。実朝当時の歌の本歌の認定には院政期的本歌取説も定家説も併用するべきである。ただし、院政期本歌取説では明確ではない本歌たる古歌の範囲については、作者も読書もその本歌を認識し得なければ単なる模倣剽窃の類に堕してしまうという普遍の理に照らし、定家が父俊成（古来風体抄等）から受け継いだ姿勢を踏まえて、勅撰集の三代集歌人の古歌に加え『万葉集』『伊勢物語』『源氏物語』等、歌人が読み習っていたはずの主要歌集や物語類の歌を、その認定の対象とすべきである。連動して「参考歌」は、本歌以外に作者が踏まえた可能性を測り得る先行歌を言うことになるが、参考歌と当該歌との先後が不明確な場合や、参考歌が主要な歌集類所収でなく作者が知り得ることが自明ではない場合等は、それでも解釈に有用な歌としての効力はあるにせよ、結局は曖昧さを残さざるを得ない。例えば、「我が恋は百島めぐる浜千鳥行方も知らぬかたに鳴くなり」（金槐集・恋・五〇七）について、樋口注は「忘られむ時偲べとぞ浜千鳥行方も知らぬ跡をとどむる」（古今集・雑下・九九六・読人不知。千五百番歌合・千三百十九番顕昭判詞引用）を参考歌として挙げるが、これは定家の本歌取の所説に照らして本歌と見るべきである。今関注は「かげろふに見し許にや浜千鳥行方も知らぬ恋にまどはむ」（後撰集・恋二・六五四・等）を参考に挙げるが、これはより実朝歌の主題に近く、心も取り詠み益す院政期本歌取説に沿って本歌（古歌）と見なせる。このような振れ幅は、他の歌人の歌の本歌取の認定にも起こり得るが、実朝の歌の場合には特に顕著で、それが特徴でもあろう。

二、新たに指摘する本歌・参考歌の可能性

鎌田注は、「参考歌の中、既に先進によって発見済みの分」として、『百人一首』宗祇注から江戸時代の契沖・賀茂真淵等を経てまた近代の斎藤茂吉や川田順等を併せて樋口注までに挙証された歌を網羅的に注記する。本稿では、自撰と見られる定家所伝本『金槐集』の歌について、あらたな読みの可能性を探るべく、諸注未指摘の本歌・参考歌として挙げるに足る可能性のある事例を示しつつ、詠作方法に見える実朝像を探ってみたい。

「降らぬ夜も降る夜もまがふ時雨かな木の葉の後の峰の松風」（金槐集・冬・二七六）は、「木の葉散る宿は聞き分くかたぞなき時雨する夜も時雨せぬ夜も」（後拾遺集・冬・三八二・頼実）を本歌と見るが、作者源頼実が『後拾遺集』初出であることに拘れば参考歌に留まる。「み熊野のなぎの葉しだり降る雪は神のかけたるしでにぞあるらし」（金槐集・冬・三一二）も、「寂しさをいかにせよとて岡辺なる楢の葉しだり雪の降るらん」（新古今集・冬・六七〇・国房）を本歌と見るが、

作者藤原国房の『後拾遺集』初出に拘り参考歌とするにせよ、併せて「住の江の松に夜深く置く霜は神のかけたるゆふかづらかも」（源氏物語・若菜下・四八七・紫の上）も参考歌とすべきである。また、「我が袖におぼえず月ぞ宿りける問ふ人あらばいかが答へむ」（金槐集・恋・四二二）は、「わくらばに問ふ人あらば須磨の浦に藻塩たれつつ侘ぶと答へよ」（古今集・雑下・九六二・行平）を本歌と見なければならない。下句は、西行の「色に出でていつより物は思ふぞと問ふ人あらばいかが答へん」（山家集・一二四八）(4)や、その影響下にある慈円の「述懐百首」詠「何故に思ひ入りぬる山路ぞと問ふ人あらばいかが答へん」（拾玉集・一七八）と一致する。これらをいかに位置付けるかが、読み手側の課題である。

三、西行と俊成の影響

原田正彦「金槐和歌集における西行家集の影響――その表現の共通性について」（『実践教育』一八、平十一・三）は、『金槐集』と西行家集の歌に共通する歌詞を析出し、「実朝の和歌の一部に通底しているかもしれない西行の詞を、その家集に探」り挙例する。周知のとおり、源頼朝が鎌倉に現れた西行を召して「歌道并弓馬事」につき「条々」尋ねるも、西行は結局弓馬のことのみを具申したという（吾妻鏡・文治二年（一一八六）八月十五日）。頼朝が西行に歌の教えを請うたとすれば、実朝にも歌人西行の存在は小さくはなかったはずで、『新古今集』に最多の入集を見る西行の歌に実朝が目を向けていても不思議はない。

一例を挙げる。「我が宿のませのはたてに這ふ瓜のなりもならずも二人寝まほし」（金槐集・雑・五五二）の「ませのはたて（籬の端手）に」は、『万葉集』の「をとめらが　かざしのために　たはれをの　かづらのためと　敷きませる　国のはたてに　咲きにける　桜の花の　にほひはもいかに」（巻八・春雑歌・一四二九・若宮年魚麿）の「国のはたてに」からの援用が疑われる。この歌の題は前歌の「撫子」がかかるが、歌には「撫子」「常夏」が詠まれていない。樋口注は「前歌の詞書がこの歌にまでかかるのが通例だが、撫子の歌ではない。「瓜」などの詞書が脱落したものか」と言うが、そうではあるまい。「ませ」は前代以来「撫子」やその異名「常夏」と強く結び付いた景物であり歌語である。(5)例えば、古くは「撫子の露ににほへるませのうちはその色ならぬ草もめでたし」（東宮学士義忠歌合・一五・義忠）、近くは「朝な朝なませのうちなる撫子を折りてもあかにたむけつるかな」（拾玉集・三三〇〇）があり、『新古今集』には「白露の玉もてゆへるませのうちに光さへ添ふ常夏の花」（夏・二七五・高倉院）

と見える。つまり、実朝は「撫子」題を詠み、「二人寝まほし」の縁で「常夏」の「床」を響かせつつ、「ませ」を詠むことで「撫子・常夏」は言わずもがなとしたのではないか。そうだとして、「這ふ瓜」を詠む根拠は何か。それは、詞書を「撫子のませに、瓜の蔓の這ひかかりたりけるに、小さき瓜どものなりたりけるを見て、人の歌よめと申せば」とする西行の「撫子のませにぞ這へるあこだ瓜同じつらなる名を慕ひつつ」（西行法師家集・五二二）に求め得る。実朝は「ませ」の和歌の類型を十分に理解し、「ませ」に「撫子」があることを自明の前提に「撫子」を言外に表し、（当時の植栽の実際か）西行歌を踏まえて「瓜」を詠み併せたのであろう。

新古今時代を導き同集に西行・慈円に次ぐ入集数を見る俊成の歌についても、実朝が摂取した例を、『俊成五社百首』に絞り挙げておく。

「山吹の花の滴に袖濡れて昔おぼゆる玉川の里」（金槐集・春・九六）は、「心から花の滴にそほちつつ憂く干ずとのみ鳥のなくらむ」（古今集・物名・四二二・敏行）を本歌に、俊成の「昔誰植ゑ始めてか山吹の名を流しけん井手の玉水」や「駒とめてなほ水かはん山吹の花の露添ふ井手の玉川」（俊成五社百首・伊勢・一九、春日・二一九）にも負う。また、「雁のゐる羽風に騒ぐ秋の田の思ひ乱れてほにぞ出でぬる」（金槐集・恋・三八三）は、「水鳥の羽風に騒ぐさざなみのあやしきまでも濡るる袖かな」（金葉集・恋上・三六四・師俊）に拠りつつ、「何事を思ひ乱れて糸薄ほに出でながらむすぼほるらん」（俊成五社百首・賀茂・一四〇）に倣い、「夜を寒み鴨の羽交ひに置く霜のたとひけぬとも色に出でめやも」（金槐集・恋・三八七）も、「葦鴨の羽交ひの霜や置きぬらん尾上の鐘もほの聞こゆなり」（俊成五社百首・春日・二八一）に倣っている。

ここで、俊成が判者を務めた新古今時代の先駆け『六百番歌合』の歌に、実朝が依拠し、見習っていたことを推測させる事例を少し挙げておきたい。

「さ夜更けて雲間の月の影見れば袖に知られぬ霜ぞ置きける」（金槐集・冬・三〇九）は、「桜散る木の下風は寒からで空に知られぬ雪ぞ降りける」（拾遺集・春・六四・貫之）を本歌にするが、「袖に知られぬ」の先蹤は『六百番歌合』の「音にのみあはれを添へていかなれば袖に知られぬ秋の初風」（三〇八・隆信）に求められる。「夕づく夜さすや川瀬の水馴れ棹馴れても疎き波の音かな」（金槐集・雑・六三五）の「馴れても疎き」も、同歌合の「影宿す程なき袖の露の上に馴れても疎き宵の稲妻」（三二五・定家）が先蹤である。また、「夏深き杜の空蝉おのれのみむなしき恋に身を砕くらむ」（金槐集・恋・四九五）は、同歌合の「夏深き杜の梢にかねてより秋を悲しむ蝉の声かな」（三〇〇・寂蓮）や『老若五十首歌合』の「夏深き杜の梢も空蝉のはに置く露は秋の夕暮」（一八九・寂蓮）に負ったと見てよい。

四、『最勝四天王院和歌』の摂取

『承久記』古活字本に関東折伏の堂として建てられ実朝没後に壊されたと伝える、承元元年（一二〇七）建立の最勝四天王院の障子和歌『最勝四天王院和歌』を実朝が摂取し、同書を「一冊の歌書として享受していた」という奥山陽子「源実朝と『最勝四天王院障子和歌』」（『和歌文学研究』七四、平九・六）の指摘は重要である。補強する事例を挙げる。

「東路の道の奥なる白河のせきあへぬ袖を漏る涙かな」（金槐集・恋・四三五）の「東路・道の奥・白河の関」は一見常套のようだが、先例は『最勝四天王院和歌』の「都より初雪寒し東路や道の奥なる白河の関」（最勝四天王院和歌・白川関・四〇九・具親）が目に付く程度で、東国の主実朝はこれに刺激されたかと疑われる。「難波潟葦の葉白く置く霜のさえたる夜半にたづぞ鳴くなる」（金槐集・冬・三〇八）の「難波潟・葦の葉白く」は、同和歌の後鳥羽院詠「難波江や葦の葉白く明くる夜の霞の沖に雁も鳴くなり」（難波浦摂津・五一）に倣ったのではないか。

一方で、「ちはやぶる賀茂の川波幾十度立ち返るらむ限り知らずも」（金槐集・恋・四九八）の「幾十度・返る」は、『伊勢物語』の「蘆辺こぐ棚無し小舟幾十度行き帰るらむ知る人もなみ」（九十二段・一六六・男）に遡源するが、『最勝四天王院和歌』の「幾十度同じ霞の立ち返り春の行き来に逢坂の関」（会坂関・二八八・雅経）に倣った可能性が残る。また、「夕づく夜沢辺に立てる葦たづの鳴く音悲しき冬は来にけり」（金槐集・冬・二八六）の「鳴く音悲しき」は、『源氏物語』の「霜さゆる汀の千鳥うち侘びて鳴く音悲しき朝ぼらけかな」（源氏物語・総角・六七六・薫）が早いが、それを本歌にした同和歌の「波風に吹上の千鳥うち侘びて鳴く音悲しき暁の空」（吹上浜・一一三・通光）に倣った可能性を否定できない。同様に、「宿は荒れて古きみ山の松にのみ問ふべきものと風の吹くらむ」（金槐集・恋・四六九）の「問ふべきものと」は、『狭衣物語』の「下荻の露消えわびし夜な夜なも問ふべきものと待たれやはせし」（巻三・九七・女二の宮）が早いが、同和歌の「郭公三輪の神杉過ぎやらで問ふべきものと誰を待つらん」（三輪山・一二三・通光）との下句の類似は無視し得ない。以上は、『伊勢』『源氏』『狭衣』の物語歌に遡及する『最勝四天王院和歌』に見える措辞が、実朝歌に用いられている例となる。

五、後鳥羽院歌壇の歌との関係

実朝が『最勝四天王院和歌』を見習っていた確度は高いが、固有の事象とは考え難い。『正治初度百首』を初めとする三度の応制百首等の後鳥羽院歌壇の定数歌・歌合・歌会歌等に、実朝が目を向けていたことを窺わせる事例を挙げてみよう。

「秋は去ぬ風に木の葉の散りはてて山寂しかる冬は来にけり」（金槐集・冬・二七五）の初句「秋は去ぬ」の類は新古今歌人間に散見するが、中でも『正治初度百首』の「秋は去ぬ折しも空に月はなし何の名残をいかにながめん」（三五八・守覚）や『千五百番歌合』の「秋は去ぬと小倉の山に鳴く鹿の声のうちにや時雨れそむらん」（一五九四・慈円）が実朝の視野にあったろうし、[6]「散り積もる木の葉朽ちにし谷水も氷に閉づる冬は来にけり」と「冬深み氷に閉づる山川の汲む人なしみ年や暮れなむ」（金槐集・冬・二八五、三四二）の「氷に閉づる」は、『正治後度百首』の「流れ行く紅葉の色や惜しからん氷に閉づる山川の水」（一四六・範光）や『北野宮歌合元久元年十一月』の「漏らしわび氷に閉づる谷川の汲む人なしみ行きなやみつつ」（一五・良経）に学んだのであろう。

「さ夜更けて稲荷の宮の杉の葉に白くも霜の置きにけるかな」や「冬ごもりそれとも見えず三輪の山杉の葉白く雪の降れれば」（金槐集・冬・三一〇、三一一）の「杉の葉」「白く」は、諸注指摘の「鶯の鳴けどもいまだ降る雪に杉の葉白き逢坂の山」（新古今集・春上・一八・後鳥羽院）の他に、『正治初度百首』の「秋は今杉の葉白く置く霜を形見とばかりみわの山本」（二二五七・信広）に倣ったと見てもよい。また、「片敷きの衣手いたくさえわびぬ雪深き夜の峰の松風」（金槐集・旅・五二九）は、同百首の「さ夜衣片敷く袖のさえしかばかねて知りにき今朝の初雪」（一〇六五・経家）や「冬ごもる谷の戸たたく音さえて雪吹きおろす峰の松風」（三六六・守覚）に拠り、「神風や朝日の宮の宮遷し影のどかなる世にこそありけれ」（金槐集・雑・六五九）も、同百首の「年を経て惜しみ慣れにし花の色ものどけく見ゆる世にこそありけれ」（一二一七・隆信）や『正治後度百首』の「三笠山出づる朝日の光よりのどかなるべき万代の春」（九六・後鳥羽院）に拠ったと見られる。

「朝な朝な露に折れ伏す秋萩の花踏みしだき鹿ぞ鳴くなる」（金槐集・秋・一九二）は、『千五百番歌合』の「野辺ならでしがらむ鹿はなけれども露に折れ伏す宿の秋萩」（一三〇九・丹後）を強く意識したように見え、「秋萩・花踏みしだき・鹿」は「やつるとも一枝折らん小萩原花踏みしだく鹿はなしやは」（守覚法親王集・五一）に学んだかと疑われる。また、「千千の春万の秋に長らへて月と花とを君ぞ見るべき」や「男山神にぞ幣を手向けつる八百万代も君がまにまに」（金槐集・賀・三五三、三五四）は、『千五百番歌合』の定家詠「万代の春秋君になづさはん花と月との末ぞ久しき」（二二一三）や顕昭詠「梶の葉に八百万代と書き置きて願ふ願ひは君がまにまに」（二二一八）に、それぞれ倣ったと見てよい。

なお、「空や海海や空ともえぞ分かぬ霞も波も立ち満ちにつつ」（金槐集・雑・六四〇）の詞書「朝ぼらけ、八重の潮路霞み渡りて、空も一つに見え侍りしかばよめる」は、事実であろうか。この歌は、「水や空空や水とも見え分かず通ひて澄める秋の夜の月」（続詞花集・秋上・一八四・読人不知）に加え、『千五百番歌合』の「空や海月や氷とさ夜千鳥雲より波に声まよふなり」（一九一九・忠良）や「津の国の難波の春の朝ぼらけ霞も波も果てを知らばや」（二四三・良経）、あるいは『御室五十首』の「雲や波波や雲とも見え分かぬ舟路の果ては霞なりけり」（六〇四・顕昭）等を、実朝が日頃見習っていたことが反映した詠作のように見える。詞書が事実なら、属目してただちに先行歌の用詞を用いて一首を組み上げ得る程に、実朝は歌に精通していたことになる。

以上の様相から、実朝は後鳥羽院主催の三度の百首歌等を見習っていたことが推認されるが、それは単に『新古今集』撰修のための応制百首に関心を寄せていたということに留まらず、広く新古今歌壇とその和歌を追い求める姿勢の反映ではないかと考えるのである。

六、新古今歌人の歌との関係

実朝が依拠した新古今時代の定数歌・歌合等の歌の作者は多様だが、西行や俊成に続く新古今当代の中心歌人達に実朝の意識は向いていたと推測される。典型例を挙げてみる。

『金槐集』に、「黒」と「白」を題とする「うばたまや闇の暗きにあま雲の八重雲隠れ雁ぞ鳴くなる」と「かもめゐる沖の白洲に降る雪の晴れ行く空の月のさやけさ」（金槐集・雑・六二一、六二二）がある。これは、建久二年（一一九一）頃に、当時左大将の良経が詠出し左少将定家に勧進して唱和させた「五行」の歌に倣ったのであろう。[7]その内「白」と「黒」は、良経が「霜うづむ賀茂の河原に鳴く千鳥氷に宿る月や寒けき」「雲深きみ山の里の夕闇に寝ぐらもとむる烏鳴くなり」（秋篠月清集・一四九八、一四九九）、定家が「白雲の八重立つ峰の山桜空にも続く滝つ川風」「うばたまの闇の現にかきやれどなれてかひなき床の黒髪」（拾遺愚草・員外雑歌・三三七七、三三七八）と詠む。家集成立時に右中将であった実朝の歌は、歌境としては定家詠に近いか。その定家の「初学百首」詠

「うき雲の晴るれば曇る涙かな月見るままの物悲しさに」（拾遺愚草・三九）の「晴るれば曇る」は、実朝の「露を重み籬の菊のほしもあへず晴るれば曇る宵の村雨」（金槐集・秋・二五五）に受け継がれてもいる。また、「いつもかく寂しきものか蘆の屋に焚きすさびたる海人の藻塩火」（金槐集・雑・五六九）は、樋口注・今関注指摘のように家隆の『老若五十首歌合』詠「いつもかく寂しきものか津の国の蘆屋の里の秋の夕暮」（四九七）に拠るのだとすると、同じ歌合の良経詠「山人の焚きすさみたる椎柴の跡さへしめる雪の夕暮」（三八〇）も、実朝の視野に入っていたと見てよい。(8)

「真木の戸を朝明けの雲の衣手に雪を吹きまく山おろしの風」（金槐集・冬・三二五）は、後鳥羽院の「冬行けばちりのまがひに道絶えぬ雪を吹きまく志賀の山風」（建仁元年十首和歌・一八一）に倣ったと思しい。また、「我が庵は吉野の奥の冬籠もり雪降り積みて問ふ人もなし」や「故郷はうら寂しともなきものを吉野の奥の雪の夕暮（結句他本による）」（金槐集・冬・三二七、三三一）の「吉野の奥の（冬籠もり・雪の夕暮）」も、後鳥羽院の「冬籠もり春に知られぬ花なれや吉野の奥の雪の夕暮」（後鳥羽院御集・同〔正治二年〕十一月八日影供歌合・一五一〇）に学んだと見てよい。

ちなみに、実朝の歌に後鳥羽院が影響を受けたかと疑われる例がある。後鳥羽院の隠岐配流後の「遠島五百首」の「時雨とてここにも月は曇るめり吉野の奥も憂き世なりけり」（後鳥羽院御集・八五五）は、「吉野の奥」を後鳥羽院から学び取った実朝の「嘆き侘び世を背くべき方知らず吉野の奥も住み憂しといへり」（金槐集・雑・六〇二）を、また、「塩竈の浦漕ぐ舟の綱手縄くるしきものは憂き世なりけり」（後鳥羽院御集・一〇一〇）は、実朝の「世の中は常にもがもな渚漕ぐ海人の小舟の綱手かなしも」（金槐集・雑・六〇四）を、それぞれ意識したと見たら穿ち過ぎであろうか。実朝の急死と承久の乱を挟んで、それ以前と以後で、後鳥羽院の実朝に対する意識にどのような変化があったのかなかったのか、それが詠歌から読み取れるのか否かは、見極めてゆくべき課題である。

七、『源氏物語』『狭衣物語』の歌の享受

さて、前節で見た『千五百番歌合』につき、物語の歌との関わりを見ておこう。

「時鳥聞けども飽かず橘の花散る里の五月雨の頃」（金槐集・夏・一四一）は、「橘の香をなつかしみ時鳥花散る里を尋ねてぞ問ふ」（源氏物語・花散里・一六八・光源氏）の面影が強いが、直接にはこれを本歌にした『千五百番歌合』の後鳥羽院詠「時鳥心して鳴け橘の花散る里の五月雨の空」（六六〇）

に倣ったと見るべきである。実朝の歌は、『源氏』歌を踏まえた後鳥羽院詠を通して『源氏』歌を見据えていると言える。『後鳥羽院御口伝』は、隠岐配流以前成立説が有力だが、なお配流以後成立説も否定されず、配流以前としても定家所伝（建暦三年）本『金槐集』の歌の詠出以前に実朝が同書を披見し得たかは不明である。けれどもこの事例は、同書の「源氏物語の歌の心をば取らず詞を取るは苦しからず、と申しき。すべて物語の歌の心をば百首の歌にも取らぬことなれども、近代はその沙汰にも及ばず」（日本古典文学大系）の言説に結果としては重なるのである。

「木隠れてものを思へば空蟬の羽に置く露の消えや返らむ」（金槐集・恋・三七五）は、「空蟬の羽に置く露の木隠れて忍び忍びに濡るる袖かな」（源氏物語・空蟬・二五・空蟬。伊勢集・四四二）を本歌とする。ただしこの歌は、『千五百番歌合』の良経詠「木隠れて身は空蟬の唐衣ころも経にけり忍び忍びに」（二四三二）に対する顕昭判詞に「この左歌は、後撰に、忘らるる身は空蟬の唐衣返すはつらき心なりけり、と侍る歌、また伊勢が集に侍る歌の源氏にも入れる歌、空蟬の羽に置く露の木隠れて忍び忍びに濡るる袖かな、これらの心にておもしろうよみなされて侍るにこそ」と引用されている。実朝はこれを通じて『源氏』歌に接したのではないか。同様に、「消えなまし今朝尋ねずは山城の人来ぬ宿の道芝の露」（金槐集・恋・四一二）は、『狭衣物語』の「尋ぬべき草の原さへ霜枯れて誰に問はまし道芝の露」（巻二・四五・狭衣）を本歌に取る。しかしこの歌は、『千五百番歌合』の通具詠「草の原問へどしら玉取れば消ぬはかなの人の露のかごとや」（二五五一）に対する顕昭判詞に「右歌は、源氏の物語には、憂き身よにやがて消えなば尋ねても草の原をば問はじとや思ふ、狭衣物語には、尋ぬべき草の原さへ霜枯れて誰に問はまし道芝の露、古き人は、歌合の歌には、物語の歌をば本歌にも出だし証歌にも用ゐるべからずと申しけれど、源氏、世継、伊勢物語、大和物語とて歌読の見るべき歌と承れば、狭衣も同じ事歟」と引かれている。実朝はこの言説を見知っていたであろう。

実朝は『源氏』や『狭衣』等の物語にも関心を寄せていたと想像するが、より直接的には『千五百番歌合』の判詞を通じてそれらの歌に触れたことが一つの契機になったかと推測するのである。その視点から『源氏物語』と『狭衣物語』の和歌と実朝歌との関係をもう少しだけ探っておく。

「荒れにけり頼めし宿は草の原露の軒端にまつ虫の鳴く」（金槐集・恋・四六七）は、『源氏物語』の「憂き身世にやがて消えなば尋ねても草の原をば問はじとや思ふ」「いづれぞと露の宿りをわかむまに小笹が原に風もこそ吹け」（花の宴・一〇三・朧月夜、一〇四・光源氏）の贈答が下敷きになる。『狭衣物語』の「尋ぬべき草の原さへ」（前掲）がこれに基づくことは、右記の顕昭判詞が示唆するところでもある。後鳥羽院の「草の原露の宿りを吹くからに嵐に氷る道芝の霜」（新宮撰歌合建仁元年三月・五〇）は、『源氏』の贈答だけでなく『狭衣』歌の要素も加わる。実朝はこれにも刺激されたのではなかったか。この「草の原」をめぐっては周知のように、『六百番歌合』（冬・十三番・枯野）の判詞で俊成が「源氏見ざる歌よみは遺恨のことなり」と説示したのであり、同歌合の歌に倣った実朝の歌の存在に照らせば、実朝がこの言説を知っていても不思議はない。

実朝が『源氏』や『狭衣』の物語歌に依拠したことは確かだとしても、それは『六百番歌合』の俊成判詞の説諭や『千五百番歌合』の顕昭等の判詞の言説、そして『千五百番歌合』や『最勝四天王院和歌』の『源氏』『狭衣』に依拠した歌に触れたこと、即ち新古今歌壇あるいは後鳥羽院歌壇の歌を常に意識していたことが入口であったのではないか。そうだとすれば、『後鳥羽院御口伝』が説くような『源氏物語』の歌詞を取ることに沿った実朝の詠作の傾向は当然であった。

おわりに

定家所伝本『金槐集』の歌の表現は、多くを『古今集』以下の勅撰集に、一部を『万葉集』に、取り分け同時代の『新古今集』に、その類辞を見出し得ることは事実で、実朝がそれらに学んだことは疑いようがない。それは当時の初学者には当然でもあったろうが、さらに追尋すると、広く新古今時代の歌をその視野に入れて学び取ろうとした傾きが見えてくる。また実は、他に例のない歌詞、先例のない歌詞、つまり先行歌に多くを負う実朝も独自の歌詞を用いていることは見逃せない。(9) そういう歌詞を詠出し得たのは、辺境の地の初学の歌人故ではなくむしろ、古歌から当代歌までを十分に咀嚼していた故ではなかったか。

定家所伝本『金槐集』の巻軸歌は詞書「太上天皇御書下預時歌」の下の「山はさけ海はあせなむ世なりとも君にふた心我があらめやも」（雑・六六三）である。これも一見独特な表現だが、既に諸注指摘の歌に加えて、「海も浅し山もほどなし我が恋を何によそへて君に言はまし」（拾遺集・恋一・六六〇・読人不知）も参考歌たり得るし、清和源氏の頼政の「祝、二条院の御時女房にかはりて／あまたたび君ぞ見るべき海は山山は白波たちかはる世を」（源三位頼政集・三一七）も、実朝を刺激した可能性を排除できない。この忠誠の誓約は、定家が撰入した『新勅撰集』(雑二・一二〇四)では当代後堀河天皇が対象だが、家集では後鳥羽院への頌歌である。坂井孝一『承久の乱』(中央公論新社、平三十・十二)は、『金槐集』の巻軸三首を、建暦三年(一二一三)五月の和田合戦(二・三日)と大地震(二十一日)を経験して「必死な思いを込めて詠んだ」と言い、その後の建保三~四年(一二一五~六)の後鳥羽院の実朝に対する歌合遣送や昇任・昇叙は、和歌を通じた宥和策であり「後鳥羽の朝廷による実朝支援だと理解できよう」と言う。吉野朋美『後鳥羽院とその時代』(笠間書院、平二十七・十二)は、実朝が抱く「後鳥羽院と都への憧憬、尊崇の念」を後鳥羽院が承知していたと見る。「君にふた心」詠作の時点で既にその思いが存していたのであれば、大げさな虚言ではなく真情の発露と言える。福留温子「金槐和歌集(定家所伝本)の巻頭巻軸部――後鳥羽院への思いを読む」(『日本文学』平十八・五)が言うとおり、同集巻頭部は『新古今集』巻頭をなぞり、巻軸部にも後鳥羽院への臣従の意志が明示される。今関敏子『金槐和歌集の時空――定家所伝本の配列構成』(和泉書院、平十二・八)の、後鳥羽院に「帰属」する「廷臣たる姿勢」で同集を自撰したという考えも納得される。

定家所伝本『金槐集』を読み直すと見えてくる実朝の志向する所は、『新古今集』自体ではなくそこに至る「万葉」を包摂した平安朝の和歌世界を捉え返す後鳥羽院自身や新古今歌人達とその歌壇であり、それを生む治世にあったと思われてくる。実朝の詠歌の記録上確かな初見は元久二年(一二〇五)四月十二日(吾妻鏡)の「十二首和歌」で、大きく影響される『新古今集』を内藤知親が将軍家に持参する同年九月二日以前のことである。新古今歌壇の活気が実朝にも伝わっていたにせよ、歌に通じた頼朝の子である実朝が自ら詠作を志しても不思議はない。『近代秀歌』や『吾妻鏡』等に知られるように、定家所伝本『金槐集』成立の建暦三年(建保元年。一二一三)十二月十八日より前に、定家との師弟関係が承元三年(一二〇九)七~八月頃には確立する。その後特に建暦年間(一二一一~三)には定家による歌書類進献が顕在化する。定家の実朝に献じた「相伝私本万葉集一部」が到着するのは家集成立直前の建暦三年(一二一三)十一月二十三日であった。定家以外によっても京都の文物は鎌倉にもたらされたのであり、頼朝やその周辺が所持していた歌書類も実朝が目にする機会はあったかもしれない。想像するに実朝は、京都に遜色ない環境で歌を学び得たのではないか。そして、京都から送られてくる歌書類を貪欲に吸収したのではないか。新古今時代あるいは後鳥羽院歌壇の和歌作品を実朝がどの程度手許に置き得たのか、詠作時期が明確ではない新古今歌人詠と実朝歌との先後は何れか、といった事柄を軽視する訳にはいかず、さらなる追究は必要である。それでも、実朝が踏まえたらしい先行歌を定家所伝本『金槐集』の和歌表現に探る時、実朝の、新古今時代とりわけ後鳥羽院治世下の歌壇の和歌への同化を指向する情念が浮かび上がってくるのである。

注

（1）『金槐集』の本文は、藤原定家所伝本複製（岩波書店、昭五年）により表記は私に改める。歌番号は私家集大成に同じ。その他の和歌の引用は、八代集は新日本古典文学大系、その他は『新編国歌大観』により、『拾遺愚草』は『私家集大成』CD-ROM版による。

（2）「鎌倉期関東歌壇の和歌――中世和歌表現史試論」（『中世文学』五九、平二十六・六）。

（3）雅経の類詠「夕づく日今日紅の真振りでにつつむ涙や色に出でてん」（明日香井集・一四三〇）は、実朝歌との先後不明。

（4）後出原田正彦「金槐和歌集における西行家集の影響」が既に指摘する。

（5）少し例を挙げる。「咲き茂れ千世をこめたるませのうちに形見におほす撫子の花」（元輔集・二六二）、「ませのうちに折らまし宿の常夏をこはいかなりしふしこがれけん」（為信集・一二四）、「もりおほす露も消えぬるませのうちにひとりにほへる撫子の花」（定頼集・六九）、「我が宿のませのゆひめもあだなれば露にしほるる常夏の花」（相模集・二四九）、「石竹《とこなつ》の花咲く宿にいかにしてふしよき竹をませにゆはまし」（永久百首・一五一・忠房）、「ませのうちに君が種まく常夏の花の盛りを見るぞうれしき」（文治六年女御入内和歌・一一六・良経）、「ませのうちに露も払はぬ常夏や玉を飾れる錦なるらん」（正治初度百首・一九三三・讃岐）。

（6）鑁也の類詠「夏は去ぬ軒端に荻はそよめきて袖に露置く秋は来にけり」（露色随詠集・二九四）と実朝歌との先後は不明だが、詞書の「侍従三位の御もとへ」は定家のことであり、定家を介して実朝と鑁也が互いの歌を知り得た可能性はあるか。

（7）夙に久保田淳の口頭発表「西行・良経・実朝」（和歌文学会一月例会、平成二年一月二十日、於早稲田大学）が指摘する。

（8）「沖つ風夜寒になれや田子の浦海人の藻塩火焚きまさるらん」（新古今集・雑中・一六一〇・越前）の結句には「すさむらん」の異同があり、これも参考歌たり得るか。

（9）一部例示する。「山寂しかる」（二七五）、「空を寒けみ」（二九三）、「吹きむせび」（二九四）、「冬深き夜」（二九九）、「月ぞ氷れる」（三〇五）、「雪踏む磯」（三一六）、「あはれはかなみ」（三三八）、「罪やいかなる」「罪ならむ」（三四六）、「はかなの年や」（三四七）、「乳房吸ふ」（三四九）、「思ひ出もなき春」（三五二）、「風に浮きたる」（四〇四）、「頼めぬ山」（四一九）、「花の上の霜」（四六二）、「天の原飛ぶ」（四八三）、「道行き衣」（五三四）、「あなつれづれげ」（五八七）、「老いぞたふれて」（五八八）、「老いはほれても」（五九七）、「かがまれり」「ここまでも来る」（五九八）、「四方の獣」「親の子を思ふ」（六〇七）、「親も無き子の」「母を尋ぬる」（六〇八）、「唐社」（六四七）。坂井孝一『源実朝「東国の王権」を夢見た将軍』（講談社、平二十六・七）が「珍しい歌材」の詠作に「実朝の個性」を見ていることは、首肯される。

柳営亜槐本をめぐる問題――編者・部類・成立年代

小川剛生

おがわ・たけお――慶應義塾大学文学部教授。専門は中世文学、和歌文学。主な著書に『二条良基研究』（笠間書院、二〇〇五年）、『中世和歌史の研究――撰歌と歌人社会』（塙書房、二〇一七年）などがある。

金槐和歌集柳営亜槐本の編者は室町幕府九代将軍足利義尚である。義尚が熱心に蒐集した家集の一つであり、側近の歌人に命じて定家所伝本をもとに、勅撰集その他から和歌を拾遺して、部類し直させ、自らが奥書を据えた。文明十五年（一四八三）頃に成立し、同年に開始された室町殿打聞の撰歌の資料に供されたと考えられる。

はじめに

金槐和歌集の諸本のうち、貞享四年（一六八七）刊行の板本に代表される系統の祖本は、「柳営亜槐」なる人が編纂したもので、七一九首を春夏秋冬恋雑の六部に収める。建暦三年（一二一三）の奥書を持つ定家所伝本に対して、五十余首の独自歌を増補し、全体に和歌の排列や部立をかなり改めている。以下「柳営亜槐本」の称を用いる。

柳営亜槐本の成立時期は編者を誰と考えるかでおのずと定まり、以下に述べる。但し、それと無関係に推察の手がかりがある。新勅撰集以後の全勅撰集に実朝の和歌は合計九十四首入集する。[1]定家所伝本はこのうち十首を収めないが、柳営亜槐本には九十四首全てが見える。勅撰集は柳営亜槐本を撰歌資料としたとする説があるが、既に反論がある通り、[2]柳営亜槐本が定家所伝本に未収の歌を歴代の勅撰集から拾遺したと考えるべきで、とくに四九四番歌の注記によって、嘉暦元年（一三二六）返納の続後拾遺集から一首採っていることは確実なので、それ以後の成立と言えよう。

なお、「柳営亜槐」が、現在の定家所伝本と同じ内容の本を手にしていたことに確証がある訳ではないが、定家所伝本の和歌がここに全て含まれること、奥書に定家の言を引くこと、長らく前田家に秘蔵されていた定家所伝本は中世には冷泉家に伝来し転写本も作られていたらしいことなどからも、[3]自然な考え方である。

さて「柳営亜槐」とは、征夷大将軍でかつ権大納言（当時正官は殆どない）であった人である。これまで藤原頼経（一二一八～五六）、一条兼良[4]（一四〇二～八一）、足利義政[5]（一四三六～九〇）の三名が候補に挙がっている。柳営亜槐本の成立は鎌倉末期の続後拾遺集成立よりは降るので、頼経は除外される。兼良も問題にされない。[6]最も支持されているのは史料の裏付けのある義政説である。[7]和簡礼経（座右抄とも）なる書に、この「柳営亜槐」を東山殿とする注記があることを主たる根拠とする。「東山殿」は足利義政の晩年の号である。

二〇一三年に発表した拙稿[8]では、室町幕府九代将軍足利義尚（一四六五～八九、最晩年に「義煕」と改名）の文明十五年（一四八三）に始まる私撰集編纂企画、所謂「室町殿打聞」とその前後の歌書蒐集、とりわけ私家集の活潑な書写活動を論じて、金槐集もその命によって書写されたものであり、「柳営亜槐」とは義尚に他ならないことを述べた。しかし拙稿は実朝研究者の眼には留まらなかったようで、この間に刊行された伝記や秀歌鑑賞では、柳営亜槐本の編者は依然として「義政説が有力である」と述べられている。

幸いなことに、今回、柳営亜槐本の編者について執筆するように慫慂された。そこで、足利義尚であることを再説した上で、そこから明らかになる柳営亜槐本の問題に及びたいと思う。行論の都合上、拙稿と内容が多少重複することをお許しいただきたい。まずは義政説の論拠から再検討する。

一、義政説への疑問

和簡礼経十巻は、公武書札礼に関わる先例知識をまとめた武家故実書である。編者は徳川秀忠の右筆として知られる曾我尚祐（一五五八～一六二六）とされる。但し書名は後人の命名と見られ、原題の「座右抄」を用いる。[9]

内容は主として室町幕府による御教書・御内書・判物・制札・感状・施行状といった諸種の文書の書式文例を集め、書札礼を説くものであるが、かなり雑多な内容で、鷹道故実や楽曲名にも亘る。しかも、室町幕府の文書といっても、義輝以後のものが比較的多いようで、尚祐の仕えた織田信雄・徳川家康の例も含まれる。

その巻九「有色々公帖位署書」は、すべて二十八項目あり、第二十六「奥書之写」に、以下四種の歌書の奥書・刊記が採録されている。（1）古今集・桑門某の奥書、（2）伊勢物語（所謂光悦本）・慶長戊申（十三年）仲夏上浣古活字版の也足軒（中院通勝）の跋語、（3）新古今集・建保五年九月一日八座遺老藤（藤原定家か）および寛正六年二月「前准三宮」[10]（一条兼良か）の奥書、そして（4）金槐和歌集・柳営亜槐の奥書、となっている。（3）にのみ「加民少」（加賀爪忠澄）の所持本である旨が注記されているが、他は誰の本かは不明である。ただ加賀爪忠澄（一五八六～一六四一）は尚祐と同じく徳川秀忠に仕えた旗本であるから、尚祐が晩年に嘱目した典籍から転載したのであろう。

それでは（4）を掲げる。

右一帖者鎌倉右大臣集也、京極中納言定家
此道達者云々、然最初雖部類在不審尚之間、
重而改之畢、尤可為証本者乎、
柳営亜槐御判東山殿也

金槐和歌集ノ奥書

「御判」に「東山殿《（足利義政）》也」という傍書が加えられている。この場合「御判」は花押である。つまり据えられた花押を義政のものと鑑定し、注記したのである。原本を見て尚祐が鑑定したのか、それとも嘱目した本に既に注記してあったかは分からないが、尚祐が義政と考えていたことは変わらない。しかし、いずれにしても、この注記を全面的に信用することは躊躇される。

まず、尚祐は室町幕府故実を知る者として尊重されたとはいうものの、曾我家が歴史上に現れるのは文亀年間（一五〇一～〇四）以後のことである。しかも尚祐は十六歳の時に室町幕府滅亡を迎えている。秀忠には前代の遺風を知る者として重用されたと言うが、「故実家としての蓄積は二代に過ぎず、したがってその知識の程も伊勢氏や大館氏に比してどの程度のものがあったかは、きわめて疑わしい」[11]とされる通りと思われる。その所伝は、後述するように、慎重に検討すべきであろう。

座右抄によって確実に言えることは、柳営亜槐本の成立の下限である。当然、尚祐の活動した年代より以前となる。上限は続後拾遺集返納であるから、結局「柳営亜槐」は室町幕府将軍のうちから探せば良いことになる。そこで将軍在任中に権大納言であった人は、尊氏・義詮・義満・義持・義教・義政・義尚・義稙・義晴・義昭の十人である。

ところで奥書について、これまで考慮されて来なかった事柄がある。柳営亜槐は、自ら金槐集を再度部類し、この奥書を記したことになる。これは異例である。もちろん将軍が歌

書をはじめ典籍を書写させる事例は枚挙に遑がない。しかし、その場合は、書写者が「○○の命によりこれを写す」などと記すものであって、命を下した人物が筆を執ることはない。まして自ら家集を部類することは珍しい。従って「柳営亜槐」の条件には、歌会を開催した程度ではなく、人並み外れた歌道執心があり、かような活動をしていたことが加わる。ならば和歌事績が乏しく京都に定住できなかった義稙以後の三代は除外されるし、同じく兵馬倥偬の間に生涯を送った尊氏・義詮も候補に擬し難い。そこで義満・義持・義教・義政・義尚の五人が残る。つまり歴代の室町殿となる。

もう一つ条件を加えれば、室町殿の経歴にとっては、征夷大将軍よりも、その後数年して任じられる右近衛大将が重要で、これに任じた後は必ずその官をもって称される。(12) 右大将は権大納言在任の間に兼帯し、ついで大臣に昇るのが慣例であるので、個人の称号として「柳営亜槐」と称し得るのは、権大納言任官～右大将兼官までと限定することができる。すると右の五人の「柳営亜槐」の期間は、

義満＝康暦元年（一三七九）三月～同年八月（二十一歳）

義持＝応永八年（一四〇一）三月～十三年八月（十六歳～二十一歳）

義教＝永享元年（一四二九）三月九日～同月二十九日（三十六歳）

義政＝文安六年（一四四九）四月～享徳四年（一四五五）八月（十五歳～二十一歳）

義尚＝文明十二年（一四八〇）三月～十七年八月（十六歳～二十一歳）

となる。還俗した義教を除いて、右大将任官がすべて二十一歳であるのは偶然ではなく、義満を先例として倣ったからである。

その期間がわずか二十日しかない義教は論外である。義満も五ヶ月に過ぎない。また義持・義政も和歌は好んだし、歌書蒐集の事績もない訳ではないが、少なくとも「柳営亜槐」であった時期にそうしたことは全く確認されない。もちろん家集を部類したり、奥書を加えるような行為も管見に入らない（この点は義満・義教ももちろん同じである）。義持は父義満の、義政は管領細川勝元らの庇護下にあって、文化的にはほとんど見るべき活動がない。

したがって候補はおのずと義尚一人に限定されて来る。義尚の詠歌は文明八年から確認され、歌書の蒐集は十二年から見られる。それは勅撰集・歌合・歌学書・物語など広きに亘るが、家集が最も多いのである。

柳営亜槐は義尚が最も有力であると考えられるが、それで

も柳営亜槐本の花押を義政であると判断したことには、妄断ではなく、しかるべき理由があってのことであろう、という反論があり得る。そこで義尚の花押が、父義政と混同される可能性が大いにあったことも触れておきたい。

室町幕府将軍は、やはり義満を佳例として、吉書や寄進状に初めて花押を据える「御判始」を十五歳で行っていた。御判始では武家様の花押を据え、大臣になると公家様を使い始めるのが慣例であった。義政もはじめは武家様、長禄二年(一四五八)七月、内大臣に任じられると、公家様に切り替えている。もし「柳営亜槐」が義政であれば、武家様の花押が据えられていたことになるが、その可能性は極めて低い上、義政の武家様花押の残存例は乏しく、九〇〇通近い義政の発給文書の圧倒的多数は公家様花押で占められる。[13]

いっぽう、義尚であればどうか。実は義尚だけは、武家様の花押を持たず、最初から公家様のみを用いた。しかも、御判始の時の義尚花押は義政の公家様花押と全く同じ筆順、同形とみなされる。[14]

また義政は義尚成人後、度々隠退を宣言しているが、実際には権限委譲は順調には進まず、義尚が親しく政務を裁断するのは、ようやく文明十七、八年になってからである。その頃さえ義尚の花押の形は義政に酷似している。そもそも義尚の発給した政務文書の点数は乏しく、この時期なお義政が並立し文書を発給している。[15] 義尚の発給した御内書・御判御教書の点数が義政のそれを上回ったのは、実に義尚生涯の最後の一年、長享元年(一四八七)と二年だけである。[16]

後世に義政の花押として記憶されたのはこの壮年・晩年の公家様花押であった筈である。したがって、花押の形状から義政であると判断したならば、義尚も同時に候補になり得るということになる。

それでは柳営亜槐本の外形的・内容的な特色と、義尚の歌書蒐集の実相を論じて、この問題に解答したい。

二、柳営亜槐本の特色
――形状・奥書・部類と和歌拾遺

(1)形状

金槐集の柳営亜槐本の諸本のうちでは、後西天皇(在位一六五四~六三)所持の高松宮家伝来禁裏本が、貞享四年板本に先行する上、本文的に優れているとして注目されている。[17] 実際、座右抄所引の金槐集奥書は、板本とは文字の異同があり、高松宮伝来禁裏本と一致する。以下の引用もこれによる。

この本の書写年代は江戸初期と見られ、禁裏本の性格からしても、親本の書風をもよくとどめていると判断される。書式は半丁十二行、一首一行書である。
　ところで、この書式は、義尚の書写させた歌集の特徴に完全に一致するのである。

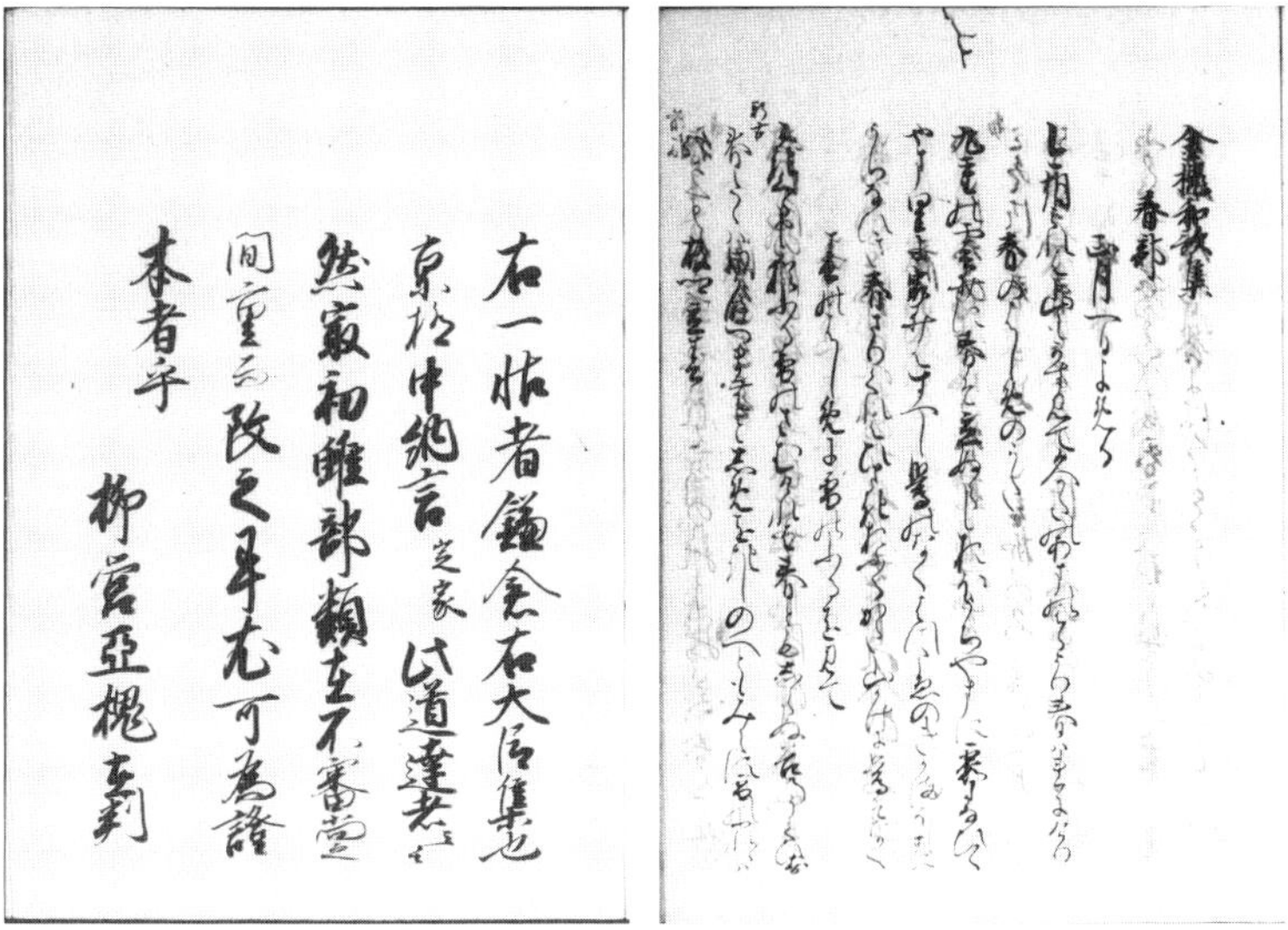

図版　国立歴史民俗博物館蔵高松宮家伝来禁裏本金槐和歌集　本文首と本奥書

　義尚の歌書蒐集は、両親や禁裏本あるいは宮家・門跡より本を徴して、料紙と共に廷臣にこれを与え、書写を命ずるものであったが、新しく作られる写本は、いずれも冊子であり、書式を統一させるべく指示が出ていた。少なくとも歌集では半丁十二行、和歌一首一行書の書式を守らせている。

　たとえば曾禰好忠集（曼殊院蔵）は、中御門宣胤が義尚の命によって文明十六年仲秋に書写した本であり、[18] その形状はまさしく半丁十二行、一首一行書となっており、義尚の指示が徹底していたことが確かめられる。高松宮家伝来禁裏本によって柳営亜槐本の祖本の姿を窺うこともある程度可能であろう。

（２）奥書

　この本では、奥書が本文より大字で、堂々と記されている。また内容は「この道達者と云々」と、実朝の歌人としての評価にも及んでいた訳であるが、これも義尚蒐集の私家集の特色なのである。義尚は書写を終え提出された家集に対し、しばしばこうした奥書を書き付けている。[19]
　奥書では歌人評に及ぶこともあった。多田満仲の息、源賢（九七七～一〇二〇）の家集、源賢法眼集[20]に、次のような本奥書を持つ本がある。
　右源賢法眼者、曩祖満仲朝臣愚息、樹下集作者也、取家

者凡卑、於道者雖頗不堪、申出　禁裏御本、令書写之畢、
然而不審少々在之間、可勘也、　御判

（右源賢法眼は、曩祖満仲朝臣の愚息、樹下集の作者なり、家に取りては凡卑、道に於いては頗る不堪と雖も、　禁裏御本を申し出だし、これを書写せしめ畢んぬ、しかれども不審少々在るの間、勘ずべきなり）

これに続いて永正十年（一五一三）夏の実隆による本奥書がある。「此集以常徳院殿（足利義尚）被加書奥書・御判等之本兼載法橋筆、書写之」と、親本は義尚が猪苗代兼載をして写させ、右の文面の奥書を加え、花押を据えたことが分かる。

ここに「家に取りては凡卑、道に於いては頗る不堪」とある。たしかに源賢は歌人としては取るに足らないが、それでも義尚の辛辣な評には驚かされる。

これは「曩祖満仲朝臣愚息」以下の文言から察せられる通り、満仲の子孫で清和源氏嫡流を汲む意識に出たものであるが、自信に満ちあふれた、怖いもの知らずの青年将軍でなくては書けない内容であろう。

ところで、義尚の奥書の文法は明らかに破格、敢えていえば拙いと言わざるを得ない。「家に取りては凡卑」、わが家にとって、の意であるが、それでも「取」字は使わないであろう。また「不審少々在之間」というところ、通常は「少々在不審之間」と書くであろうが、「不審少々在るのあひだ」と口述する通りに文字を並べたらしい。

これまで柳営亜槐本の奥書の文言には不審が持たれ、とくに「然最初雖部類在不審尚之間」は、「尚」が「多」の誤りと疑われ、「しかるに最初部類在りと雖も不審多きの間」などと訓まれてきた。しかし、座右抄所引の本文と異同がない上、義尚の文章力がかようなものであるとすれば、むしろそのまま、「しかるに最初より部類すと雖も、不審尚《なほ》あるの間」と訓める。「京極中納言定家（門弟）此道達者云々」も落ち着かず、板本にのみ「門弟」二字があるが、この点は後述する。

(3) 部類と和歌拾遺

定家所伝本の部立は、四季・賀・恋・旅・雑の八部からなるが、柳営亜槐本はこれを批判して、四季・恋・雑の六部に再び部類していた。あくまでも歌題を重視し、同じ題材を詠みながら複数に分断されていた歌群を一つにまとめ直したり、雑部からは五十余首を四季部に移動させる大幅な改編を施すもので、勅撰集や堀河百首などの排列に倣った、整然たる構成としたのであった。

さらに、定家所伝本には見えない和歌を五十余首も増補し、それぞれ適切な位置に挿入している。

ここに注目すべきは、義尚が家集を書写させるに際しては、

しばしばこれを「部類」させていることである。
藤原道信は為光男、夭折した風流君子として知られる平安中期の歌人である。その家集を義尚は実隆に書写させている。「藤原道信朝臣《室町殿御本、新分部類、》集今日書進上之」（実隆公記文明十六年十一月十六日条）とある。ここに「新たに部類を分く」とある。同じく匡房卿集も、まず実隆に部類させ、確認後、料紙を与えて書写させた（同記文明十七年五月十六日、六月五、十四日条）。このほか実隆に限っても、拾玉集贈答部や玉吟集などを書写させるのと同時に「部類」させている。残念ながらこれらの家集の現存伝本には義尚所持本の系統を引く本は見出だせないが、「部類」とはどういうことか、次の事例で明らかになる。

さきほど触れた曼殊院蔵曾禰好忠集にも、本文の末に義尚の筆跡で「令部類者也／于時文明十六季秋」という大字の奥書が加えられている。該本は他の諸本とは構成排列を異にする特殊な伝本で、義尚が宣胤をして「部類」させた上で書写させた、貴重な遺品なのである。

その「部類」の具体的な実態は表の通りである。好忠集のうちに独立して離れて位置する二つの百首歌（いわゆるB好忠百首とD源順百首）を分解し、一つの「百首和歌」「冠歌」「物名歌」として合体、再構成したものである。

源順百首も好忠の作との説が、中世には有力であったとはいえ、随分大胆な改編であると思える。但し、家集では日次・類題・雑纂といったさまざまな排列の方法が一つの集に混在することがよく見られる。「部類」とは、院政期以後細分化されて本意が確立した題の下に和歌を帰属せしめ、集全体を一貫した原理で再構成する改編作業と考えてよい。(21)

B・Dの百首は、百首歌としても初期の作で、いまだ歌題を持たないが、曼殊院蔵本では、これを単に機械的に結合させるのではなく、歌順を大幅に入れ替えて同じテーマや題材の詠を集合させたり、勅撰集に入集しながら家集に見えない歌を補入させるようなことにも及んでいる。具体的な作業は書写者が担当したが、義尚から資料が提供されたり、具

表

諸本
A三百六十首和歌
B百首和歌（好忠百首）
　あ春十首
　い夏十首
　う秋十首
　え冬十首
　お恋十首
　か冠歌
　き物名歌
Cつらね歌
D百首和歌（源順百首）
　ア春十首
　イ夏十首
　ウ秋十首
　エ冬十首
　オ恋十首
　カ冠歌
　キ物名歌
Eその他
↓
曼殊院本
三百六十首歌
百首和歌
　春二十首（あア）
　夏二十首（いイ）
　秋二十首（うウ）
　冬二十首（えエ）
　恋二十首（おオ）
冠歌（かカ）
物名歌（きキ）
つらね歌
その他

体的な方針が示されていたことは想像に難くない。

他にも、豊蔭（一条摂政御集）を書写進上させた時にも、義尚は「可書入歌六七首」を下し、適切な箇所に補入させている（実隆公記文明十七年二月二十三日条）。

このように、義尚は古人の家集に、「部類」という名で、大胆な改編の手を加えることがあった。定家所伝本に対する柳営亜槐本の排列構成は、これまで義尚の行ってきた「部類」とも揆を一にすることはおのずと明らかであろう。直接には書写者が作業した訳であるが、義尚の和歌観に基づく可能性が非常に高い。

以上、義尚の歌書蒐集、とくに盛んであった私家集書写の実態を明らかにして、柳営亜槐本がそこに正しく位置づけられることを述べた。

当時も権威を持ったはずの定家所伝本に対し、部立と排列とに満足せず、新たに「部類」した上で、奥書と花押を据えた柳営亜槐本の特色は、義尚の一連の活動に実によく合致するものである。これには、「実朝自撰の建暦三年本の部類、配列を、自己の見解に従ってどしどし改変する蛮勇を振っており、遺憾な点が少なくない」(22)といった批判が絶えない。後述するように、編者なりに実朝の和歌を重視していたことの現れなのであるが、ただそれを措いても、自らの再編した家集を「もっとも証本たるべきものか」と言い切る気概の持ち主は、義尚以外には求められないであろう。

三、柳営亜槐本の成立時期

前章で柳営亜槐本の性格もほぼ明らかになったと思うが、その成立時期や撰歌資料、また伝来についてより精しく考えたい。

当時義尚の命で頻りに歌書の書写に当たっていた、三条西実隆、甘露寺親長、中御門宣胤、中院通秀らの日記には、残念ながら金槐集のことは見えず、先に掲げた通り文明十二年から十七年の五年間としか限定できない。一方、その日記によって、この間の義尚の呼称の変遷を観察すると――もとより武家・大樹・大納言殿など複数あるが――「柳営」は文明十四・十五年に最も使われ、十六年には極めて少なくなる。

これは十五年六月二十七日に義政が隠退を宣言し、以後「東山殿」と称し、かわってそれまでは義尚が「室町殿」と呼ばれるようになったことと関係するのであろう。「柳営」は、家督である「室町殿」に対し、嫡子つまり「御方御所」に近い用法で使われていたとも考えられる。(23)さきに触れたように、ただちに政務の委譲が実現した訳ではないが、それでもこれを契機に、義尚に「室町殿」の称が浸透していくさまは公家日記によっても確かめることができる。このような変化と義尚自身も無関係ではなかったとすれば、柳営亜槐本の成立は文明十五年ころであろう。

ついで、部類のついでに新たに追加された五十六首（高松宮家伝来禁裏本では三首少ない）をどこから求めたのであろうか。他の文献に見える歌は、勅撰集（十首）、吾妻鏡（四首）、桐火桶（二首）、夫木和歌抄（二首）、計二十首足らずで、四十首近くが依然として出典不明である。現在伝わっていない、別系統の家集が当時まだ存在していて、資料に供されたのではないかとも想像されるが、それだけではなく幅広く文献を渉猟したらしい。桐火桶は定家偽書の一つである。いったい、生前の藤原定家が実朝の和歌を高く評価していたのは確かなことであるが、自身の発言はほとんど残らない。かわって鵜鷺系歌論書には実朝への言及が目立つ。[24]最も先行すると考えられる愚見抄では、

さて鎌倉右府の歌ざま、おそらくは人丸・赤人をも恥ぢがたく、当世不相応の達者とぞおぼえ侍る。

と称賛を惜しまない。すると柳営亜槐本の奥書の「京極中納言定家此道達者云々」という句は、定家の言を受け、拙い表現ながら、そのまま「京極中納言定家は、『此の道の達者』と云々」と述べたものなのではないか。板本の「門弟」は妄補に思える。

吾妻鏡も当時稀覯書で、武家社会にも読まれた形跡はない。僅かにこの文明から明応にかけて、室町幕府奉行人の清元定・飯尾兼連が書写・抄出した事実が指摘されている。[25]これは専ら前代の武家故実を参照するためであった。同じ頃、柳営亜槐本が実朝の伝記として読み、実朝の和歌を採録したのはやや特異ながら、時代に先駆ける享受であるとも言えるのである。

以上からして、やはり義尚には、実朝その人への関心が高かったのであろう。同じ源氏の将軍で、若くして和歌を好んだという共通点があるが、万葉集への興味もあるかも知れない。より正確には万葉風というべきか、この文明十五年十二月、義尚は後土御門天皇以下二十人の歌人に勧めて、万葉風の十首歌を詠ませている。これを一年後に百番の歌合に番えたのが、万葉風体歌合である。

それでは、この柳営亜槐本はその後どのように伝来したのであろうか。そのことも本文に刻されている。高松宮家伝来禁裏本では、三首に親本よりの注記が見られる（番号は新編国歌大観による。貞享板本には三〇二の傍書はない）。

かりなきてさむきあさけの雪霜にやの相似上句在万葉如何かみ山色つきに

けり　（三〇二）

続後拾 ╲いかにせん命もしらす松山のうへこす波にくちぬおも
右部類時追加也、遠嶋御歌合衣笠内府哥云々、尤可除者也
ひは　（四九四）

此哥新古今顕輔歌相似如何
年つもるこしの白山しらすともかしらの雪をあはれとは
みよ　（六三六）

既に四九四には言及があるが、高松宮家伝来禁裏本によって、三〇二・六三六も同時・同人による注記とみなしてよい。要するに過去の撰集にこれと酷似した和歌があるのでいかがか、という指摘であり、そうしたことが問題となる場は、やはり義尚の室町殿打聞であろう。

文明十五年（一四八三）二月一日、義尚は私撰集の編纂を企画し（室町殿打聞）、公武の有力歌人を寄人に指名して事に当たらせた。[26] 当初は現存歌人の作を対象としたのが、七月二十八日になって故人の和歌も撰ぶことになった。そこでは家集・歌合・定数歌・物語その他を対象として、中院通秀・三条西実隆・姉小路基綱・杉原宗伊が資料を通覧して「撰歌」し、中山宣親・勧修寺政顕・大館尚氏・一色政熙・二階堂政行・河内頼行・岩山尚宗らの「若衆」が「撰歌」を小短冊に書き抜く作業を始めている。八月六日には甘露寺親長・冷泉為広も加えられ撰歌に当たっている。

三〇二・六三六の注記は、義尚の柳営亜槐本が提供され、歌道に通じた者の眼で一首々々が通覧された時にふさわしい。四九四の注記も「この歌は部類した時（続後拾遺集より）追加した歌である。しかしこれは遠島歌合の衣笠家良（実際には久我通光）の歌である。除去すべきである」という意であるから、歌人たちの合議の時に気付いたとするのが自然である。つまり柳営亜槐本の部類が、これに先立って、打聞の関係者のごく近い所、おそらくはそのメンバーの手で行われた証左となる。義尚の側近で、かつ定家所伝本を所持していたという点で、部類に当たった者に為広を擬せるかも知れない。

柳営亜槐本が整然たる部類を立てたことは決して無駄ではなかった。室町殿打聞に際しても至便であった筈であるが、室町後期の成立と見られる後葉集（別本）は十巻、三三九〇首からなる類題集で、上代から室町中期までを対象とするが、柳営亜槐本から実に二七二首もの大量の歌を撰入している。この事実は、従来は応仁元年（一四六七）以後とされる同集成立の上限を、[27] さらに十五年ほど下げることになる。そしてこれほど甚だしい柳営亜槐本への依存は、後葉集の撰者が義尚の近くにあったとも考えられ、全く手がかりのない撰者の像を僅かに推察させるのである。

おわりに

金槐集の柳営亜槐本は、足利義尚の歌書の蒐集事業の一環として、側近の歌人に命じて定家所伝本を書写し、勅撰集その他から大量の和歌を拾遺させた上で、再び部類させ、自らが奥書を据えた本であること、文明十五年（一四八三）頃に成立し、同年の室町殿打聞の撰歌に供されたであろうことを証した。

義尚にとり、金槐集ないし実朝その人への関心は高く、敬慕としてもさしつかえあるまいと思われる。既にそこにある家集を再編成させる「部類」は、一見、古人に対する敬意を欠くかのようであるが、当時、題林愚抄をはじめ、古歌を対象とした巨大な類題集がいくつも成立し、さらにこれを資料としての小類題集が夥しく生まれるという和歌史上の現象と決して無関係ではない。しかもこれらの類題集の編纂は作歌の参考のためであろうが、武家歌人の間で盛んであった。こうした動きのうちで柳営亜槐本を評価する必要がある。(28)

この柳営亜槐本は、主たる実朝の和歌の供給源として、貞享板本の底本となり、後に昭和四年五月に佐佐木信綱が定家所伝本を発見するまで、四〇〇年以上にわたって読み続けられた訳である。以上の事実は、実朝和歌の評価は単に新古今時代にとどまるものではなく、長いスパンでとらえられるべきであることをおのずと物語っている。

注

（1）樋口芳麻呂校注『金槐和歌集』（新潮古典集成、新潮社、一九八一年）「勅撰和歌集入集歌一覧」。九四首のうち、新後撰入集の二首は作者名を誤って入れ（そのうち一首は続古今集と重出）、続後拾遺集の一首は他人詠を誤って入れる。

（2）原田正彦「貞享板本系『金槐和歌集』の構成について」（伊東祐子ほか編『平安文学研究生成』笠間書院、二〇〇五年）参照。

（3）市立函館図書館蔵本は江戸前期の、定家所伝本の忠実な転写であり、箱裏の貼紙に、前田利常の所蔵となる以前に冷泉家に伝来したことを記す。『金槐集』（新典社、一九七二年）「解説」（片野達郎）参照。

（4）齋木一馬氏「金槐集奥書の「柳営亜槐」は一条兼良か」（『日本歴史』二六九、一九七〇年十月。『齋木一馬著作集3　古文書の研究』（吉川弘文館、一九八九年）再収）。

（5）益田宗「金槐和歌集の柳営亜槐」（『日本歴史』二四四、一九六八年九月）。

（6）兼宣公記応永三十年（一四二三）三月二十一日条に、一条兼良が大将を兼帯していた時、「内々和歌一巻詠集」て、その奥に「柳営」と署名したとある。兼良は同二十三年十一月権大納言となった後、二十七年正月に右大将を兼ね、三月左に転じ、二十八年七月に内大臣に昇ったので、事件は二十七年から二十八年の間となる。齋木氏はこれが柳営亜槐本の編纂を指すのではないか、と推測する。しかし、「内々和歌一巻」は自身の詠草と考えるべきであろう。兼良がこのことで足利義持の不興を買い数年間の籠居を余儀なくされた事実でおのずと明らかなように、「柳営」は征夷大将軍の唐名として定着しており、将軍以外の人が名乗ることはまずあり得なかった。

(7) たとえば稲葉美樹「『金槐集』柳営亜槐本編者考」(『明治大学日本文学』二一、一九九三年八月)は、諸説吟味の上、「義政の可能性が最も高いのではないか」と結論する。

(8) 「足利義尚の私家集蒐集とその伝来について」(『和歌文学研究』一〇六、二〇一三年六月。『中世和歌史の研究』(塙書房、二〇一七年)再収)。

(9) 国立公文書館蔵江戸前期写本(二冊、一五三―四六三)が最も優れるようである。成立年代は、巻一の尚祐識語に、元和元年(一六一五)、二階堂行二・大館尚氏・伊勢貞仍ら武家故実家の旧記をもとにして、さらに「堂上方之事」を加えて、集めて一部とした、とある。

(10) 「前准三宮」は奇妙な名乗りであるが(准三宮は宣下されれば終身の身位のはず)、融通念仏縁起絵巻(禅林寺蔵)下巻第二段の一条兼良識語に

　寛正肆年閏六月廿九日
　依融鎮上人所望書之
　　前准三宮藤原(花押)

とあるので、時期的にも近接し、兼良で間違いないと思う。なお、後鑑巻二百三では「座右集」によって、この新古今集奥書を寛正六年二月此月条に掲げ、「将軍《義政》家令作二条為遠真蹟新古今集奥書」とするが、誤りである。但し、座右抄編者もこれを義政の奥書とみなしていた可能性は高い。

(11) 高木昭作「書札礼と右筆」(日本古文書学会編『日本古文書学論集2 総論II』吉川弘文館、一九八七年)。

(12) 拙著『足利義満 公武に君臨した室町将軍』(中公新書、中央公論新社、二〇一二年)参照。

(13) 木下聡編『足利義政発給文書(1)』同編『足利義政発給文書(2)・足利義煕(義尚)発給文書』(戦国史研究会史料集1・3、戦国史研究会、二〇一五~一六年)参照。

(14) 義政代筆とする見解もあるが、上島有『中世花押の謎を解く――足利将軍家とその花押』(山川出版社、二〇〇四年)二六三頁によれば、義尚が義政の花押を真似てたどたどしく書いたと考えられる。

(15) 鳥居和之「応仁・文明の乱後の室町幕府」(『史学雑誌』九六―二、一九八七年二月)参照。注13前掲木下編著でも、義尚の発給文書は四十一点を収めるに過ぎない。

(16) 井上優「足利義尚御判御教書と鈎の陣」(『栗東歴史民俗博物館紀要』七、二〇〇一年三月)参照。

(17) 函架番号、H―六〇〇―五三三(る函二五六)。新編国歌大観第四巻でも高松宮本を底本としている。川平ひとし「金槐和歌集」(三浦勝男編『源実朝』鎌倉市教育委員会・鎌倉国宝館、一九九二年)参照。

(18) 『京都大学文学部国語国文資料叢書34 曾禰好忠集 曼殊院蔵』(臨川書店、一九八二年)に影印と翻刻が収められる。

(19) 義尚の奥書の実例、注8前掲拙稿で解説した。

(20) 引用は宮内庁書陵部蔵古歌集(函架番号五〇一・四四八)所収本による。写本は十数本あるが全て江戸期写の同一系統である。

(21) 注18前掲著解題(山本登朗執筆)は「(B)(筆者注・好忠百首)の「春十首」と(D)(同・源順百首)の「春十首」をいったん分解し、あらたに「春二十首」としてまとめ、配列する、その過程は、「部類」の名で呼ばれるに十分ふさわしい」

とする。

（22）注1前掲樋口校注書。

（23）「柳営」を用いるのは、薩戒記で、足利義量に対して、応永三十年十二月十三日条〜三十二年三月十二日、義教に対して永享元年三月二十二日〜二年二月十一日まで。親長卿記で、義尚に対して文明十四年六月九日から八月二十二日まで。以上は東京大学史料編纂所、古記録フルテキストデータベース・中世記録人名索引データベース http://wwwap.hi.u-tokyo.ac.jp/ships/shipscontroller による。

（24）鎌田五郎『源実朝の作家論的研究』（風間書房、一九七四年）参照。

（25）前川祐一郎「室町時代における『吾妻鏡』――東京大学史料編纂所所蔵清元定本吾妻鏡を手がかりに」（『明月記研究』五、二〇〇〇年十一月）参照。

（26）岩橋小彌太「足利義尚の和歌撰集」（『歴史と地理』一七―二・四　一九二六年二・四月）。芳賀幸四郎『東山文化の研究』（河出書房、一九四五年。→『芳賀幸四郎歴史論集』Ⅲ（思文閣出版、一九八一年）再収）、井上宗雄『中世歌壇史の研究　室町前期』（風間書房、一九六一年〔改訂新版、一九八四年〕）、綿抜豊昭「足利義尚文化活動事蹟年譜」（『中央大学国文』二五、一九八二年三月）。また注8前掲拙稿参照。

（27）三村晃功「『後葉和歌集』（別本）の成立」（『国語国文』五〇―九、一九八一年九月。『中世類題集の研究』（和泉書院、一九九四年）に再収）による。

（28）注2前掲原田論考にも、柳営亜槐本成立の時代背景として、「和歌的状況の中で類題集が占める位置が大きかった」点を指摘している。

中世伝承世界の〈実朝〉――『吾妻鏡』唐船出帆記事試論

源健一郎

みなもと・けんいちろう――四天王寺大学人文社会学部教授、同志社大学文学部嘱託講師。専門は軍記物語を中心とする中世日本古典文学。主な論文に「延慶本『平家物語』と熊野の修験――根来における書写を念頭に」（『根来寺と延慶本『平家物語』――紀州地域の寺院空間と書物・言説』アジア遊学二一一、勉誠出版、二〇一七年）、「『平家物語』諸本における〈熊野新宮合戦〉――記事構成の方法について」（『軍記物語の窓』第五集、和泉書院、二〇一七年）、「〈西行〉と修験者像――『義経記』生成の背景として」（『日本文学』六七・七、二〇一八年）などがある。

同時代評から伝承世界へ、実朝に対する評価は揺れる。その諸相を整理した上で、実朝による唐船出帆記事について論じた。『吾妻鏡』には、出帆に失敗し、由比ヶ浜で朽ち果てる唐船の姿が描かれるが、それは、臨済宗興隆は得宗支配とともに実現したと自負する北条氏の立場が反映した虚構と見なすべきなのである。

はじめに

実朝について知ろうとする際、もっとも基本的な資料となるのは『吾妻鏡』である。しかしながら、『吾妻鏡』の歴史叙述に鎌倉幕府（得宗専制）の立場を反映した曲筆や潤色があることは様々に指摘されており、（1）実朝の実像を把握するには、『吾妻鏡』というフィルターをどのように理解するかが課題となる。本稿においては、中世伝承世界における〈実朝〉像を見渡しながら、『吾妻鏡』が〈実朝〉をどのように描こうとしたのかについて考えてみたい。

このような問題意識を先鋭に表した先行研究を二点、挙げておこう。第一に、実朝が暗殺される直前に詠じた「禁忌の和歌」を発端として説く吉野朋美氏の論である。（2）実朝の作歌生活の上で最も充実したと評される『吾妻鏡』建暦三年記事について、「実朝が将軍という統治者として、積極的に和歌を通じて君臣の絆を強めようとする姿勢」が読み取られる一方、兼守宥免記事（二・二六）と宗政による実朝批判記事（九・二六）の配置によって、「武家の棟梁としてふさわしくない雑事ばかりにのめり込む実朝の姿をあぶり出している」と指摘する。建暦三年を、『吾妻鏡』が「将軍としての資質に欠ける〈実朝〉像を、和歌とのかかわりから虚実まじえて描く」叙述方法を顕在化させた年として把握し、それまでの「政事にも雑事にも積極的に取り組む若き将軍」という肯定的な〈実朝〉像から批判の対象へと転じる画期として位置づけたのである。

次に、『吾妻鏡』の実朝が、聖徳太子信仰の影響下に描かれていることを指摘した小林直樹氏の論がある。(3) 氏の指摘は多岐にわたるが、本稿の関心において最も興味深いのは、実朝の信仰の形成に、鎌倉幕府草創期に将軍家と深い関係を持った禅僧、栄西・行勇の師弟が関わり、実朝による唐船造営へと展開する陳和卿との対面場面の背後にもこの師弟の関与が指摘されることである。この点については、また後に触れることになるが、一方で、実朝の信仰の実相については、仏舎利信仰、および中国五台山（文殊常住示現の聖地）への信仰と不可分である文殊信仰を『吾妻鏡』から読み取り、文殊信仰が仏舎利の得られる聖地への憧憬という点で舎利信仰とも密接に関わっており、こうした中国仏教の聖地への憧憬は国内においては聖徳太子への関心となって現れると説く。すなわち、実朝において聖徳太子信仰と文殊・舎利信仰は連動していたのである。こうした把握を踏まえて氏は、実朝の太子信仰は父頼朝同様、「王法安穏、仏法繁昌」を目指した為政者としての行為であり、舎利信仰もまた、為政者としての実朝が、〈王権〉の象徴としての舎利の所持することによって安穏な統治実現を期したものと指摘し、従来の実朝像の見直しを提起する。実朝の太子信仰や文殊・舎利信仰が『吾妻鏡』に現れる時期は、実朝の為政者としての意識が高まる時期と重なっており、同時期における実朝の京都への官職要求活動と目的は同じくするものとして理解すべきとするのである。その上で、『吾妻鏡』によって創られた〈実朝〉像について、実朝を聖徳太子と重ね合わせることで意図的に聖化する一方、北条氏にとって危険な実朝の育王山仏舎利に対する執着に触れないなどの作為を講じていると指摘することも重要であろう。

なお、平成以降の日本史研究において、従来『吾妻鏡』から読み取られてきた実朝像、例えば「幕府政治に背を向け、公家文化に耽溺して和歌や蹴鞠に没頭した文弱な将軍、源氏と北条氏、幕府と朝廷との狭間で懊悩しつつも、個性的で雄大な「万葉調」の和歌を詠んだ孤独な天才歌人」といった把握については大幅に見直されつつある。(4) 本稿もそうした研究動向を念頭に置きつつ考察を進めることとなる。

一、実朝に対する批判的同時代評

まず、『愚管抄』第六における慈円の実朝評と見てみよう。

> 実朝卿ヤウ〳〵ヲトナシク成テ、ワレト世ノ事ドモ沙汰セントテ有ケルニ、仲章（中略）関東ノ将軍ノ師ニナリテ、常ニ下リテ、事ノ外ニ武ノ方ヨリモ文ニ心ヲ入レタリケリ。仲章ハ京ニテハ飛脚ノ沙汰ナドシテ有ケリ。コレガ将軍ヲヤウヤウニ漢家ノ例引テ教ルナド、世ノ人沙汰シケル程ニ、又イカナルコトカト人思ヒタリケリ。（中略―公暁による実朝暗殺）猶〳〵頼朝ユヽシカリケル将軍カナ。ソレガムマゴニテ、カヽル事シタル。武士ノ心ギハカヽル者出キ。又ヲロカニ用心ナクテ。文ノ方アリケル実朝ハ、又大臣ノ大将ケガシテケリ。又跡モナクウセヌルナリケリ。

侍読となった源仲章に師事することで、次第に「武」よりも「文」に没頭するようになった実朝に対する批判的言辞である。慈円のみならず、京方の人々も同感であった。実朝暗殺の情報を詳細に書き留めた後、慈円は将軍実朝の統治を、「ユヽシカリケル将軍」であった父頼朝と対比的に評価する。「文」に耽溺した実朝は「大臣ノ大将」の座を汚し、「跡モナクウセ」たのだと酷評するのである。

> タヾイツモ〳〵コト将軍ニテモコノヲモムキヲ心エテ、世ノ中ヲバ君ノモタセ給ベキゾカシ。将軍ガムホン心ノヲコリテ運ノツキン時ハ、又ヤス〳〵トウシナハンズル也。実朝ガウセヤウニテ心得ラレヌ。平家ノホロビヤウモアラハナリ。
>
> （『愚管抄』第七）

藤原頼経が第四代将軍として鎌倉に下る際の言説である。慈円は将軍たる者、「コノヲモムキ」、すなわち、日本国は神明の計らいによって常に支えられていることを心得て統治に臨むべきと主張する。「文」に傾き「武」を疎かにした将軍実朝は、慈円の目からすれば、神々から与えられた「将軍」のあるべき姿から逸脱し、神意に対する「ムホン心」を抱いた「将軍」であり、その滅亡も必然のことと断じられている。慈円に様々な政治的思惑があるにせよ、実朝の将軍の資質に対する批判的同時代評があることには、やはり留意すべきであろう。

『愚管抄』には明記されないが、実朝の「文」の問題として重要なのは歌道である。『吾妻鏡』から実朝と和歌に関する三つの記事を挙げよう。

A建暦三年（一二一三）二月廿六日

工藤籐三祐高、去る夜荏柄社に参籠し、今朝退出するの刻、昨日兼守が奉るところの十首の歌を取りて、御所に持参す。将軍家この道を賞翫したまふによつて、御感の余りに、すなはちその過を宥めらる。兼守虚名を愁へ、篇什を奉りて、すでに天神の利生に預り、また将軍の恩化を蒙る。凡そ鬼神を感ぜしむる、ただ和歌にあるものか。

B建暦三年九月廿六日

およそ右大将軍家の御時、(中略)武備を重んぜらるるが故に、かたじけなくも一の御引目を給ひ、今に逢屋の重宝たり。当代は歌鞠をもつて業となし、武芸廃るるに似たり。女性もつて宗となし、勇士これ無きがごとし。また没収の地は勲功の族に充てられず。多くもつて青女等に賜ふ。(中略)このほか過言あげて計ふべからず。仲兼一言に及ばず座を起つ。宗政もまた退出す。

C建保五年(一二一七)五月二十日

右衛門尉紀康綱、年来その功ありといへども、いまだ新恩に浴せず。今日一首の和歌を進じ、身上の事を愁へ申す。しかうして備中国村社郷内小埋社町は八代相伝の由言上するの間、不輸の地として領掌すべきの由仰せ出さる。陸奥守廣元朝臣これを奉行す。これしかしながら詠歌に感ぜしめらまふが故なり。

『吾妻鏡』の場合、編者による編纂当時の価値観が反映した〈実朝〉像として捉えるべきか、実像としての実朝を伝える記事として理解すべきか、判断が難しいのだが、『愚管抄』と併せ読むことによってA~Cの記事は、実朝に対する同時代評と見なしてよいと考える。

　Aは、謀反の罪に問われていた渋川兼守が荏柄天神社に奉納した十首の歌集が、歌道を愛する実朝の下に届けられ、罪を免じられたという記事。『古今集』「仮名序」を意識したと思しい「凡そ鬼神を感ぜしむる、ただ和歌にあるものか」という表現は、批判というより皮肉めいた口吻ととるべきか。

　Bは、実朝の「文」(歌鞠)に対する痛烈な批判として有名な記事である。謀反を企てた日光山阿闍梨重慶の首を、長沼宗政が実朝の下に持ち込んだところ、かえって実朝の不興を買ってしまう。激怒した宗政は、武を重んじた頼朝を引き合いに出し、「歌鞠」に耽溺し武を軽んずる実朝を痛罵した。(5)頼朝との対比による実朝批判は『愚管抄』に通ずるものであり、宗政のみならず、実朝に対する同時代評として一般的なあり方であったとも考えられる。

　というのも、同様の発想による実朝批判が、建保四年(一二一六)九月十八日条にも明確に現れるからである。将軍親裁を強化しようとする実朝に対抗するため、北条義時は大江広元を自邸に招き、実朝の「任大将」の希望に対して、頼朝と対比しながら両人ともに実朝を批判する。従来、この記事から実朝の貴族趣味といった評価が下されてきたのだが、義時と広元の対応は、実際には、官位上昇によって将軍親裁が強まることへの脅威の現れとして捉えるべきだろう(6)。しかしながら、先の宗政、この記事の義時・広元による、頼朝との対比による実朝批判が、すべて『吾妻鏡』編纂時の設えであるとは見なせまい。鎌倉方でも京方の『愚管抄』と同様に、実朝を頼朝と対比的に批判する見方が一般化していたのではないだろうか。

Cは、不遇を託つ紀康綱が一首の和歌とともに実朝に恩賞を訴えたところ、「詠歌に感」じた実朝から備中国の領地を安堵されたというもの。表立っての批判的言辞はないが、宗政の批判の四年後にも、兼守の時と同じことを繰り返す「文」の将軍、実朝を伝えることが『吾妻鏡』の意図なのであろう。

実朝自身の歌道に対する批判的記事と捉えられるものも、次に挙げておきたい。

D建暦三年八月十八日

子の刻、将軍家南面に出御。時に燈消え人定まり、悄然として音なし。ただ月色蛬思心を傷ましむるばかりなり。御歌数首御独吟あり。丑の刻に及びて、夢のごとくにして青女一人前庭を奔り融る。しきりにこれを問はしたまふといへども、つひにもつて名謁らず。しかるにやうやくに門外に至るの程、にはかに光物有り。すこぶる松明の光のごとし。宿直の者をもつて陰陽少允親職を召す。親職衣を倒にして奔参す。直に事の次第を仰せらる。よつて勘申して云はく、殊なる変に非ずと云々。しかれども南庭において、招魂祭を行はる。今夜着したまふところの御衣を親職に賜ふ。

E建暦三年八月十九日

丑の刻、大地震。

鎌倉幕府における天人相関説の受容は実朝期に定着し、その背景には実朝の活発な政治・学芸活動があったとされる。また、天変地異発生時には、天人相関説に基づき、天変地異の発見・確定→対応の協議→攘災のための様々な政治的対応の志向・実践(徳政・祈祷)という過程をたどることになったという(7)。Dは、実朝による和歌独吟が引き金となって「丑の刻」に不審な若い女性が前庭に姿を現し、門外に出た途端「光物」の怪異があったというもので、天変地異ではないが、それに準じる事態と見なしうる。陰陽師安倍親職を呼んで対応を協議し、政治的対応には及ばぬものの、攘災のための「招魂祭」が執り行われた。天人相関説的認識が準用されたと言えよう。しかしながら、この攘災の効果は十分ではなかった。翌日の「丑の刻」には「大地震」が起こったのである（E）。天人相関説によれば、この大地震にも何らかの天意が読み取られるべきだが、『吾妻鏡』に前日のような対処は記されていない。翌二十日、実朝は何事もなかったように新御所に移っているので、大地震による実質的被害はなかったようである。しかしながら注意しておきたいのは、『吾妻鏡』がこの両日の記事を配置した意図についてである。天人相関説に基づけば、真夜中の実朝の和歌独吟が、青女出現という小異のみならず、翌日の大地震という天変地異をも招いたとも読めるのである。こうした両日の記事配置にも、実朝の歌道を批判的に捉える同時代評が反映しているのではないだろうか。

以上、第一節では、実像としての実朝に対して、頼朝と対比しながら実朝の「文」や歌道を批判する立場が一定程度あったことを指摘した。その実朝は、衝撃的な暗殺による死を経て、比較的早い段階で伝説化していったようである。『吾妻鏡』の暗殺記事においても、死を予見する〈実朝〉として神話化されていることについてすでに指摘があるが、次節では、暗殺という事態がどのように評価されたか、という観点から考えてみたい。

二、実朝暗殺に対する評価

『吾妻鏡』では、建保七年（一二一九）正月二十七日条に、実朝暗殺が詳述される。しかしながら実は、暗殺に対する実朝周辺の人々や編者自身の感慨は記されていない。「そもそも今日の勝事、兼ねて変異を示す事一にあらず」として、覚阿による武装の進言、公氏に遺髪を預けたこと、辞世を思わせる梅の歌（「禁忌の歌」）、南門で剣を折ったこと、八幡宮の霊鳩がしきりに鳴いたこと等、不吉の前兆が次々に語られ、暗殺記事の神秘化・物語化が顕著であるにも拘わらず、である。感慨を語らないことにむしろ、『愚管抄』における実朝暗殺に対する同時代評、「ヤス〳〵トウシナハンズル也」「跡モナクウセヌルナリケリ」に通じる『吾妻鏡』編者の姿勢が窺われるようでもある。

一方、『愚管抄』成立の数年後、貞応年間（一二二二〜四）に成った『六代勝事記』における実朝暗殺に対する評価は対照的である。

承久元年（己卯）正月廿七日、将軍右大臣兼近衛大将源朝臣薨。右府、内には玄元氏の先実をならひ、外には黄石公が兵略をふる。執権十六年の間、春の露のなさけくさばをうるほし、夏の霜の恨、折寒になす。（中略）倹なる者をすゝめ、奢なる者をしりぞけられしを、（中略）ふるところひさしからずして三台の右府につらなり、八幡の末社に拝賀するに、（中略）其儀あたかも執政の臣にこえすぐれ、其式おそらくは皇帝のみゆきかとおぼゆ。秉燭の後、奉幣事をはりて退出の所に、変化の賊ありて、主人をきる事、いなづまのごとくにきりて、つじ風のごとくにさりぬ。

実朝暗殺の報に際して、中国の偉人、老子や黄石公に準えながら実朝の事績を賞賛している。ここに語られる実朝の政治的事績は、善政で知られる執権泰時をも彷彿とさせる内容である。(8) 実朝の官位昇進も肯定的に評価され、その頂点である右大臣拝賀の折りに凶刃に倒れたと回顧されるのである。

鎌倉時代中期頃の成立とされる『承久記』上も同じ調子である。

舎弟千万若子、果報ヤマサリ玉ヒケン、十三ニテ元服有テ、実朝トゾ名ノリ給ケル。次第ノ昇進不滞、（中略）徳ヲ四海ニ施シ、栄ヲ七道耀シ、去建保七年（己卯）正月廿日、右大臣ノ拝賀ニ勅使下向有テ、鎌倉ノ若宮ニヲキ拝賀申サレケル時、舎兄頼家ノ子息若宮別当悪禅師ノ手ニカヽリ、アヘナク被誅給ケリ。凡三界ノ果報ハ風前ノ灯、一期ノ運命ハ春ノ夜ノ夢也。日影ヲマタヌ朝顔、水ニ宿レル草場ノ露、蜉蝣ノ休ニ不異。

「果報」に勝る実朝は順調に昇進を重ね、「徳ヲ四海ニ施シ、栄ヲ七道耀シ」たと評される。末尾では、常套句とも言えようが、若き将軍の死が無常の道理の中で讃歎される。

南北朝期に成った『増鏡』第二「新島守」には、以下のようにある。

かの大徳、（中略）大臣の車より降るゝ程を、（中略）あやまたず首をうちおとしぬ。（中略）そこらつどひ集まれる者ども、たゞあきれたるよりほかの事なし。京にも聞こしめしおどろく。世の中火を消ちたるさまなり。下りし人々も、泣く〱袖をしぼりてぞ上りける。

実朝の事績に対する具体的な評価は見られないが、実朝暗殺による「世の中」や「下りし人々」の暗澹たる思いや嘆きが書き留められている。

実朝暗殺からまもなく、その死は嘆きや悲しみの中で振り返られるべき事態として定着していく。それと同時に、実朝の将軍としての事績は、『愚管抄』『吾妻鏡』に見られた同時代評とは対照的な方向に再評価されていくのである。なお、再評価の対象となる具体的事績については、実朝暗殺の文脈とは別に、十三世紀半ば以降、散見される。次節では、実朝を文武両道の統治者として評価する事例を見ていこう。

三、文武両道の統治者としての評価

実朝を文武両道の統治者として評価する言説は、実朝の従者による同時代評のなかにすでに現れていた。

抑、かたじけなく天枝帝葉の塵より出でて、兵馬甲の道を伝へ給ふ事は、思ふに、生まれて世々になりぬる中に、広く唐土の文を習ひ、その道を見給へかし。有難かるべきぞかし。彼の張良は兵法の文を習ひて、謀を帷帳のうちにめぐらしき。まことに、漢才をもて、和才を和らぐる理をも知り給へるなるべし。中にも大和言の葉は、みちさりとその興りき。（『信生法師集』第二三歌詞書）

信生の俗名は塩谷朝業、主君実朝の死を機に出家し証空の門に入った。信生にとっての実朝は「皇統の血を引く武人、和魂漢才の治者」であり、和歌は「君臣の絆を強める役割を果た」すものであったが、(9)実朝親近によるこのような同時代評は、『愚管抄』や『吾妻鏡』には共有されなかった。しかし、次のような事例はどうだろうか。

鎌倉右大将、父子ともに、代々撰集に入り給ひけるこそ、ことにやさしけれ。（中略—慈円と頼朝の和歌の贈答）およそ武士といふは、乱れたる世を平らぐる時、これをさきとするがゆゑに、文にならびて優劣なし。朝家には文武二道をわきて、左右のつばさとせり。文事あれば、必ず武備はる謂なり。かかりければ、もろこしにも、後漢の武王は武将二十八人を選び定められ、麒麟閣をおきて、勲功をしるされける。（『十訓抄』第十・五五）

鳥羽宮、天王寺別当にて、彼寺の五智光院に御座ありけるとき、鎌倉前右大将参ぜられたりけり。（中略—「尩弱の尼」が相伝の所領を横領された旨、頼朝に訴える。事情を聞き取った頼朝は、尼の言い分を認め、扇に自ら和歌一首の判書を記して召し取らせる。）其後右大臣家の時、件尼がむすめ、この扇の下文をさゝげて、沙汰に出て侍けるに、年号月日なきよし奉行いひけれども、彼自筆其かくれなきによりて、安堵しにけり。（『古今著聞集』巻第五・二一四）

『十訓抄』では、頼朝・実朝父子が二代に渡って勅撰集入集を果たしたことを挙げ、武士の治政における文武両道の必要が説かれる。『古今著聞集』は、頼朝直筆による和歌一首の判書について、後に実朝がその効力を認め、所領を安堵したというもの。統治者としての「文」の力は、頼朝から実朝に継承されたとするのである。『十訓抄』は建長四年（一二五二）、『古今著聞集』は建長六年とほぼ同時期の成立であるが、(10)『十訓抄』は東国に、『古今著聞集』は京都に成立基盤を持つ。頼朝と実朝を対比的に捉えるのではなく、文武両道の統治者、頼朝の継承者として実朝を評価する見方が、鎌倉方にも京方にも同時期に共有されていたことが窺われる。こうした実朝評は、南北朝期にいたってさらに高まりを見せる。

今はひとへに、実朝、故大将の跡をうけつぎ、官・位とゞこほる事無く、よろづ心のまゝなり。建保元年二月廿七日、正二位せしは、（中略）やがて内大臣になりて、なを大将ももとのまゝなり。父にもやや立ちまさりていみじかりき。この大臣は、大かた、心ばへうるはしく、たけくもやさしくも、よろづめやすければ、ことはりにも過ぎて、物のふのなびき従ふさまも代々に越えたり。

（『増鏡』第二「新島守」）

『増鏡』では、実朝は頼朝の将軍権力を継承するのみならず、官位の面では頼朝に「やや立ちまさりていみじ」く、「たけくも」（武）・「やさしくも」（文）両道において「物のふ」を統治するその能力は、源氏累祖を「越えた」とまで賞賛されたのである。聖化とも称すべきこのような実朝評の背景にあったのは、おそらくは臨済宗圏において伝承された〈実朝〉であったように思われる。

四、臨済宗圏における〈実朝〉

当節では、『沙石集』が伝える実朝の挿話を三つ取り上げよう。『沙石集』は弘安六年（一二八三）の成立、作者の無住道暁は臨済宗の禅僧で、天台・真言ほか諸宗を修めた後、東福寺で円爾の印可を受けた。明庵栄西の高弟、釈円栄朝が開基である世良田の長楽寺で同寺第二世蔵叟朗誉にも師事している。[11] 頼朝による鎌倉開幕以来、入宋して臨済禅を将来した栄西が、その高弟、退耕行勇とともに幕府に重用されたことは冒頭にも触れておいた。『沙石集』からは、鎌倉を中心とする東国の臨済宗圏で伝承された実朝像を窺うことができるのである。

一つ目は、栄西遷化の説話である。

かの僧正、鎌倉の大臣殿に暇を申して、「京に上りて、臨終仕らん」と申し給ひければ、「御年たけて、御上洛煩はしくも侍り。いづくにても御臨終あれかし」と、仰せられけれども、「遁世聖を、世間に賤しく思ひ合ひて候ふ時、往生して京童部に見せ候はん」とて上洛（中略—栄西、遺戒の後、公家の使者に応対）、やがて端座して化し給ひにけり。門徒の僧どもは、「由なき披露かな」と思ひけるほどに、同じき（筆者注、七月）五日、安然として化し給へり。かたがた目出かりけり。

（巻第十末ノ十二）

自らの氏を予期した栄西は、禅僧のような遁世僧を卑賤視する風潮のある京都に上って臨終を迎えることを実朝に宣言する。建保三年七月五日、栄西は予言通り「端座して」遷化したという。

栄西入滅を伝える『吾妻鏡』建保三年六月五日条には、その原因は「痢病」とする。また、「結縁と称し、鎌倉中の諸人群集す」とあることから、栄西入滅の地は鎌倉と読み取れる。実朝の関与としては、その側近、大江親広が「将軍家の御使として、終焉の砌に」立ち会ったと伝えるのみである。『沙石集』の霊験譚的筆致に比して、『吾妻鏡』では事実を淡々と記し留めたかのように見える。しかし、実は別資料から、栄西が七月に京都で没していたことが認められる。(12)霊験譚的装いの『沙石集』の方が事実を伝えているのである。その資料には栄西の死が「臨終正念」と伝えられており、「痢病」とする『吾妻鏡』の方にむしろ、栄西の死の霊験譚的印象を弱める曲筆があったとも考えられるのである。

実朝の問題に戻ろう。説話中に明記されないが、「かたがた目出」たき栄西の入滅は、当然、実朝の下に報告されたはずである。実朝には、大檀那として栄西入滅の霊験を保証する役回りが期待されていると言えよう。

次に、行勇による政治口入の説話である。

故荘厳院法印は、やんごとなく、貴く聞こえ有りし上人なり。鎌倉の右大臣殿、御帰依重くして、師弟の礼を存じ給へり。法印、慈悲の深き人にて、訴訟人の歎き申す事あれば、「御計らひ候へ」と申されけり。(中略―行勇の口入に応じ続けることに難色を示していたが、なかなか止まないため、ついに実朝は激怒。)その後、音信不通にして七十余日に及びぬ。大臣殿、夜半計りに、俄かに寿福寺へ入御あり。(中略)法印、驚きて入れ奉る。大臣殿、左右無く法印の足を頂戴して、泣く泣く仰せられけるは、「師こそ弟子をば勘当する事にて侍るに、御弟子として勘当し奉る。言を違へじとて、百日が程は申し承らじと思ひ給へつれども、忍びかねて、参りたる由」宣ひて、はらはらと泣き給ひければ、法印も涙を流して、「御勘当蒙るも然るべき事、また、かく御許し候ふも、然るべき事にこそ」とて、遥々御物語ありけり。(巻七ノ十三)

実朝の臨済禅への深い帰依、行勇・実朝師弟の深い絆が物語られている。この説話についても、『吾妻鏡』建保五年五月十二日・十五日条に同内容が記載されているのだが、本文破線部の内容は『吾妻鏡』の記事には見えない。行勇の人格を賞賛し、実朝の過剰なまでの陳謝の様を描く描写である。両者の断絶期間も、『沙石集』が七十余日とするのに対して、『吾妻鏡』ではわずかに三日である(波線部)。無住はこの挿話の出所を「大臣殿に宮仕へたる古人の語り」としており、鎌倉から無住の下に伝わるまでに霊験譚的潤色が施されたとも考えられよう。(13) しかしながら、先の栄西の例を勘案すると、行勇と実朝の師弟関係を抑制的に伝えようとする『吾妻鏡』の意図が働いているようにも思われる。

最後に、実朝の和歌に関する説話を挙げる。

鎌倉の大臣殿の御歌に、

　鳴子をばおのが羽風にまかせつつ心と騒ぐ村雀かな

この歌は、深き心の侍るにや。（中略―法華経と「古人」の法文引用）一念の迷心、六塵の妄境を現じ、むなしく煩悩業を作りて、その中に苦患を受け、三悪八難のよしなき所を見出だして、恐れ苦しむこと、雀の鳴子を動かして、おのれと驚き騒ぐに似るをや。（巻第五末ノ五）

実朝の和歌が優れた釈教歌であると讃歎されている。その解釈に特に臨済禅の特色は見られないが、栄西・行勇も無住も兼修禅の行者であり、「禅教律」三学を兼修していた。(14) そうした汎仏教的価値観において選び取られたのが、実朝の歌であった。ただし、当該歌は実朝の実詠とは認められない。『撰集抄』巻五第五には、富士にこもる隠徳の聖が「まことの法文」として誦した和歌として引かれており、隠徳の乞食僧が詠むに相応しい釈教歌として伝承されていたようである。(15)『撰集抄』については、当歌に法相教学の理想が反映していると指摘されるが、隠徳の乞食僧は先の栄西の言にあるように、禅僧の一つの理想でもある。『沙石集』が当該歌を実朝に仮託する脈絡も、この点にあるのかもしれない。

以上、『沙石集』から、栄西・行勇や無住を中心とする東国臨済宗圏において、大檀那として禅宗を支え、深く諸禅師に帰依する〈実朝〉、自らも仏と繋がる優れた釈教歌の詠み手としての〈実朝〉が伝承されていることを確認した。前節で見た文武両道の統治者としての〈実朝〉の世俗的権威は、臨済宗圏において形成された仏教的聖君ともいうべき〈実朝〉像と表裏一体であったと考えるのである。

五、実朝による唐船出帆記事をどう読むか

最後に、実朝が由比ヶ浜に唐船を修造したという、著名な『吾妻鏡』の記事について考えておきたい。

F 建保四年十一月廿四日条

将軍家、先生の御住所医王山を拝したまはんがために、渡唐せしめたまふべきの由、思しめしたつによつて、唐船を修造すべきの由、宋人和卿に仰す。また扈従の人六十余輩を定めらる。朝光これを奉行す。相州・奥州しきりにもつてこれを諫め申さるといへども、御許容に能は

ず、造船の沙汰に及ぶと云々。
G建保五年四月十七日条
宋人和卿唐船を造畢す。今日数百輩の疋夫を諸御家人に召し、かの船を由比の浦に浮かべんと擬す。（中略）和卿の訓説に随ひ、諸人筋力を尽してこれを曳くこと、午の刻より申の斜に至る。しかれどもこの所の体たらく、唐船出入すべきの海浦にあらざるの間、浮び出づるに能はず。よつて還御。かの船はいたづらに砂頭に朽ち損ずと云々。

唐船建造の指揮を執った陳和卿は宋の工人で、東大寺復興に従事し、大仏頭を鋳造した。建久六年（一一九五）、大仏殿落慶供養の際、和卿の大仏再建の腕前に感嘆した頼朝は、和卿を「毘首羯摩の再誕」と見なして対面を熱望したが、多くの人命を断ってきた「罪業深重」の頼朝には会えないと拒絶されていた（同年三月十三日条）。ところが、そのおよそ二十年後の建保四年（一二一六）六月、実朝の下を和卿が突如、訪ねてくる（同年六月八日条）。「宋朝医王山の長老」の再誕である実朝に会うためであった。医王山（育王山）とは、西晋の劉薩訶が阿育王の舎利塔を建立した地であり、宋代には広利寺として五山の一つとなった仏教的聖地である。実朝自身がかつて感得した夢想（建暦元年（一二一一）六月三日条）と内容が合致したことに驚いた実朝は、それ以降和卿を「信仰」することとなった。同年十一月、実朝は、前生の住所、育王山に礼拝の使節を入宋させるため、和卿に唐船修造を指示し（F）、翌年四月、完成した唐船を由比ヶ浜から出帆しようとするが、遠浅の地形に阻まれて果たせず、渡宋は断念を余儀なくされたという（G）。

『吾妻鏡』が編纂された十三世紀末ないし十四世紀初頭[16]とほぼ同時期、嘉元三年（一三〇五）に無住が編んだ『雑談集』第六巻・五「錫杖事」にも、実朝修造の唐船による入宋使節派遣について伝わる。

鎌倉ノ大臣殿、唐船作テ、湯井ノ浜ヨリ出シテ、葛山近習者侍ケルニテ、唐へツカハシケル。（中略）已ニ唐船ニ乗テ、コギ出シテケリ。船ハルカニ、ヲシイダシタリケルニ（中略）ハヤ〳〵筑紫マデ行タリケルニ、大臣殿夭亡ノ事アリケル故ニ、渡宋ノ事モ思トヾマリ、ヤガテ出家シテ、高野ニ持斎焚行ニテ行ケリ。金剛三昧院ニ、大臣殿墓所トシテ、遺骨ナドヲサメ寺ニ成リケレバ、コトサラニ奉行シ、内外ノ仁也ケリ。

実朝は、修造した唐船に葛山景倫を中心とする渡宋使節を乗せ、由比ヶ浜から無事に出帆させている。ところが、「筑紫」にさしかかったところで実朝暗殺の報が届き、渡宋は中止。景倫は出家し、高野山金剛三昧院に実朝の遺骨を納め、菩提を弔ったというのである。

『雑談集』と同様の伝承は、時代が下るが、紀州興国寺開山、無本覚心の伝記的テキストや、宋から将来した仏牙舎利を鎌倉円覚寺に納めた次第を語る『仏牙舎利記』にも語られる。

まず、覚心の伝記的テキストから二例、挙げておく。

建寺檀那由良地頭兼金剛三昧院別当門願性。元是関東武士藤景倫。久ク右丞相兼征夷将軍源実朝ニ侍シテ、恰モ形ニ随フガ影ノ如シ。忠心密ニ遣唐之命ヲ承テ、遙カニ鎮西ニ下ル。承久元年正月廿七日。忽チ将軍夭卒之日ニ遇テ、便チ剃髪染衣之質ト作テ、荘厳報地之善ヲ苦修シ、高野山ニ登テ隠居ス。(中略)将軍ノ頭骨ヲ伝得タリ。(中略—夢に実朝が現れ、願性に金剛三昧院の修理を依頼)願性云(中略)而ニ況ヤ故将軍ハ再來ノ人ニシテ凡ニ非ズ。建仁寺ノ開山、葉上僧正、玄弉三藏再誕之感夢ヲ呈ス。(『鷲峰開山法燈円明国師行実年譜』[17])

無本覚心による興国寺(当初は西方寺と号した)開山の際、その檀那となった「由良地頭兼金剛三昧院別当門願性」(葛山景倫)の事績が語られている。唐船については明記されないが、『雑談集』同様、渡宋のために「鎮西」にさしかかった際、実朝暗殺の報に触れて出家し、高野山金剛三昧院にて「将軍ノ頭骨」を弔ったと伝えられる。この後、願性は覚心とともに興国寺を開くのだが、その過程で語られる種々の夢想譚の一つに、実朝は「玄奘三藏再誕」であるとの夢想を「葉上僧正」(栄西)が感得したとも伝えられている。

当寺本願檀那、願性上人ハ元コレ関東ノ武士、藤原景倫葛山五郎也。右丞相将軍実朝公之寓直近習ニシテ恰モ形ニ随フガ影ノ如シ。シカルニ実朝、一夕、吾ガ前生ハ宋ノ温州雁蕩山ニ夙因有リ、其ノ功力ヲ以テ日本ノ将軍ト為ルト夢ニミテ、覚テ後、詠歌有リ。(中略)シカノミナラズ建仁開山葉上僧正ノ夢ニ、実朝公ハ玄奘三蔵ノ再誕也ト云々。(中略)然ニ景倫ヲ以テ宋国ニ差遣ハサレ、彼ノ雁蕩山ヲ絵図ニ写シ来タリテ、日本ニ於テ図ノ如ニ寺ヲ建ツベシト。仍テ景倫其ノ命ヲ承テ、鎮西博多津ニ下テ、宋舶ノ順風ヲ待ツ処ニ、関東ヨリ飛脚下テ、去ヌル正月廿七日承久元年将軍御大薨之訃ヲ告グ。景倫哀歎シテ即時ニ髪ヲ剃リ衣ヲ染テ、法名ヲ願性ト称ス。再ビ鎌倉ニ帰ラズ、タヾチニ高野ニ登リ、主君実朝将軍ノ弔ヒ奉ル。(『法燈国師縁起』[18])

『行実年譜』とほぼ同内容であるが、実朝の前生について、栄西の夢想による玄奘三藏再誕説に加え、自らの夢想による

「温州雁蕩山」住所説が加わる。この夢想の設定により、景倫渡宋の目的は、雁蕩山を絵図に写し、日本でそれに基づく寺院を建立することとなった。景倫は鎌倉を発ち、「鎮西博多津」で順風を待つ間に実朝暗殺の報が届いたという。

次に、『仏牙舎利記』を挙げる。(19)

鎌倉右大臣征夷大将軍源実朝公、一夜の夢に大宋国にいたりましたり。最厳麗寺あり。長老とおぼしき僧の座に昇り説法し、大衆囲繞し道俗庭に満てり。実朝公傍の僧に此処は如何なる寺にて、また長老は何といふものぞと問ひ給ひければ、是は京師能仁寺にて長老は当寺南山宣律師なりと御答申しければ、実朝公、宣律師は入滅年ひさし、今なにぞ現在なるべきといぶかりのたまへバ、聖者測りがたく生滅へだてなし。応現処に随へり。今現に再誕し給ひ、大日本国の大将軍実朝公にておはすなり。(中略—鶴岡八幡宮供僧良真は道宣律師侍者の再誕であること、良真・栄西も実朝と同じ夢想を感得していたこと)是において実朝公みづから南山宣律師の再来なることをさとり、深く彼霊跡および仏牙の舎利を拝せんことをねがひ、(中略)急ぎ唐船をつくらせられけり。(中略—一度目の唐船出帆失敗)つひに自ら渡宋の思召は止まらせ給ひ、使節をぞ遣わせられける。

(『仏牙舎利記』)

道宣律師の再誕であるとの夢想を感得した実朝は、自ら由縁の地である宋に渡ることを決意。唐船の不調により渡宋はいったん失敗したものの、良真・葛山景倫を中心とした渡宋使節の派遣には成功した。一行は当地で能仁寺山門を建立し、その報答として仏牙舎利を拝借する。将来された仏牙舎利は、宮中における安置を経て、関東に入り、大慈寺に安置された。その後、北条貞時が円覚寺に「永代国家守護の霊祠」として舎利殿を建立し、仏牙舎利を遷座したという内容である。

さて、『吾妻鏡』と『雑談集』以下の諸テキストを比較して考えておきたい問題が二つある。一つ目は唐船は出帆したのか、できなかったのか(二重線部)について、もう一つは様々な変容を見せる前生譚(傍線部)についてである。

唐船出帆については、これらのテキストを検討した大塚紀弘氏によって、将軍あるいはその使者が唐船で南宋に渡ろうとしたこと、その唐船は鎌倉の由比ヶ浜から出帆を果たしたことの二点が史実として認定されている。(20)本稿におけるこれまでの検討を通じても、禅宗関係の記事については『吾妻鏡』よりも無住の言説の方に史実性を認められる場合があることを指摘してきた。無住『雑談集』と『行実年譜』『縁起』に共通する、実朝の意志によって唐船が出帆したことを事実と見なせよう。『舎利記』における二度の唐船出帆は、『吾妻鏡』と『雑談集』系の伝承を接合したものと考えられる。北条得宗の影響下に成った『舎利記』の編者が、『吾妻鏡』を参照していたことは想定可能である。

唐船出帆の事実をこのように考えるならば、なぜ『吾妻鏡』はその事実に目を塞ぎ、ある意味、文学的とも評すべき情景――由比ヶ浜で朽ち果てる唐船のさまを描くことを選択したのであろうか。二つ目の問題、前生譚について検討した後に私見を述べたい。

『吾妻鏡』の唐船出帆記事は、頼朝が和卿を「毘首羯摩の再誕」と捉えたことに始まり、和卿が「宋朝医王山の長老」の再誕として実朝を認めることによって展開していた。『行実年譜』には実朝は玄奘三蔵の再誕であるとの栄西の夢想が、『縁起』には自らの前生の住所が雁蕩山であるとの実朝の夢想、実朝は玄奘三蔵の再誕であるとの栄西の夢想が、『舎利記』には実朝は道宣律師の再誕であるとの自身・良真・栄西の夢想が語られていた。『雑談集』に前生譚は見られないものの、他の挿話においては、実朝の前生や再誕を明かす夢想が重要なモチーフになっている。実朝の前生を玄奘三蔵や道宣律師といった汎仏教的祖師に求めるのは、実朝に根源的な仏教的聖性を認めるものであろう。前生の住所が「医王山（育王山）」「雁蕩山」に分かれることについては、すでに指摘がある。『仏舎利相承次第』に、白河院が「育王山」と「雁塔山」から仏舎利一千粒ずつを将来したと伝わるように、両山は仏舎利信仰の聖地として並称される存在であった。[21]臨済禅と仏舎利信仰（育王山信仰）は深く結びついており、禅宗色の強い前生説と言えよう。[22]

臨済宗圏における前生説としては、栄西や蘭渓道隆の達磨再誕説がある。大休正念（一二一五～八九）の語録『念大休禅師語録』「仏祖讃頌」には、時宗が蘭渓道隆を讃する偈頌「為相模守殿請讃建長開山大覚禅師」が載せられ、その末尾は「東海宗仰為西来之祖」と日本では道隆を達磨（西来之祖）の再誕として崇敬していると結ばれる。[23]また、『大山寺縁起巻』には「後鳥羽院御時、達磨再誕玉ヒテ、葉上僧正被云給」（下・二八段）と栄西達磨再誕説が載る。その栄西が建立した建仁寺は「吾朝禅院始也」とも位置づけられ、栄西の神格化が顕著である。牧野和夫氏はこの説が醍醐寺本『聖徳太子伝記』に引かれることに着目し、栄西達磨再誕説は、聖徳太子の片岡山の伝説を前提に、臨済禅僧によって形成されたと指摘し、[24]時期的には、文保年間（一三一七～八）までの「臨済宗の一山派や夢窓派などが宮廷接近につづく地方伝播を強力に推進していた時期」を想定している。『吾妻鏡』成立期、あるいは無住が活躍した時期の前後、臨済宗圏では盛んにこのような前生説が展開していたのである。実朝による唐船出帆記事は、臨済宗圏における伝承と密接に関わると考えてよいだろう。にもかかわらず、『吾妻鏡』とその他のテキストとでは、なぜ唐船出帆についての結末が異なるのであろうか。

改めて北条得宗と臨済宗の関係について振り返っておきたい。無住は、建長五年（一二五三）、宋から来朝した蘭渓道隆が、第五代執権北条時頼とともに建長寺を開山したことを、日本全土に禅に広がる契機と認めている（『雑談集』巻八）。また、無住は時頼を、「相州禅門ヲバ彼僧正ノ後身ノ如ク申アヘリキ」（『沙石集』巻第十末ノ十三）、「建仁寺ノ本願ノ再誕トモ云ヘリ」（『雑談集』巻三）と栄西の再誕として、また、「聖霊ノ後身ニモヲハスランカシ」（『雑談集』巻三）と聖徳太子の再誕としても崇敬している。[25] むろん、臨済宗側が時頼を一方的に敬ったわけではない。時頼の政治思想には、道隆のみならず、兀庵普寧、円爾といった歴代の臨済禅僧が深い影響を与えていた。[26] 時頼の政治と臨済宗の教線拡大が一体のものであったことは、建長寺開山に当たって、時頼が王権の護持と天皇の長寿を願い、道隆が将軍の世の天下太平、五穀豊穣、万民康楽、仏法興隆を願っていることによく現れていよう。[27]

時頼以降、北条得宗と臨済宗との政治的一体性はさらに強固となる。第八代執権時宗は、弘安二年（一二七九）に来朝し、建長寺五世となった無学祖元に篤く帰依した。弘安の役の際、無学が「莫煩悩」の書を与えて時宗を叱咤したこと（『元亨釈書』）はよく知られている。乱後の弘安五年、両国の戦没者を慰霊する目的で建立されたのが円覚寺であった。[28] 第九代執権貞時は、父時宗が宋より招聘した大休正念が円覚寺に遷住した弘安八年（一二八五）、大慈寺から円覚寺舎利殿に仏舎利を移しているが、それは北条一門の安穏と鎌倉繁昌のためであった。[29]

一方、『行実年譜』『縁起』の主人公である無本覚心についても触れておこう。覚心は臨済宗法燈派の祖。退耕行勇につき禅に参じ、建長元年（一二四九）入宋。高野山金剛三昧院を経て、北条政子の庇護によって紀伊国由良の興国寺を開山。亀山・後宇多両帝の帰依も受けた。覚心を祖とする法燈派は京都にも拠点を置き、広く地方に展開した。覚心が鎌倉前期の臨済宗振興に寄与したことは言うまでもないが、幕府との関係は政子を介するものであり、幕府にとっての覚心の貢献は願性とともに実朝の菩提を弔うため、高野山金剛三昧院を修理し、由良興国寺を開山したことにあった。そのような意識が法燈派にも共有されていたことは、その事績が詳細に

『行実年譜』や『縁起』に記し留められていることに明らかである。そして、唐船出帆こそ、その貢献を語るに欠かせないトピックであった。実朝の命による入宋の船旅の途中、風待ちのために願性が博多津に逗留していなければ、その後の展開もあり得ないからである。

しかし、北条得宗の影響下に成った『舎利記』では、唐船出帆は成功したという設定を採用しながらも、願性たちの入宋はあくまで実朝生前のこととして語／騙られる。これにより実朝暗殺に触れることは回避され、その結果、覚心や興国寺開山に触れる必要もなくなる。仏舎利を円覚寺舎利殿に納めた貞時の段階では、禅宗という仏法の力に守られる幕府の治政を実現したのは実朝ではなく、北条得宗の功績として自負されていたはずである。その治政に貢献する禅僧として認められるのは、北条得宗と密接に繋がってきた入宋留学僧や来朝僧であり、覚心や法燈派の禅僧たちではなかっただろう。それ故に、『舎利記』に覚心の姿が書き留められることはないのである。

同じ事情が、『吾妻鏡』の唐船出帆記事にも認められるのではないか。第二～四節に見たように、死後しばらくすると、京方でも東国圏でも実朝は理想化されていった。そうした言説に実朝の実像は認められないと断じるつもりはないが、一定程度、典型化された像であることは否めまい。『吾妻鏡』が編纂された十四世紀前後の時期は、得宗専制支配が確立した時期である。『吾妻鏡』が幕府の公式記録としてまとめられる際、様々な資料が収集されたはずだが、それらに見いだされたであろう理想化・典型化された〈実朝〉は『吾妻鏡』にそのまま受け入れられるものではなく、さらなる修正や曲筆が加えられたことは想像に難くない。そうした編集方針は、実朝にまつわる事実や実像としての実朝にも適用されたことだろう。臨済宗の興隆とともに展開する北条得宗支配を是とする立場からは、入宋は果たせなかったにせよ、実朝が由比ヶ浜からの唐船出帆には成功したといった「事実」は受け入れがたいものであった。渡宋のための唐船出帆という〈実朝〉の無謀な夢は、由比ヶ浜に放置された巨大な船体とともに潰え、禅宗の興隆には北条氏による得宗支配の実現を待たねばならなかった。それが『吾妻鏡』の構想だったのである。

注

（1） 五味文彦「『吾妻鏡』の構想」（『増補 吾妻鏡の方法――事実と神話にみる中世』吉川弘文館、二〇〇〇年、初出一九八九年）、同「『吾妻鏡』の筆法」（前同、初出は刊行年に同じ）、藪本勝治「白拍子静の物語と語り手」（『義経記――権威と逸脱の力学』和泉書院、二〇一五年、初出二〇一二年）、同「『吾妻鏡』における〈歴史〉構築の一方法」前同、初出二〇一四年）、同「『吾妻鏡』冒頭部の構成とレトリック」(『紫苑』一四、二〇一六年)、同「『吾妻鏡』における貴種流離譚としての幕府草創叙述」(『灘中学校・高等学校教育研究紀要』六、二〇一六年)、同「奥州合戦再読――『吾妻鏡』における〈歴史〉構築の一方法」(『古代文化』六八・一、二〇一六年六月)等。

(2) 吉野朋美「虚実のあわい――実朝の梅花詠から『吾妻鏡』の叙述方法へ」(『明月記研究――記録と文学』九、二〇〇四年十二月)。

(3) 小林直樹「実朝伝説と聖徳太子――『吾妻鏡』における源実朝像の背景」(『文学史研究』四七、二〇〇七年三月)。

(4) 坂井孝一『源実朝――「東国の王権」を夢見た将軍』(講談社、二〇一四年)ほか。引用は該書二六五頁。それらに先立つ基本的な成果に、五味文彦「源実朝――将軍親裁の崩壊」(前掲注1著書)がある。氏は実朝期の政所とその発給文書の分析から、実朝の将軍政治を第Ⅰ期 建永元年~承元三年、第Ⅱ期 承元三年~建保四年、第Ⅲ期 建保四年~建保七年と区分し、本稿が扱う第Ⅱ期は将軍親裁権行使の模索と強化の時期、第Ⅲ期は朝廷と繋がりつつ諸勢力を自己の下に結集させ、将軍権力の拡大を図った時期とする。

(5) 蹴鞠記事について坂井孝一氏は、『吾妻鏡』が「頼家は蹴鞠、実朝は和歌という記事の選別をした可能性」を示唆する(前掲注4著書七四頁)。『吾妻鏡』の物語的方法に関する指摘として興味深い。一方で氏は、限られた蹴鞠の記事からも、後鳥羽の動向を視野に入れることで、「政事・文化の諸分野を統合して君臨する王、後鳥羽を範とした」実朝の実像を読み取っている。その指摘に異論はないが、問題は、分析的に読まない限り、そのような実像を読み取ることが難しい点にある。『吾妻鏡』では、『愚管抄』にも通じる実朝に対する同時代評の一つとして、宗政による批判を前面に押し出すことが優先されているように思われる。

(6) 坂井氏前掲注4著書、二二〇頁。

(7) 下村周太郎「鎌倉幕府と天人相関説――中世国家論の観点から」(『史観』一六四、二〇一一年三月)。

(8) 小林直樹「『沙石集』における徳目――北条政権との関わり」(『人文研究』五七、二〇〇六年三月)。

(9) 今関敏子「実朝と信生法師――東国の和歌表現」(『川村学園女子大学研究紀要』二四・一、二〇一三年三月)。歌人としての実朝の自己認識は、鎌倉に在る後鳥羽院廷臣にあると指摘する。また、氏は「治者としての実朝の理想的側面」が「歌の徳」として実朝忠臣によって語られ、実朝の神格化に寄与したと想定している。同「実朝像の形成」(『『金槐和歌集』の時空――定家所伝本の配列構成』和泉書院、二〇〇〇年、初出一九九七年)。

(10) 東国文学としての『十訓抄』については、浅見和彦「後藤基綱――『十訓抄』の編者像」(『東国文学史序説』岩波書店、二〇一二年、初出一九九七年)。氏は、実朝の学問所番を務め、評定衆の一員に任じられた後藤基綱を編者に比定する。

(11) 浅見和彦「東国文学史稿」(前掲注10著書、初出二〇〇〇年)。無住著『沙石集』『雑談集』の東国文学としての性格や位置づけについても詳しい。

(12) 舘隆志「栄西の入滅について」(『印度学仏教学研究』五八・一、二〇〇九年十二月)。『大乗院具注暦日記』(建保三年巻)裏書きの記事が紹介される。

(13) 土屋有里子「無住著作における法燈国師話――鎌倉寿福寺と高野山金剛三昧院」(『国語と国文学』七九・三、二〇〇二年三月)。

(14) 大塚紀弘「中世「禅律」仏教と「禅教律」十宗観」（『中世禅律仏教論』山川出版社、二〇〇九年、初出二〇〇三年）、「中世仏教における「宗」と三学」（同著）。「禅教律」とは禅定・智恵・戒律であり、「教」は基本的には顕教・密教を指す。

(15) 乾克己「撰集抄と南都法相宗」（『和洋女子大学紀要』二五、一九八四年三月）。

(16) 五味文彦「『吾妻鏡』の成立と編纂」（『鎌倉期社会と史料論』東京堂出版、一九九九年）。

(17) 興国寺に住山した自南聖薫による編。永徳二年（一三八二）頃成立。私に訓読。なお、覚心関連テキストの基本的性格は、原田正俊「中世社会における禅僧と時衆」（『日本中世の禅宗と社会』吉川弘文館、一九九八年、初出一九八八年）、「禅宗の地域展開と神祇」（同著、初出一九八八年）に詳しい。

(18) 奥書によれば、弘安三年（一二八〇）覚心の弟子覚勇が撰した後、幾度かの改訂を経て永正十四年（一五一七）、和語から漢語に改められた。興国寺本は翌十五年に縁起語りの内本として整えられたもの。私に訓読。

(19) 群書類従四四三所収。末尾から応安七年（一三七四）成立と読み取られる。本稿では、堀内裕子「円覚寺蔵『仏牙舎利縁起』」（『鎌倉』二三、一九七四年十月）所収の円覚寺蔵『仏牙舎利記』（江戸期写本）によって提示した。

(20) 大塚紀弘「唐船貿易の変質と鎌倉幕府」（『日宋貿易と仏教文化』吉川弘文館、二〇一七年、初出二〇一二年）。

(21) 前掲注3論文。

(22) 育王山信仰と禅宗、および鎌倉将軍との関係については、西山美香「日本五山と呉越国・北宋・南宋」（『東アジアのなかの建長寺——宗教・政治・文化が交叉する禅の聖地』勉誠出版、二〇一四年）、同「鎌倉将軍の八万四千塔供養と育王山信仰」（『金澤文庫研究』三一六、二〇〇六年三月）参照。

(23) 追塩千尋「片岡山飢人説話と大和達磨寺——古代・中世達磨崇拝の一面」（『年報新人文学』九、二〇一二年十二月）。

(24) 牧野和夫「鎌倉時代後期の禅僧と『太子伝』と唱導」（『中世の説話と学問』和泉書院、一九九一年、初出一九七七年）。

(25) 小林直樹「無住と武家新制——『沙石集』撫民記事の分析から」（『無住——研究と資料』あるむ、二〇一一年）。

(26) 市川浩史『吾妻鏡の思想史——北条時頼を読む』III「時頼と禅僧」（吉川弘文館、二〇〇二年）。

(27) 舘隆氏「建長寺の開山——蘭渓道隆と北条時頼」（前掲注22『東アジアのなかの建長寺』）。

(28) 三浦浩樹「建長寺略史——禅の源流から本流へ」（前掲注22『東アジアのなかの建長寺』）。

(29) 納富常天「鎌倉時代の舎利信仰——鎌倉を中心として」（『印度学仏教学研究』三三・二、一九八五年三月）。

使用本文

『愚管抄』岩波旧大系、『吾妻鏡』全譯吾妻鏡（新人物往来社）、『六代勝事記』中世の文学（三弥井書店）、『承久記』岩波新大系、『増鏡』岩波旧大系、『信生法師集』信生法師集新訳註、『十訓抄』新編全集（小学館）、『古今著聞集』岩波旧大系、『沙石集』新編全集（小学館）、『雑談集』中世の文学（三弥井書店）、『鷲峰開山法燈円明国師行実年譜』・『法燈国師縁起』由良町誌史料篇、『念大休禅師語録』大日本仏教全書九六、『大山寺縁起巻』古典文庫『中世神仏説話続々』

『沙石集』の実朝伝説――鎌倉時代における源実朝像

小林直樹

こばやし・なおき――大阪市立大学文学研究科教授。専門は日本中世文学、説話文学。主な著書・論文に『中世説話集とその基盤』（和泉書院、二〇〇四年）、「『吾妻鏡』における頼家狩猟伝承――北条泰時との対比の視点から」（『国語国文』八〇―一、二〇一一年）、「『閑居友』における律――節食説話と不浄観説話を結ぶ」（『国語国文』八四―一〇、二〇一五年）、「無住と三学――律学から『宗鏡録』に及ぶ」（『説話文学研究』五二、二〇一七年）などがある。

無住の手になる説話集『沙石集』には、『吾妻鏡』と同時代の、鎌倉期の貴重な「実朝伝説」が認められる。くだんの「実朝伝説」の分析を通して、当代の人々の心象に刻まれた源実朝像を明らかにする。

はじめに

鎌倉時代の遁世僧、無住の著した『沙石集』には源実朝の挿話が三話収められる。[1] 無住は、承久元年（一二一九）に実朝が暗殺された七年後、嘉禄二年（一二二六）の生まれであるから、両者の生涯が交わることはなかった。だが、実朝の父頼朝の寵臣、梶原景時の子孫として生を受け、[2] 実朝との関わりも深い鎌倉寿福寺で学んだ無住にとって、実朝は浅からぬゆかりを感じさせる存在であったに違いない。

稿者はかつて、『吾妻鏡』における「実朝伝説」とも称せられるべき実朝記事群を説話伝承研究の視角から分析し、その実朝像が聖徳太子と重ね合わせにして描かれていることとともに、為政者としての意識が濃厚に窺われる人物像となっている点を指摘した。[3] その像は近年、歴史学の研究によって明らかにされつつある実朝像とも重なるものである。[4]

「実朝伝説」ということでいえば、『沙石集』の「伝説」も、『吾妻鏡』のそれと並ぶ十三世紀の伝承として非常に貴重なものであるにもかかわらず、これまで注目されることはほとんどなかった。本稿では、『沙石集』が伝える三つの「実朝伝説」を通して、実朝が没後、無住と同時代のひとびとにどのような人物として受け止められていたのか、その像を明らかにしたい。

一、為政者としての実朝像

最初に取り上げるのは、米沢本『沙石集』[5]巻三第三条「訴詔人ノ蒙ㇾ恩事」に含まれる以下の挿話である。

故鎌倉ノ大臣殿ノ御京上《キャウジャウ》アルベキニ定リケル。世間ノ人、内々歎キ申ケレドモ、事ニ顕レテ申事ナカリケリ。サスガニ人ノ歎キニヤト思給テ、人々京上アルベシヤイナヤノ評定《ヒャウヂャウ》アリケルニ、上ノ御気色《キショク》ヲ恐テ、子細申人ナカリケリ。

故筑後前司入道知家、遅参ス。此事、意見申ベキヨシ御気色アリケレバ、申サレケルハ、「天竺ニ師子ト申ス獣《ケダモノ》ハ、一切ノ獣ノ王ニテ候ナルガ、余《ヨ》ノ獣ヲ損ゼント思フ心ハ候ハネドモ、其音《コヱ》ヲ聞ク獣ハ、ミナ肝失イ、或ハ命《イノチ》タヘ候トコソ承ハレ。サレバ、君ハ人ヲ悩サントヲボシメス御心ハナケレドモ、人ノ歎キ争デカ候ハザラン」ト申サレケレバ、「御京上ハ留リヌ」ト仰アリケル時、万人悦ビ申ケリ。

「聖人ハ心ナシ。万人ノ心ヲモテ心トス」ト云ヘリ。人ノ心ノネガフ所ヲマツリゴト、ス、コレ聖人ノ質ナリ。賢王世ニ出ヅレバ、賢臣機ヲタスケ、四海シヅカニ、一天穏《ヲダヤカ》ナリ。

「故鎌倉ノ大臣殿」すなわち源実朝が上洛することとなった。人々は内心では経費負担の重さを嘆いたけれども、はっきりと不満の声を上げることはなかった。とはいえ、さすがに実朝も人々の心中を慮り、上洛の是非を決する評定を行った。だが、将軍への遠慮から誰も異議を唱えることができない。そこへ「故筑後前司入道知家」すなわち八田知家が遅参する。実朝に促された知家は、天竺の獅子の例証を挙げ、たとえ将軍にその意図がなくとも「人ノ歎キ争デカ候ハザラン」と諫言し、実朝も翻意、ついに上洛は中止と決定した。それは万人の喜び迎えるところであった。

八田知家が遅参しながらも、将軍から咎めを受けることもなく、かえって諫言を行うという展開に、実朝と知家の信頼関係が窺える話であるが、注目されるのは、話末に記された無住の評言である。「人ノ心ノネガフ所ヲマツリゴト、ス、コレ聖人ノ質《すがた》ナリ」と、人々の願うところを実現する政治を行うのが「聖人」の姿であるとして、撫民を実践した実朝を「聖人」と重ね、さらに、「賢王世ニ出ヅレバ、賢臣機ヲタスケ」と、「賢臣」知家に対し、その諫言を受け容れた実朝を「賢王」と称揚する。ちなみに、傍線部の「聖人ハ心ナシ。万人ノ心ヲモテ心トス」という金言は、『老子道徳経』に淵源するものだが(6)、無住は、これを愛読してやまなかった智覚大師延寿《えんじゅ》の『宗鏡録《すぎょうろく》』から引用しているものと考えられる(7)。

先徳云、「若離二方言一、仏則無レ説。聖人無レ心、以二万物心一為レ心。聖人無レ身、亦以二万物身一為レ身。即知、聖人無レ言、亦以二万物言一為レ言矣」。

（巻二九、大正新脩大蔵経第四八巻(8)583c）

（先徳の云はく、「若し方言を離れては、仏則ち説無し。聖人は心無し、万物の心を以て心と為す。聖人は身無し、また万物の身を以て身と為す。既に知んぬ、聖人は言無し、また万物の言を以て言と為す」と。）

『宗鏡録』由来の金言と重ねるところに、無住の実朝への好感のほどが窺えよう。

実は、以前指摘したことだが(9)、本話には『吾妻鏡』建久元年（一一九〇）十月三日条に類話関係にあると思われる記事が存している。そこでは、源頼朝が初の上洛に向けてまさに鎌倉を出発しようとしている折に、八田知家が遅参する。頼朝は機嫌を損じながらも、上洛の際の行列の先陣、後陣を誰が務めるべきか、また自身の乗馬にはどの馬を用いたらよいのか、と下問するのに対し、知家が的確な進言を行って容れられるという内容である。こちらも将軍と知家との厚い信頼関係が窺える挿話といえよう。

両記事は、話の骨格において共通しているが、知家伝承としては、おそらく『吾妻鏡』の頼朝との組み合わせが本来のかたちで、『沙石集』の実朝とのそれは、知家晩年の「入道」後の事績と見なした一種の異伝に属するものであろう。将軍が頼朝から実朝に入れ替わるのは、ひとつには、実朝には生涯上洛の機会がなかったため、上洛中止という話柄にはより相応しいと判断される面があったことによろう。だが、ここで注意すべきは、『沙石集』の伝承では『吾妻鏡』にはない撫民の要素が主題となっていることである。この点については、北条時頼の治世下に、時の将軍宗尊《むねたか》が、正嘉二年（一二五八）と弘長三年（一二六三）の二度にわたり、「民間有レ愁之故」（『吾妻鏡』(10)正嘉二年八月二十八日条）、「為レ休二弊民煩一」（同弘長三年八月二十五日条）に上洛を延期した事実が投影しているものと思われ、本話は、撫民の奨励を一つの柱とする両度の武家新制を発布した北条時頼の時代の撫民的雰囲気の中で形成されたものではないかとの私見を示したことがある(11)。ただし、かかる伝承の変容過程で頼朝から実朝への交替が行われた背景には、実朝が撫民的な側面において、頼朝よりもむしろ親和的なイメージをもって迎えられていた可能性も考えられるのではなかろうか。

実朝の撫民的施策については『吾妻鏡』に記事が散見する(12)が、実際、実朝の歌集『金槐和歌集《きんかいわかしゅう》』(13)の六一九歌は撫民の姿勢が顕著に表れている歌としてよく知られている。(14)

建暦元年七月、洪水天に漫《はびこ》り、土民愁嘆せむことを思ひて、ひとり本尊に向ひたてまつり、いささか祈念を致して曰《いは》く

時により過ぐれば民の嘆きなり八大龍王雨やめたまへ

これらに加え、さらに実朝の同時代人の証言もある。「応保の聖代」（一一六一～一一六三年）に生まれて「六十余廻《めぐり》の星霜をかさね」、「貞応の今」（一二二二～一二二四年）「是を記せり」と序にいう、京の作者の手になる『六代勝事記《ろくだいしょうじき》』(15)では、実朝について次のように語っている。

右府、内には玄元氏の先実をならひ、外には黄石公が兵略をふる。執権十六年の間、春の露のなさけくさばをうるほし、夏の霜の恨《うらみ》、折寒になす。一天風やはらかに、四海波たゝず。家は夜半のしぐれのもらざればふかず。ふすまはあか月の嵐のすきまをふせぐばかり也。倹なる者をすゝめ、奢なる者をしりぞけられしを、…

この後、晩年には「ことわりもむなしく、あはれみわすれて」善政から遠ざかったと語られるものの、前半生における実朝の撫民的姿勢、とりわけ傍線部の「家は夜半のしぐれのもらざればふかず。ふすまはあか月の嵐のすきまをふせぐばかり也」という徹底ぶりは、実朝の側近く仕え、後に執権となる北条泰時が「民ノ煩ヲ思テ、ツイニ造作ナカリキ」と、自邸に築地も堀も造らず隙間だらけの板塀だけですませていたと語る『沙石集』の「泰時伝説」(16)を髣髴させる趣である。(17)

話題を本話に戻すなら、ここに登場する八田氏は無住にゆかりの氏族であり(18)、該話はおそらく八田氏周辺で、「賢臣」知家の誉れを伝える挿話として伝承されていたものと思われる。そうとすれば、鎌倉幕府の有力御家人の間でも実朝の徳政・善政のイメージが根付いていたことの、本話は証左といってもよいであろう。ともあれ、本話には為政者としての意識を十全に備えた実朝像が結ばれているといえよう。

二、信仰者としての実朝像

次には、巻五末第五条「有心ノ歌事」に収められる、以下の和歌をめぐる記事を取り上げる。

鎌倉ノ右大臣殿御歌ニ、

ナルコヲバヲノガ羽風ニマカセツヽ心トサハグ村スヾメ哉

此歌ハフカキ心ノ侍ルニヤ。法華ニハ「諸法従本来、

常自寂滅相」ト説キ、古人ハ「万法本閑《マンボウモトシヅカ》ナリ、人自《ヒトミヅカラ》閙《イソガハシ》」ト云テ、諸法ハ本ヨリ寂滅安楽ニシテ、生死去来ノ労ナキニ、一念ノ迷心ヨリ六塵ノ妄境ヲ現ジ、空ク煩悩ヲオコシ、業ヲ作テ、其中ニ苦患ヲウケ、三悪八難ノヨシナキ処ヲ見イダシテ、恐レ苦《クルシ》ム事、雀ノナルコヲウゴカシテ、ヲノレトヲドロキ噪《サハグ》ニ似タルヲヤ。

この和歌については、日本古典文学大系が「但し実朝には次の歌はなく、類従本撰集抄五「乞食僧向二覚尊一歌読事」に、乞食僧の歌として、三句「ゆるかして」に作り載せる」とし、次いで新編日本古典文学全集が「実朝の歌の中には見えない。『撰集抄』巻五には覚尊聖人の歌として記載される。覚尊は『発心集』巻二には、「東塔の鎌倉に住む覚尊上人」とある。誤伝があるか。「群れているをのが羽風に波立てて心とさわぐ浦千鳥かな」（北院御室集）の類歌がある」と注するように、伝承歌の一種である。それが、ここでは実朝の歌と伝えられているのである。鳥や猪鹿を追い払うため田畑に仕掛けられた鳴子を自分の羽風で揺らしておきながら、その音にあわてて動揺する愚かな雀たちを詠んだ当歌を、無住はどのように解釈しているのか。

まず、「此歌ハフカキ心ノ侍ルニヤ」と歌の深意に思いを致し、『法華経』方便品から「諸法従本来、常自寂滅相」（諸法は本より来《このかた》、常に自ずから寂滅の相なり）[19]の句を引用、つづいて「古人」の言葉として傍線部「万法本閑《マンポウモトシヅカ》ナリ、人自《ヒトミヅカラ》閙《イソガハシ》」を引き、以下敷衍していくが、実はこの傍線部、既に指摘があるように[20]、無住はやはり『宗鏡録』に依拠しているのである。

故経偈云、「勤二念於無念一、仏法不レ難レ得。何謂レ不レ難レ得。以二無念一故、万境不レ生、当処解脱。若有二念起一非三独開二悪趣之門一、二十五有一時倶現。故知、万質皆従レ念異、十二之類縦横、千差尽逐レ想生、八万之門競起」。如二信心銘云一。「眼若不レ睡、諸夢自除。心若不レ異、万法一如。以下諸法無体、従二自心一生上、心若不レ生外境常寂」。故云、「万法本閑、而人自閙」。

（巻九一、大正新脩大蔵経第四八巻912b）

（故に経の偈に云はく、「無念を勤念せば、仏法得難きにあらず。何をか得難きにあらずと謂《い》ふ。無念を以ての故に、万境生せず、当処に解脱す。若《も》し念の起こること有らば、独り悪趣の門を開くのみにあらず、二十五有、一時に倶《とも》に現ず。故に知んぬ、万質は皆念に従ひて異なれば、十二の類、縦横なり。千差、尽《ことごと》く想を逐《お》ひて生ずれば、八万の門、競ひ起こる」と。信心銘に云ふが如し、「眼若し睡《ねむ》らずは、諸夢自ずから除かれむ。心若し異ならずは、万法一如なり。諸法は無体にして、自心より生ずるを以て、心若し生ぜずは、外境常に寂なり」と。故に云はく、「万法は本閑《しづか》なれども、人自ら閙《いそがは》し」と。）

諸法、すなわちあらゆる存在は、本来、姿形をもたず、したがってありのまま真実であるはずなのに、心の作用によってその姿形が現れることになる。悪趣はもとより、衆生が流転輪廻する二十五有という迷いの境界や、十二類生といった衆生の区別のあり方も、すべて心のはたらきから生じるものなのである、という。ここでの『宗鏡録』の論説の趣旨は、傍線部のみならず、無住の説くところと概ね重なるといってよい。[21] ちなみに、『撰集抄』[22]巻五第五話では、当歌について次のように述べている。

　げに、むら雀のおのが羽風になるこをばゆるがして、なるこゑにさわぐなる様に、心がとにかくに思ひつけ、物を分けおきて、かへりてこれにまどふに侍り。此歌は、唯識を思ひ入りてよめりけるなるべし。

無住も、おそらく実朝が「唯識を思ひ入りてよめりけるなるべし」と考え、「フカキ心ノ侍ルニヤ」と評したのであろう。

無住がこの伝承歌をどこで入手したのかは不明であるが、一つの可能性として、実朝ゆかりの寺、鎌倉寿福寺を想定することができるかもしれない。無住は三十五歳の時、寿福寺の悲願長老朗誉のもとで修学しており（『雑談集』巻三「愚老述懐」）、実は次節で取り上げる実朝第三の挿話も寿福寺で入手しているからである。

実朝は、母北条政子の創建にかかるこの寺に足繁く通い、開山長老栄西およびその弟子第二世行勇に師事した。実朝と二人の師僧をめぐる『吾妻鏡』の記事は多く、彼らの信仰が実朝の精神世界に与えた影響ははかりしれない。[23] 二人のうち栄西は二度にわたって入宋し、『宗鏡録』を披見していたこと、その著『興禅護国論』における引用[24]から明らかである。行勇についても、詳細は不明ながら、入宋の可能性が指摘されている。[25] こうした環境の中でなら、当歌が実朝歌として伝承されるのも自然なことのように思われる。また、無住があえて『宗鏡録』を引きながら、この歌の唯識的背景を論じようとしたこともうなずけるように思うのである。

ともあれ、この歌をめぐる記事からは、唯識を解する信仰の人としての実朝像が浮かび上がってくるといえよう。

三、信仰者と為政者の相克する実朝像

最後、『沙石集』三つ目の実朝挿話は、巻七第一三条「師ニ礼有ル事」で語られる。前節でも触れた、寿福寺第二世長

老行勇と実朝の師弟関係をめぐる話である。

故荘厳院法印ハ無《ナク》二止事《ヤンゴト》一貴キ聞《キコ》ヘ有シ上人也。鎌倉ノ右大臣殿ノ御帰依重クシテ、師弟ノ礼ヲ存ジ給ヘリ。法印、慈悲ノ深キ人ニテ、訴詔人ノ歎キ申事アレバ、「御計候ヘ」ト被レ申ケリ。彼ノ申サル丶事ヲバ一事モ背キ給ハズ、ヤス〱ト叶ケリ。

サテ、彼モ是モ申ケルヲ、常ニハ申入ラレケルヲ、「世間ノ様《ヤウ》ハ、一人ハ悦《ヨロコ》ベドモ、一人ハ歎《ナゲク》事也。御綺《イロヒ》ナ候ソ。但シ、仰セヲバタガヘジト思給ヘバ、此計ハ承リヌ。自今以後《ジコンイゴ》ハ御口入《ゴクニウ》アルベカラズ」ト仰ケルヲ、「承ハリヌ」ト申給テ、アナガチニ歎キ申人アレバ、心ヨワク、「是計《コレバカリ》〱」ト度々《ドヾ》申サレケル程ニ、以《モツテ》ノ外《ホカ》ニ大事ニイロイ申サレケル時、「度々申テ候ニ、御承引ナクテ御綺《イロヒ》候事、心得ラレ侍ラズ。国ノ政法ハ偏頗《ヘンパ》ナキ物ニテ候物ヲ、自今以後ハナガク申承リ候マジ」ト、アララカニ御返事アリケレバ、恐入テ、退出セラレヌ。

其後ハ、音信不通《インシンフツウ》シテ、七十余日ニ及ビヌ。大臣殿、夜半計ニ俄ニ、寿福寺ヘ入御アリ。御共ノ人、僅ニ両三人ゾアリケル。人、是ヲ不レ知。門ヲ扣《タヽ》クニ、「タソ」ト問ヘバ、「御所ニイラセ給」ト云。法印ヲドロキテ、泣〱奉レ入二大臣殿一ヲ。無二左右一法印ノ足ヲ頂戴シテ、仰セラレケルハ、「師コソ弟子ヲバ勘当スル事ニテ侍ルニ、御弟子トシテ勘当シ奉ル。言《コトバ》ヲタガヘジトテ、百日ガ程ハ申承ハラジト思給ツレドモ、シノビカネテ参タル由」宣テ、ハラ〱ト泣給ケレバ、法印モ涙ヲ流シテ、「御勘当蒙ルモ可レ然事、又カク御ユルシ候モ可レ然事ニコソ」トテ、遥々御物語アリケリ。此事ハ、彼寺ノ老僧、語リ侍リキ。

大臣殿ニ宮仕タル古人ノ語シハ、「御夢ニケダカゲナル俗ノ白ハリ装束ニテ、『イカヾ、貴《タツト》キ僧ヲバナヤマスゾ』ト、ノ給ト御ランジテ、驚テ、夜半計ニ急ギ寺ヘ入《ジユ》御《ギヨ》アリケル、トゾ承リシ」ト語リキ。信心ノ実《マコト》ニヲワシマシケレバ、若宮ノ御ツゲニヤ。

師資ノ礼儀ヲ存給ケルコソ難《ガタク》レ有《アリ》ヲボユレ。

実朝は「故荘厳院法印」すなわち行勇に深く帰依していたが、「慈悲」の人であった行勇はしばしば訴訟人の依頼を受け、便宜をはかるよう実朝に申し入れた。「師弟ノ礼」を重んじる実朝は当初は師の意向を受け容れていたが、あまりに度重なるため、これが最後だと言い含める。だが、なお行勇の申し入れはつづいたため、実朝が為政者の立場から強くこれを拒否すると、その後音信不通となった。そのまま七十余日に及んだところで、実朝はついに堪えきれず、夜半にお忍びで寿福寺を訪れると、師への無礼を詫び、二人は和解する。

　前述したように、無住は文応元年（一二六〇）、三十五歳の折に寿福寺で修学している。実朝没後四十一年、当時を知る僧はまだ存命だったようで、傍線部のように「此事ハ、彼寺ノ老僧、語リ侍リキ」と老僧からの直話であることを明かしている。さらに、点線部のように「大臣殿ニ宮仕タル古人ノ語シハ」と生前の実朝に仕えた人物の直話として、実朝が深夜行勇を訪ねたのは、直前に鶴岡八幡宮若宮の夢告があったからだという秘話もあわせ伝えている。

　本話では、冒頭付近と話末の傍点部で強調されるように、「師弟ノ礼」「師資ノ礼儀」をわきまえた実朝の振る舞いが主題となっているが、波線部に言及されるように、その前提には実朝の「信心ノ実《マコト》」があるといってよい。そして、本話において、実朝の信仰心や師への思いと対立するものとして現れるのが二重傍線を付した「世間ノ様ハ、一人ハ悦ベドモ、一人ハ歎事也」、「国ノ政法ハ偏頗《ヘンパ》ナキ物ニテ候」という為政者としての実朝の意識であろう。両者の相克に終止符を打つ役割を果たしたのが、『沙石集』の叙述によれば、鶴岡八幡宮若宮の夢告だったということになる。

　ところで、既に指摘があるように[26]、本話には『吾妻鏡』建保五年（一二一七）五月十二日、十五日条に同源関係にある異伝が存在する。


　十二日己丑。晴。寿福寺長老壮厳房律師行勇参ニ御所一。是所帯相論之輩事、引汲申之故也。而此儀已及ニ数度一之間、将軍家有ニ御気色一。以ニ広元朝臣一被ニ仰出一云、「三宝御帰依雖ニ甚重一、政道事頻以被レ執ニ申之一。曾非ニ僧徒之行儀一。早停ニ止之一、可レ被レ専ニ修練一」云々。行勇心中恨レ之、泣帰ニ本寺一、閉レ門、云々。

　十五日壬辰。陰。将軍家入ニ御寿福寺一。李部、武州等、被レ候ニ御共一。是長老欝陶事、依レ被ニ宥仰一也。行勇殊恐申。暫御ニ坐于禅室一、及ニ仏法御談話一、云々。


『吾妻鏡』の伝承では、実朝は大江広元を介して行勇への対応を行っており、また音信不通七十余日どころか、わずか三日後には実朝は寿福寺を訪れ、行勇を宥めたとされる。この伝承と対比させるとき、『沙石集』の説話においては、実朝が信仰心や師への思いと為政者としての意識との間で引き裂かれそうになる葛藤がよく表されているということができるのではなかろうか。おそらく真相に近いのは『吾妻鏡』の記事のほうであろう。だが、寿福寺に伝承された実朝像に信仰者としての面はもとよりとして、為政者としての側面までもが刻まれている点は甚だ興味深い。為政者としての意識をもった実朝像は、無住を含む鎌倉時代の人々の心象に意外と深く浸透していたのではなかろうか。

おわりに

本稿では、『沙石集』における三つの「実朝伝説」について考察を加えてきた。それらは、実朝に仕えた御家人八田氏周辺と実朝が帰依した寿福寺とを主たる伝承空間とするものと推定される。その伝承圏を反映して、そこには為政者としての実朝と信仰者としての実朝、さらには両者の相克に葛藤する実朝像が刻印されていた。実朝の深い信仰心と為政者としての意識は、全体として『吾妻鏡』の「実朝伝説」からも窺えるものであり、また先にも触れたように、それは近年の歴史学の研究成果とも照応するところである。『吾妻鏡』同様、十三世紀の伝承を伝える『沙石集』の「実朝伝説」は、環境的に幾重ものゆかりを感じていたであろう無住が好意的な筆で描いているものだが、唯識など新しい時代装をまとった部分もあるにせよ、根本のところでは思いの外、実朝の真意を受け止め得ているのではなかろうか。

注

（1）このほか『沙石集』最終巻の栄西説話にも実朝が顔を覗かせ、『雑談集』巻六「錫杖事」では実朝の側近、葛山景倫の遁世譚が語られている。

（2）無住は『雑談集』巻三「愚老述懐」で「先祖、鎌倉ノ右大将家ニ召仕テ、寵臣タリト云ヘドモ、運尽テ夭亡シ了ヌ」（古典資料による。読点は私）と記している。

（3）拙稿「実朝伝説と聖徳太子――『吾妻鏡』における源実朝像の背景」（『文学史研究』第四七号、二〇〇七年）。

（4）五味文彦『増補 吾妻鏡の方法――事実と神話にみる中世』（吉川弘文館、二〇〇〇年）、坂井孝一『源実朝――「東国の王権」を夢見た将軍』（講談社、二〇一四年）、同『承久の乱』（中央公論新社、二〇一八年）など。

（5）『沙石集』の引用は、市立米沢図書館蔵本（国文学研究資料館蔵のマイクロフィルム）による。句読点、濁点を施すなど、表記は私に改めた箇所がある。

（6）日本古典文学大系、新編日本古典文学全集の頭注による。

（7）同様な文言は『沙石集』で何度か引用されるが、巻五本で和歌陀羅尼説に関わって引用される箇所について、すでに荒木浩「沙石集と〈和歌陀羅尼〉説――文字超越と禅宗の衝撃」（『徒然草への途――中世びとの心とことば』勉誠出版、二〇一六年）が、『老子道徳経』ではなく『宗鏡録』に依拠していることを指摘している。

（8）大蔵経の引用に際しては、返り点等を私に補い、字体を通行のものに改めた。

（9）拙稿「無住と武家新制――『沙石集』撫民記事の分析から」（小島孝之監修『無住――研究と資料』あるむ、二〇一一年）。

（10）『吾妻鏡』の引用は新訂増補国史大系により、一部表記等を改めた。

（11）前掲注9拙稿。

（12）前掲注4坂井氏書参照。

（13）日本古典集成による。

(14) 渡部泰明「実朝と音」(『中世和歌史論――様式と方法』岩波書店、二〇一七年、初出は二〇〇五年)は、当歌の詞書にある「建暦元年七月」に「帝王学の聖典である『貞観政要』を」「実朝は学んでいた」ことに着目、「建暦元年七月、関東に大雨は降らなかった、当該歌は、詞書も含め、『貞観政要』を読んで帝王のなすべき道に目覚めた実朝が、これまで学んだ漢学の知識などを動員しながら、紙上で試みた止雨の修法であった」という興味深い「仮説」を提示している。

(15) 引用は、弓削繁校注『六代勝事記・五代帝王物語』(中世の文学)(三弥井書店、二〇〇〇年)による。

(16) 前掲注9拙稿参照。

(17) この「実朝伝説」と「泰時伝説」の重なりの様相と、五味文彦『源実朝――歌と身体からの歴史学』(KADOKAWA、二〇一五年)が、「実朝の最も直接的な影響を与えられたのは北条泰時であった。泰時は実朝より約十歳の年上で、頼朝の徳政に学び、実朝の徳政を支えてきたことから、承久の乱後の貞永元年(一二三二)にはその徳政の延長上で武家の法典『御成敗式目』(貞永式目)を制定した」(二六〇頁)と、両者の徳政について述べるところとの符合は極めて興味深い。

(18) 三木紀人「無住の出自」(『研究紀要(静岡女子短期大学)』第一三号、一九六六年)、山野龍太郎「無住の作善活動と中条氏との交流」(前掲注9書)。

(19) 新国訳大蔵経の訓読による。

(20) 太田丈也「『沙石集』出典考――出典未詳箇所の典拠について」(『龍谷大学大学院文学研究科紀要』第三七号、二〇一五年)。

(21) 無住は『宗鏡録』に典拠を求める際には、かなり文脈を意識した摂取を行っている。拙稿「『沙石集』と『宗鏡録』」(『日本文学研究ジャーナル』第一〇号〔中世説話の環境・時代と思潮〕二〇一九年)参照。

(22) 小島孝之・浅見和彦編『撰集抄』(桜楓社、一九八五年)による。

(23) 前掲注3拙稿参照。

(24) 柳幹康「栄西と『宗鏡録』――『興禅護国論』における『宗鏡録』援用」(『印度学仏教学研究』第六五巻第一号、二〇一六年)など。

(25) 中尾良信『日本禅宗の伝説と歴史』(吉川弘文館、二〇〇五年)。

(26) 土屋有里子「無住著作における法燈国師話――鎌倉寿福寺と高野山金剛三昧院」(『国語と国文学』第七九巻第三号、二〇〇二年)。

付記 本稿はJSPS科研費(19K00299・16H03374・18H00645)による研究成果の一部である。

源実朝の仏牙舎利将来伝説の基礎的考察
――「円覚寺正続院仏牙舎利記」諸本の分析を中心に

中村　翼

なかむら・つばさ――京都教育大学教育学部社会科学科・講師。専門は日本中世史、東アジア海域史。主な論文に「鎌倉禅の形成過程とその背景」（『史林』九七―四、二〇一四年）、「鎌倉幕府と禅宗」（『東アジアのなかの建長寺』勉誠出版、二〇一四年）、「東アジア海域世界の境界人と政治権力」（『日本史研究』六七九、二〇一九年）などがある。

円覚寺舎利殿に安置された仏牙舎利に関し、自身が中国の能仁寺長老の生まれ変わりであるとの夢告をうけた源実朝が能仁寺から将来したものとする言説が、おそくとも十四世紀後半には存在し、やがて「円覚寺正続院仏牙舎利記」等にまとめられた。本稿では、主に同書の諸本の分析を通じ、仏牙舎利将来伝説につき、新たな論点の提示を試みる。

一、源実朝の渡宋計画と仏牙舎利将来伝説

建暦元年（一二一一）六月三日、源実朝は、自身が阿育王山の長老の再誕（生まれ変わり）であるとの夢告を得たが、はたして建保四年（一二一六）六月十五日、宋人陳和卿《ちんなけい》から同じ旨を告げられた。そこで実朝は、阿育王山を拝するため渡宋を計画し、翌年四月十七日には「唐船」の建造を成し遂げたが、結局、由比ヶ浜からの進水に失敗し、渡宋計画は頓挫した。

以上は『吾妻鏡』の所伝だが、個性的なエピソードゆえ、歴史学・文学など諸方面から注目されてきた。現在の歴史学では、建保四年六月当時の実朝が将軍権力・権威の強化に努め、またそれが後鳥羽院との協調関係を背景に実際に進展していたとし、渡宋計画を実朝の逃避行動や異常性の象徴と位置づける理解を退け、新たな解釈を試みている。(1)

もとより伝説的な要素が濃い逸話であり、渡宋計画の全容をその政治的意義を含めて論じる力量と問題意識を、今の私は持ちえていない。しかしながら、『吾妻鏡』が成立した十

四世紀初頭において、この伝説が一定の知名度をもっていたことには、興味をひかれる。というのも、おそくとも十四世紀後半には、概ね次のような理解が、円覚寺仏牙《ぶつげ》舎利（シャカの歯）の由来譚として受容されていたからである。すなわち、円覚寺の仏牙舎利は、もとは実朝御願の大慈寺から遷されたもので、実朝は自らが「宋朝能仁寺」の長老の再誕であるとの夢告をうけて能仁寺への参拝を志し、それが失敗に終わると使者を宋に派遣、その使者が能仁寺に到り、同寺から将来した仏牙舎利が大慈寺に安置されたというのである。円覚寺仏牙舎利の由来譚は、『吾妻鏡』のエピソードと重なる部分もあるが、実朝の前身を阿育王山ではなく能仁寺の長老とするなど、違いも目立つ。これらを念頭に置きつつ、本稿では、実朝の能仁寺仏牙舎利将来伝説に焦点にあて、関連する諸文献を紹介・分析し、その上で仏牙舎利将来伝説の生成・展開の過程についても、私見を提示したい。

二、仏牙舎利将来伝説の概要

円覚寺の仏牙舎利がもとは大慈寺にあったとの理解は、十四世紀後半から現代に至るまでの通説ではあるが、その事実を明示する同時代史料は、実のところ存在しない。ただ、能仁寺から大慈寺、そして円覚寺へと仏牙舎利が遷った経緯を伝える史料として、玉村竹二が「相当の信憑性がある」とするのが、円覚寺仏日庵蔵「万年山正続院《しょうぞくいん》仏牙舎利略記」（現在は鎌倉国宝館に寄託・整理中）である。(2) 筆者未見だが、玉村によれば、貞享二年（一六八五）に刊行された『新編鎌倉志』(3)が円覚寺正続院にある「舎利記」として引用する「万年山正続院仏牙舎利記」と同文であるという。(4) 以下、「万年山正続院仏牙舎利略記」の内容を、いくつかのセクションに分けて紹介しよう。

（Ⅰ）《源実朝の夢想》実朝は夢に能仁寺を訪ね、その長老が道宣律師の再誕で、かつ実朝の前身であると告げられた。その夢想は、実朝と栄西、そして夢告で能仁寺長老の侍者の再誕とされた「鎌倉雪下供僧良真僧都」の三者で一致した。そこで実朝は、渡宋を志して船を建造するも、渡宋は果たせなかった。

（Ⅱ）《実朝の仏牙舎利入手計画》そのため実朝は、良真および「葛山願成」（願性）ら計十二人の使者を入宋させた。彼らは能仁寺に到り、交渉の末、仏牙舎利を入手した。

（Ⅲ）《仏牙舎利をめぐる実朝と朝廷の交渉》使者は関東に帰るも、仏牙舎利は日本の「皇帝」により留められた。実朝は大いに怒り、単身上洛して仏牙を瞻礼すると主張したが、「藤九郎盛長」（安達盛長）は実朝を諫め、自ら上京して実朝の訴えを奏上し、仏牙舎利を取り戻した。実朝は小田原で盛長を迎え、自ら仏牙を鎌倉へ運んだ。

（Ⅳ）《鎌倉に将来されてからの顛末や仏牙舎利の奇瑞》仏牙舎利は実朝により、まずは勝長寿院、次いで大慈寺に安置された（毎年十月十五日に舎利会が開催）。仏牙舎利は天変地異や蒙古襲来などの度に奇瑞を起こし、「萩原天皇」（花園天皇）、後醍醐天皇からの勅命による召しもあったが、「鎌倉鎮守之霊物」として幕府はこれを拒絶した。また、北条貞時は円覚寺舎利殿を設け、仏牙舎利を安置した。

以上に続けて、（Ⅴ）勝長寿院や大慈寺などの登場寺院の説明や、「舎利奇瑞一件」（Ⅳの前半部分）についての注記、そして鶴岡八幡宮の神託に関する逸話が盛り込まれている。

ところで、玉村が「万年正続院仏牙舎利略記」の信憑性を主張する理由は、本書を仏光派の禅僧・中山法穎《ちゅうざんほうえい》（?～一三九〇）の撰、あるいは中山の記録を土台とするものとみなしたためである。その理解自体は、川副武胤がいうように誤りであろう。[5] だが、「万年正続院仏牙舎利略記」の所伝の主要部分の成立は、十五世紀後半には遡る。なぜなら、円覚寺仏牙舎利の由来を記した文献には、内容・構成の面で多少の差異を有する複数の系統があり、そのうち『善隣国宝記』（一四七〇年以前の成立）が引用する「正続院仏牙舎利略記」の内容が、仏日庵蔵「万年正続院仏牙舎利略記」と概ね重なるからである。

三、「仏牙舎利記」諸本の系統分類

先ほど円覚寺仏牙舎利の由来譚には複数の系統があると述べたが、それらを内容に即して分類した仕事は管見の限り、存在しない。西山美香の論考や[6]国文学研究資料館が提供する「日本古典籍総合目録データベース」で一定の情報を得ることはできるが、内容別の分類ではないし、増補・修正すべき点もある。かくいう私自身、未調査の文献を残すが、後日の増訂を約し、中間報告として提示しておきたい。

現存する円覚寺仏牙舎利の由来譚は、内容・構成上、まずは次のA～I類に大別できる（テクストのタイトルは、原則として内題に拠る）。

A類：鹿王院文書「仏牙舎利記」（伝・春屋妙葩《しゅんおくみょうは》撰／影写本：東京大学史料編纂所）に代表される系統で、同文のテクストが、慈照寺本『耳塵集』（写本：東京大学史料編纂所）、宝永二年（一七〇五）版『智覚普明国師（春屋妙葩）語録』巻八「拾遺」（写本：京都府立京都学・歴彩館等）、『群書類従』二四輯・釈家部に収載される。『大日本史料』応安七年（一三七四）正月十七日条、『南北朝遺文』（関東編）に翻刻がある。鹿王院文書「仏牙舎利記」には、応安七年正月十七日の日付と「妙葩」の署名・朱印がある。

B類：西教寺蔵「正続院仏牙舎利略記　空花《くうげ》撰」（マイクロフィルム：国文学研究資料館）がこれにあたり、承応二年（一六五三）、近江国の蘆浦《あしうら》観音寺の俊興が筆致を異とする他の仏牙関係文献二点とあわせて合冊した『正続院仏牙舎利略記』に収載される。全文ではないが樹下文隆・西山美香による紹介・翻刻（樹下は実朝の舎利将来譚、西山は識語をそれぞれ翻刻）がある。以上によれば、観応三年（一三五二）付で「正続院主比丘　天沢宏潤《てんたくこうじゅん》」の識語、続く追記部分の末尾に「周信之志」とある。(7) なお、樹下は原テクストの成立を応永五年（一三九八）とするが、最近、西谷功が原本調査の成果に基づき、これを否定している。(8)

以上のA・B類は、〈能仁寺仏牙の道宣関係由来譚〉＋〈実朝の仏牙将来譚〉の構成をとる。このうち実朝の将来譚について以下のC～G類と比較すると、前章の（Ⅰ）～（Ⅳ）に相当する全体の流れを共有するものの、記載内容は総じて簡略である。

C類：瑞渓周鳳《ずいけいしゅうほう》『善隣国宝記』巻上・順徳院が引用する「正続院仏牙舎利略記」であり、田中健夫の校訂・翻刻がある。(9) A・B類とは異なり、〈能仁寺仏牙の道宣関係由来譚〉を欠く。〈実朝の仏牙将来譚〉の内容についてはD・E類とほぼ共通するが、（Ⅲ）にあたる部分がやや簡略で、かつ実朝が仏牙舎利奪回のため朝廷への出兵を唱えるといった差異もある。また、C類は（Ⅳ）を欠くが、それが「略記」たる所以かどうか、瑞渓自身が当該部分を後略した可能性もあり、定かでない。ひとまず、（Ⅳ）を備えるとみられる円覚寺仏日庵蔵本が「略記」と題していることから右の可能性を斥け、なんらかの原テクスト（現存せず）から〈能仁寺仏牙の道宣関係由来譚〉を省略したがゆえに「略記」なのだと考えておく。

D類：先述の円覚寺仏日庵所蔵「万年正続院仏牙舎利略記」を代表とし、同文テクストとして貞享二年（一六八五）刊『新編鎌倉志』所引の「万年山正続院仏牙舎利記」および『墨海山筆』巻四九が引用する「万年山正続院仏牙舎利之記」（写本：国立公文書館（内閣文庫））がある。〈能仁寺仏牙の道宣関係由来譚〉を欠くが、〈実朝の仏牙将来譚〉の内容については、E類とほぼ同文である。

E類：国立公文書館（内閣文庫）の写本『万年山正続院仏牙舎利記』に代表され、同書は、「万年正続院仏牙舎利記」「仏説舎利因縁并南山道宣律師伝略」の他、延享二年（一七四五）刊行の『鎌倉繁栄広記』（写本：京都大学図書館等

蔵）収載の関連する所伝と、宝暦元年（一七五一）の記載をもつ「仏舎利伝来神変記」から構成される。うち最初の「万年正続院仏牙舎利記」は若干の字句の違い（Ⅲ）でD類が「藤九郎盛長」とするところ、E類はすべて「安藤九郎盛長」とする等）はあるが、D類とほぼ同じ。「仏説舎利因縁并南山道宣律師伝略」は、〈能仁寺仏牙の道宣関係由来譚〉にあたり、D類にはないもので、かつB類の当該部分の表現を批判的にふまえた箇所が見受けられる。これとほぼ同じ内容・構成をとるものに、九州大学中央図書館（松涛文庫）・東京藝術大学図書館（脇本文庫／マイクロフィルム：国文学研究資料館）、龍谷大学大宮図書館に所蔵される写本がある。西田耕三による翻刻（底本は松涛文庫本）・解題がある。[10] 龍大本は、頭注や末尾の記載内容から明治三十三年頃に内閣文庫本を書写したものと推測される。

F類：西山美香が翻刻・紹介した鹿王院所蔵の「仏舎利伝記」である。[11] 筆者は未調査だが西山の翻刻によれば、同じく鹿王院に所蔵されるA類をベースに〈能仁寺仏牙の道宣関係由来譚〉および仏牙舎利が春屋妙葩に勅賜された顛末が和文で記され、それ以外の〈実朝の仏牙将来譚〉は、D類を下敷きとする。その成立は、隠元隆琦《いんげんりゅうき》へ仏牙の分散舎利を下賜したことに関する情報があることから、寛文六年（一六六六）以降といえる。

G類：堀内裕子が翻刻・紹介した円覚寺蔵の二種類の写本「鎌倉円覚寺祖塔正続院仏牙舎利之縁起」[12]をはじめとする和文のテクストである。内容・構成としては、「仏説舎利因縁并南山道宣律師伝略」（E類）と「万年正続院仏牙舎利記」（D・E類）をベースとし、末尾に円覚寺に所領を寄進する内容の至徳元年（一三八四）七月五日の太政官符を引用する。字句や内容（朝廷に対する実朝の態度など）に若干の違いのある諸本が各地に現存する（この詳細は、機を改めて紹介する）。円覚寺以外で管見に入った所蔵機関は、以下の通り。円覚寺仏日庵・国立国会図書館（『諸国名所古寺略縁起』上に貼付）・神奈川県立図書館・神奈川県立公文書館（影写本：石井師士氏所蔵文書）・関西大学図書館（長沢文庫）・彦根城博物館（琴堂文庫／マイクロフィルム：国文学研究資料館）・京都大学図書館・京都教育大学（筆者蔵）。この他、実見調査を果たせていないが、内題・外題等の書誌情報からG類と判断されるものに、大正大学図書館蔵本・東洋大学白山図書館（哲学堂文庫）蔵本・玉川大学教育学術情報図書館蔵本がある。なお、『国書総目録』には松ヶ岡文庫蔵「鎌倉円覚寺祖塔正続院仏牙舎利之縁起」を載せるが、私は現在、所在を確認できていない。

H類：宮城県松島町の瑞巌寺（前身は円福寺）には、円覚寺仏牙舎利の分散とか、政子が寄進した頼朝所縁の仏舎利との由緒をもつ舎利が現存するが、その由来を記す瑞巌寺文書「奥州松島山円福寺舎利伝記」を指す。[13]「貞治五年丙午（一三六六）上元日」の日付がある。七海雅人の論考や[14]『南北朝遺文』（東北編）に翻刻がある。円福寺住持の高岳守原《こうがくしゅげん》は「曽て聞いた尊宿の口伝」によって記したというが、その内容・性格は、次章で述べる。

I類：後水尾天皇より円覚寺仏牙舎利の分散舎利を下賜された隠元隆琦が寛文六年に著した「仏舎利記」（写本：万福寺文華殿）の系統。前半は円覚寺仏牙舎利の由緒、後半は隠元の讃頌からなり、前半のみ高井恭子が現代語訳を施している。[15] 後半は諸本により配列等に違いがあるが、前半の内容は確認した限り同一で、〈能仁寺仏牙の道宣関係由来譚〉、〈仏牙が春屋妙葩に勅賜された顛末〉をA類に依拠し、〈実朝の仏牙将来譚〉はC類を引用する。刊本の所蔵機関に、龍谷大学大宮図書館（参考資料として伊藤登氏蔵本のコピーを同封）、大谷大学図書館があり、未見だが、「日本古典籍総合目録データベース」によれば、写本が大正大学に、刊本が新潟大学（佐野文庫）、駒澤大学にそれぞれあるという。

この他、景徐周麟《けいじょしゅうりん》の『翰林胡蘆集《かんりんころしゅう》』巻一四収載の永正四年（一五〇七）「鹿苑院伝百年忌陞座」（『五山文学全集』四）にも、円覚寺舎利の由来に関する記述がある。

四、十四世紀後半における円覚寺仏牙舎利の由来譚

以上より、現存する円覚寺の仏牙舎利の由来譚については、とりわけC類（一四七〇年以前の成立）の登場以降、極端な違いはみられなくなるといえる。しかし、すくなくとも十四世紀後半以前においては、その内容について、深い共通認識があったとはいえない。この点を確認するため、以下では、十四世紀後半の諸言説を分析する。ただし、A・B類は少々問題のある史料であるから六章で別に検討することとし、まずは貞治五年（一三六六）に作成されたH類から検討していきたい。

（1）瑞巌寺文書「奥州松島山円福寺舎利伝記」（H類）の分析

H類は、〈能仁寺仏牙の道宣関係由来譚〉＋〈実朝の仏牙将来譚〉の構成で、後者の内容は大筋でC・D類と重なるが、異なる部分も目立つ。以下、二章の（I）～（IV）に対応されるかたちで、H類の主な特徴を紹介したい。

（I）　H類では、夢告を得たのは実朝のみで、栄西・良真は登場しない。

（Ⅱ）H類では、実朝の宋への使者としてその名が記されるのは、「葛山入道願成」（＝願性）のみである。また、能仁寺からの請来品として仏牙舎利にくわえて「持経函」「浄瓶」が登場し、これらは高野山金剛三昧院に納められ、現存しているという。

（Ⅲ）H類も、C・D類と同じく、天皇が仏牙舎利が留めたため、実朝は安達盛長を派遣し、結局は仏牙舎利を下賜されるという構図をとる（盛長の行動は若干異なる）。

（Ⅳ）H類では、「大臣殿并二位殿」（実朝・政子）が仏牙舎利を信仰したこと、政子が見仏上人に仏牙の分散舎利を寄進し、「二位殿自筆御書」が円福寺に現存するとする。

以上にみえるH類とC・D類との違いから、H類が、葛山景倫（願性）および金剛三昧院を強く意識した説話であることが推測される。願性は、実朝の死を契機に出家して高野山に入り、政子・実朝の菩提を弔うために由良荘地頭職を金剛三昧院に寄進した人物である。[16]

願性と金剛三昧院がクローズアップされるのは何故か。その鍵となるのが（Ⅳ）の記述である。南北朝期の松島では、持経者の見仏上人に対し、政子が源頼朝（原文「こ（故）大将との（殿）」）所縁の仏舎利を寄進したとの伝承が存在した。[17]このことに関わって七海雅人は、仏舎利信仰の高まりを背景に、政子寄進という仏舎利の由緒と、円覚寺仏牙舎利の分散とする由緒との「整合化」が、円福寺で企図された結果、H類が作成されたとした。[18]全面的に拠ることはできないが、[19]円福寺の禅僧が仏舎利の荘厳のため、政子の寄進という由緒にくわえ、鎌倉の武家権力や禅宗界を意識し、円覚寺仏牙の分散という由緒を新たに創出したというのは卓見である。その上で私はかくして併存した二つの由緒をリンクさせるべく持ち出されたのが、政子・実朝と深い関係にあるとされた願性の逸話であったと考える。実際、十四世紀には、願性が実朝の命令をうけ入宋を企てたものの実朝の死により中止された、との伝承が存在したが、[20]H類の作成にあたり、願性は実朝の使者として入宋を遂げるという役回りを与えられたのである。

（2）義堂周信が説く「舎利縁起」と『鶴岡八幡宮供僧次第』永乗坊良稔伝

次に紹介するのは、『空《くう》華《げ》日《にち》用《よう》工《く》夫《ふう》略集』にみえる義《ぎ》堂《どう》周《しゅう》信《しん》の理解である。義堂は円覚寺正続院にある能仁寺所縁の仏牙舎利の「舎利縁起」として、次のように説く。

> 建仁寺開山千光は実朝大井殿と世世互に師檀の香火の縁を為せば、千光は大井殿の命を受けて渡宋し、仏牙舎利を取りて来る。（応安三年（一三七〇）二月二十六日条）

これによれば、能仁寺仏牙の請来者は千光（栄西）、その派遣主体は「大井殿」であった。ただし、「実朝・大井殿」として二人を並列させる読みには違和感があり、字形は異なるが、「大井殿」は「大臣殿」の誤記だと思われる（ただし管見の限り、『空華日用工夫略集』の諸写本ではいずれも当該部分は「大井殿」と記される）。いずれにせよ、鎌倉の碩学である義堂が栄西将来説を説いていることには変わりなく、一三七〇年段階で、「仏牙舎利記」A～I類のいずれとも一致しない理解があったことが知られよう（この他、『神明鏡《しんめいかがみ》』(21)にも関連する逸話がある）。

さらに興味深いのは、『鶴岡八幡宮供僧次第』（以下、『供僧次第』）永乗坊良稔の項である。本史料は、『群書類従』五三輯・補任部にも収められるが、東京大学史料編纂所に応永六年（一三九九）書写の奥書を持つ影写本があり（ただし、後世の加筆もある）(22)、それは室町中期頃の成立とみられる鶴岡八幡宮蔵本とあわせ、『鶴岡叢書』第四輯に翻刻されている(23)。いま史料編纂所蔵『供僧次第』によると、良稔は「良真」とも「雪下僧都」とも呼ばれ、「或記」によれば、実朝の感夢により「太宋朝能仁寺」に渡り、仏牙舎利を得たとあるという。もとより『供僧次第』が伝える良稔の出自・経歴には不審点が多く、「或記」の記述を史実とは見做しがたいが、十四世紀末の伝承としては価値がある。

こうした多様な理解が存在するのは、円覚寺仏牙舎利は実朝が使者を遣わして将来した能仁寺仏牙であるとの説が、十四世紀中頃には知られていた一方、使者の実態について、確かな所伝がなかったためであろう。冒頭でも述べたが、十四世紀初頭成立の『吾妻鏡』収載の逸話では阿育王山の存在感が強く、そのことも、円覚寺舎利＝実朝将来の能仁寺仏牙舎利との由緒が、十四世紀に生成、定着し、やがておそくとも一四七〇年頃までに増補されたとの見通しを補強しよう。もし実朝の仏牙舎利将来譚が十三世紀のうちに成立していたなら、『吾妻鏡』には阿育王山の逸話でなく、能仁寺のそれが収録されたはずである。

五、源実朝の仏牙舎利将来伝説の形成過程

では、かかる源実朝の仏牙舎利将来譚は、いかにして形成されたのか。史料的な制約から確定は無理でも、「仏牙舎利記」の諸本（三章）や十四世紀後半時点での関連所伝（四章）の比較考察によって、仮説は立てられる。ただ、仮説に到る思考・実証のプロセスを示す紙幅はないから、その作業は別稿に譲り、ここでは暫定的な結論のみ記しておきたい。

（1）原円覚寺舎利由来譚と良真入宋伝説の融合

十三世紀に流布した『吾妻鏡』の逸話をベースに、十四世

紀の中頃までには、能仁寺将来譚に変容した「原円覚寺舎利由来譚」というべき所伝（現存せず）が成立した。この段階では、使者の人物像は定まっていなかったであろう（ゆえに義堂は使者を栄西とした）。ただし、円覚寺舎利将来譚とは別系統の伝承として、実朝と関わるなんらかの「良真」伝説はあったと考えられ、[24]それと『吾妻鏡』が記す陳和卿の人物像とが合わさって「良真」の役回り（夢告・入宋）が定まり、『供僧次第』（応永六年（一三九九）以前に成立）が拠った「或記」（現存せず）が形成された。

(2) 原円覚寺舎利由来譚と実朝による願性派遣伝承の融合

「或記」とは別に、原円覚寺舎利由来譚が、仮名本『法燈《ほっとう》国師《こくし》縁起』（一二八〇年頃成立／注20参照）や『雑談集《ぞうたんしゅう》』（一三〇四年成立）が伝える願性・金剛三昧院関係の逸話を取り込み変容したのが、貞治五年（一三六六）成立の「奥州松島山円福寺舎利伝記」（H類）だと考える。なお、現存する『法燈国師縁起』は、実朝が関心を寄せた対象を「温州雁蕩山《うんしゅうがんとうざん》」とし、願性の目的地も雁蕩山とする。これを仮名本『法燈国師縁起』（一二八〇年）以来の所伝とし、実朝の雁蕩山への関心を史実とする解釈もあるが、[25]応永三十一年（一四二四）に明魏が仮名本『法燈国師縁起』を改訂するにあたり、元の逸話（おそらくは『雑談集』の願性説話と大差ないもの）を、『吾妻鏡』の阿育王山伝説を意識して改変した所産とみた方が自然だと思う。ただ、その場合でも雁蕩山が浮上する理由は不明とせざるをえない。舎利からの連想であろうか。

(3)『善隣国宝記』所引の「正続院仏牙舎利略記」（C類）の形成

『供僧次第』がいう「或記」（使者は良真僧都）と、H類（使者は願性）の所伝が組み合わさって、『善隣国宝記』所引の「正続院仏牙舎利略記」（C類）が形成された。C類ではじめて名前が登場する良真・願性以外の使者十人（「大友豊後守」等）の人物像はリアリティを欠き、その選定に政治的・宗教的な意図は見いだしがたい。むしろそうしたこだわりが希薄だったがゆえに、良真伝承と願性伝承は、C類において容易に合体したものとみたい。

(4)「仏牙舎利記」諸本の成立

C類をベースに増補が施されたのがD・E類で、C類（あるいはD・E類）を節略し、春屋妙葩に関わる記述を加筆したものがA類であろう。A類は、実朝と「鎌倉良真僧都」との夢想の一致を説き、人名を明記しないが使者を「十二人」とするなどの特徴があり、A類とC類以下とでどちらが先行するかは実のところ悩ましいが、私は右のように想定する方が自然であると判断している。A類と同じ鹿王院所蔵のF類が、A類とD・E類をふまえたものであることも、先述の通りである。なお、近世に勧進を募るためD・E類をもとに和文で刊行したのが、G類である。

六、さらなる考察にむけた課題・論点

実朝の能仁寺仏牙舎利将来伝説の生成・展開につき、私見を提示した。もとより鉄案ではなく、批判・異論もあろうが、とくに問題となりそうな点につき、予め補足しておきたい。

第一は、「或記」とC類の関係である。現状、これらを別本とみなしているが、両者が同一のテクストである可能性も捨てきれず、その場合は、若干の修正が必要であろう。またそもそも私案では、C類の形成を様々な要素が組み合わさった結果とみるが、逆にC類が先に成立し、B・H類や「或記」をそれぞれ独自に成立した節略版とみなすことも可能ではある。現時点では、決め手を欠くところである。

第二は、私見で重要な位置を占める原円覚寺舎利由来譚につき、その存在を想定することの是非である。現存しない以上、証明はできないが、西教寺蔵「正続院仏牙舎利略記　空花撰」（B類）の〈実朝の仏牙将来譚〉が、それに当たる可能性はないだろうか。B類は、良真・願性・盛長といった固有の人名はないが、（Ⅰ）～（Ⅳ）の構図を共有し、私が想定した原円覚寺舎利由来譚の性格に合致する所伝といえる。ただし、問題もある。たしかにB類は、「観応三年（一三五二）正続院主の天沢宏潤の作した縁起を、義堂周信が書き留めたものに基づく」[26]とされ、事実ならば、私見にとって強力な補強材料となりえる。しかし、天沢が観応三年当時に正続院主であるか疑問である（『空華日用工夫略集』貞治六年四月十五日条に基づく加筆あるいは着想かもしれない）上、嘉慶二年（一三八八）に没した義堂による追記部分に、応永五年（一三九八）に臨終出家した足利氏満の戒名（璧山）が記されている等、複数の不審点がある（四章でみた義堂の認識とも食い違う）。このことが即、原円覚寺舎利由来譚を想定する私見の過りを意味するわけではないが、B類が取り扱いに注意を要する史料であることは確かである。

第三は、鹿王院文書「仏牙舎利記」（A類）の位置づけである。先に私は、A類をC類あるいはD・E類を節略等した文献としたが、意外に感じた読者もあろう。というのも、A類には応安七年（一三七四）の年記があり、これをもって成立年代とするのが一般的だからである。しかし、春屋妙葩の撰にしては同時代の情報が荒く、かつ当時の春屋が置かれた政治的立場（丹後国に隠棲中）からしても不自然である。また、この頃に仏牙舎利が春屋の手中にあったとすれば、永和五年

（一三七九）に義堂が円覚寺で仏牙舎利を瞻礼したという『空華日用工夫略集』の記述とも矛盾する。そもそもA類は、本当に春屋の撰なのか。実は、本史料を載せる『智覚普明国師語録』巻八「拾遺」は、宝永二年（一七〇五）に新たに付された部分である（巻八刊記）。また、東京大学史料編纂所の影写本等で確認したところ、末尾に捺された朱印も、管見の限りであるが、他の文書に捺された春屋の朱印とは異なっている。以上をふまえ、三章でも触れた景徐周麟『翰林胡蘆集』の記述を考慮するなら、応永三年（一三九六）、足利義満が鎌倉公方足利氏満から召し上げた円覚寺仏牙舎利が相国寺大塔を経て鹿王院に遷された後、春屋に仮託された「仏牙舎利記」が作成されたとも考えられる。一つの可能性として、提示しておきたい。

以上、本稿では、源実朝の仏牙舎利将伝説譚に関する諸史料を分析してきた。論じ残した点や未解明のまま残された課題は少なくない。だが、課題のいくつかは、先行研究が自明視してきた諸論点に今回疑義を呈したことで、新たに浮上したものだと思う。今後の調査・研究をふまえたさらなる成果の公表を約し、いったん擱筆したい。

注

（1）坂井孝一『承久の乱』（中央公論新社〈中公新書〉、二〇一八年）八七―九八頁等。

（2）玉村竹二『円覚寺史』（円覚寺、一九六四年）五九―六一頁。

（3）白石克編『新編鎌倉志（貞享二刊）影印・解説・索引』（汲古書院、二〇〇三年）。

（4）玉村竹二「文献上より見たる円覚寺舎利殿」（『日本禅宗史論集』上、思文閣出版、一九七四年。初出は、一九七〇年）七〇二―七〇三頁。以下、玉村説はこれによる。

（5）川副武胤「円覚寺舎利殿の創建年代再論」（『日本歴史』二八〇、一九七一年）七七頁。

（6）西山美香「鹿王院蔵『仏舎利伝記』翻刻と紹介」（『花園大学国際禅学研究所論叢』二、二〇〇七年）。

（7）樹下文隆「〈舎利〉と〈韋駄天〉」（『芸能史研究』一〇五、一九八九年）。西山美香「足利義満の〈宝蔵〉としての宝幢寺鹿王院」（『ＺＥＡＭＩ』四、二〇〇七年）。

（8）西谷功『南宋・鎌倉仏教文化史論』（勉誠出版、二〇一八年）一二六頁。

（9）田中健夫『〈訳注日本史料〉善隣国宝記・新訂続善隣国宝記』（集英社、一九九五年）。

（10）西田耕三校訂『仏教説話集成』二（国書刊行会、一九九〇年）。

（11）西山前掲注6論文。

（12）堀内裕子「円覚寺『仏牙舎利記』」（『鎌倉』二三、一九七四年）。『鎌倉市文化財総合目録』円覚寺七一二「仏牙舎利縁起」および同七一三「仏牙舎利記」に相当すると思われる。また『円覚寺の至宝――鎌倉禅林の美』（三井文庫三井記念美術館、二〇一九年）七五頁に表紙の写真が収載されている。

(13) 本史料のカラー写真は『平成四年秋季特別展　瑞巌寺――陸奥の禅刹と伊達政宗』（仙台市博物館、一九九二年）三二頁に収載される。

(14) 七海雅人「鎌倉・南北朝時代の松島」（入間田宣夫編『東北中世史の研究』下、高志書院、二〇〇五年）。

(15) 高井恭子「黄檗山萬福寺における仏舎利供養について――「法皇忌」との関係から」（『黄檗文華』一二一、二〇〇〇年）。

(16) 「金剛三昧院文書」嘉禎二年（一二三六）四月五日、葛山入道願性（景倫）書状（『〈高野山文書二〉金剛三昧院文書』八八。『鎌倉遺文』七―四九六〇）。

(17) 入間田宣夫「古代・中世の松島寺」（『松島町史』通史編二、一九九一年）。

(18) 七海前掲注14論文、三五―三六頁。

(19) 七海は、二つの由緒の併存を、政子の寄進という「仏舎利本来の由緒を打ち消すことはできなかった」結果とするが（前掲注14論文、三六頁）、私見とは認識に隔たりがある。そもそも七海をはじめとする先行研究では、二つの由緒は両立しえないものと史実に即して判断され、それを前提に併存の理由が解釈されてきた。だが、H類の文脈からしても、二つの由緒を対立的に捉える必要は無く、円福寺の禅僧のなかで両者はなんら矛盾なく併存していたと考えられる。関連して、「仏牙舎利記」諸本に実朝の側近として安達盛長（?～一二〇〇）が登場するのも、当時の禅僧が持つ日本史知識の水準を示すものであろう。

(20) その確実な上限は、『雑談集』が成立した嘉元二年（一三〇四）だが、その情報源としては、無本覚心生存中の弘安三年（一二八〇）に弟子の覚勇が撰述した仮名本の縁起（以下、仮名本『法燈国師（無本覚心）縁起』）がふさわしい。仮名本『法燈国師縁起』は、霊異譚を取り込んだ明魏による応永三十一年（一四二四）の大幅な改訂を経て、さらに永正十四年（一五一七）年に加筆・漢文化され、現存する『法燈国師縁起』にいたる。なお、原田正俊『日本中世の禅宗と社会』（吉川弘文館、一九九八年）二〇二―二〇九頁を参照。

(21) 『続群書類従』二九輯・雑部に収載。実朝が、栄西・明恵を宋に派遣したと伝える。

(22) 小池勝也「室町期鶴岡八幡宮寺における別当と供僧」（『史学雑誌』一二四―一〇、二〇一五年）註十七。

(23) 『〈鶴岡叢書・第四輯〉鶴岡八幡宮寺諸職次第』（鶴岡八幡宮社務所、一九九一年）。

(24) 室町期後期の成立の『江島縁起』（仮名本）は、「慈悲上人」良真の入宋譚および実朝の命をうけた江島下之宮造営の逸話を載せる（古田土俊一・大塚紀弘「江の島の中世石碑――「第二本国江島霊迹建寺之記」碑の紹介と分析」（『鎌倉』一一六、二〇一五年））。「慈悲上人」良真と『供僧次第』の説く良真の人物像との不一致から、共通の「良真」伝承をベースにして、「或記」と『江島縁起』の所伝は、別々に形成された（あるいは、後に成立した『江島縁起』では、意識的に鶴岡八幡宮供僧としての性格が隠蔽された）と考える。

(25) 大塚紀弘『日宋貿易と仏教文化』（吉川弘文館、二〇一七年）二一―二六頁。

(26) 樹下前掲注7論文、三五頁。

影の薄い将軍——伝統演劇における実朝

日置貴之

ひおき・たかゆき——白百合女子大学准教授。専門は幕末・明治を中心とする歌舞伎。主な著書・論文に『変貌する時代のなかの歌舞伎　幕末・明治期歌舞伎史』（単著、笠間書院、二〇一六年）、『真山青果とは何者か？』（共編、文学通信、二〇一九年）などがある。

日本演劇史上屈指の英雄である叔父・義経は言うに及ばず、父・頼朝、兄・頼家に比べても、演劇の登場人物としての実朝の存在感は薄い。実朝がいかに、演劇の題材とする上で厄介な人物であるかを示すとともに、そうした困難を抱えつつも、江戸時代以来の作者たちがどのように実朝を舞台に登場させてきたのかを紹介したい。

はじめに

源実朝は演劇においてはあまり存在感のない人物だと言わざるを得ない。叔父の義経は言うまでもなく、能から近代劇に至るまで数多くの作品で繰り返し描かれた英雄である。父・頼朝もそれに比べれば少ないものの、能〈七騎落〉で石橋山の合戦が描かれ、初代桜田治助の歌舞伎「大商《おおあきない》蛭《ひるが》子島《こじま》」（天明四年［一七八四］）では主役の座を与えられている。彼らに対して、実朝や兄の頼家は地味な感が否めない。歌舞伎の狂言作者が座右に置き、新作執筆の上で参考にしたと覚しい書物に、『世界綱目』がある。[1]それぞれの「世界」の主要登場人物、「引書」（参考となる史書・軍記類の書名）、先行する浄瑠璃の作品名を列挙したもので、そこには「頼家治世」「実朝治世」の項目も立てられている。しかし、「源平軍　並に頼朝治世」「義経記」「曾我」といった項目に比べて、挙げられた登場人物、書名とも遥かに少ない。頼家・実朝の治世は、歌舞伎の「世界」としては馴染みの薄いものであった。

彼ら「息子世代」が、それほど目立った活躍を見せない理由としては、将軍となった時点ですでに源平の合戦が終結していたことや、ともに暗殺によって最期を迎えたために近世以前の演劇では描きにくい存在だったことがあろう。しかし、逆にこうした点は、近代においては、いくさを知る親世代との対立や苦悩を描き、彼らを悲劇の主人公とすることを可能にするものでもある。実際、頼家の場合は、近代の劇作家による「修禅寺物語」（岡本綺堂作、明治四十四年［一九一一］）、「頼朝の死」（真山青果作、昭和七年［一九三二］）[2]では、そのような人物として描かれており、これらが今日もしばしば上演されることで、演劇の登場人物としての存在感を持ち得ている。

一方の実朝はというと、今日上演される作品のなかには、彼が存在感を発揮するものは見当たらず、影の薄い存在のままである。とはいえ、演劇史を振り返った時、実朝の登場する作品が皆無というわけでもない。以下、実朝の登場する劇について概観した上で、彼の影の薄さはどのような要因によるのかを考えてみたい。

一、浄瑠璃・歌舞伎の実朝

すでに触れたように、暗殺という実朝の最期は、彼を演劇の主人公の座から遠ざけたと思われる。特に中世演劇の能の場合、実朝を夢幻能の主人公にすれば、必然的に彼の最期に触れざるを得ない（後述する近代の新作能では、当然それが描かれている）。源氏を自称する将軍が君臨する室町・江戸時代に、武家との結び付きの強い能において、源家将軍の暗殺を脚色・上演することは困難であろう。

近世になると、実朝が舞台に登場する作品が目につくようになる。浄瑠璃では、元禄五年（一六九二）正月二十四日以前初演と推定されている近松門左衛門の存疑作「悦《え》賀楽《がらの》平《へい》太《た》」が、実朝の登場する早い時期の作品であろう。本作は、頼家の遺児・千寿丸を擁した御家人・泉親衡らが、執権・北条義時を倒そうとした泉親衡の乱および、和田義盛、三浦義村らがやはり義時打倒を狙った和田合戦（いずれも建暦三年［一二一三］）を題材とする。作中、実朝は、三段目の口「鎌倉御所」で、頼朝十三回忌法要の繰り上げと、自らの妹いつき姫（架空の人物）を奪った足立城之助景盛や悦賀楽平太らを討つことを命じる。五段目では平太、景盛らを許し、悪人の上総入道安静を捕縛させるのだが、景盛の赦免を嘆願されると初めは、

> 実朝大きに御きげんそんじ。我にむかつて口にまかせしくはうげんすいさん也。頼朝頼家の御代ならば中々左様に有まじきに。じやくはいと思ひあなどるか。[3]

と激怒する。すぐに、「げにあやまつたり」と瑕疵を認め、「ぜひにおいてしづまれと忝くも御大将御手を合させ給」う実朝は、短気ではあるものの、自らの誤りを正すことを躊躇しない点では優れた主君と言えよう。ただし、実朝が登場するのは三段目口と五段目のみであり、物語の展開の上で重要な立場を担う人物とは言い難い。史実においては、建暦三年時点の実朝は、二十二歳（数え年）、将軍となって十年が経過していた。近世の浄瑠璃・歌舞伎作者の目にも触れることの多かったであろう『北条九代記』（延宝三年［一六七五］刊）等からも、この時期の実朝が、泉親衡の乱後の処断等をめぐって、ある程度の主体性を発揮していることは窺える。それにも関わらず、「悦賀楽平太」における実朝は、存在感に乏しく、自ら「若輩」と自覚するような人物として描かれているのである。

こうした実朝の存在感の乏しさは、その後の作品でも踏襲されていく。竹田出雲・長谷川千四合作の「尼御台由比浜《あまみだいゆいがはま》出《いで》」（享保十四年［一七二九］）は、慶安の変（由井正雪の乱、慶安四年［一六五一］）を泉親衡の乱に仮託して描いている。実朝は悪人・稲毛入道道詮の養女・微妙の前を寵愛し、入唐のため大船の建造を命じている。三段目の口では尼御台（北条政子）の忠告によって微妙の前と縁を切る。物語のクライマックスとなる三段目の切は、実朝の嫁選びの候補に挙げられた桃園姫と継母をめぐる愁嘆場、四段目の切は寄居《きい》中節《ちゅうせつ》（由井正雪）の最期を描いており、作品構成の上でも実朝は傍へ追いやられた形だが、この三段目口でも、

> 尼みだいは実朝の御手を取ッて上座にすゝめ。一念発起ましませば心置ク方更になし。兼而いひつる御嫁極め。婚礼の儀式取急がん。又入唐の大船は其益なきに似たれ共。将軍の一言ひるがへしてはあしからめ。入唐こそあらず共聊《いさゝか》の費をいとはず。船を作り出さるべし。……武将たる身の規模なれば唐船の催しは、過却而《あやまちかへつて》後代に。其名を残す誉ぞと。敬ひ給ふ慈愛の恵尼将軍と世の人の。仰もげにや有がたし。(4)

と尼御台の意に従う姿が描かれている。

先行作「悦賀楽平太」を踏まえつつ和田合戦を脚色した並木宗輔の「和田合戦女舞鶴《わだがっせんおんなまいづる》」(5)（享保二十一年［一七三六］）の実朝は、妹・斎姫を殺害した（実は身替り）荏柄の平太の女房と息子・公暁丸《きんさとまる》（実は故頼家の一子・善哉丸のちの公暁）を匿う政子に対して、三段目口で、

> 実朝くはつと御色かはり。エ、情なき母君や。仏をまなぶちはつの御身。姿をかへし世を捨人。じひもつはらにし給ふとて。現在我子の敵といひ。主を殺せし大悪人の

悴。渡し給はぬのみならず使の者にかゝる狼藉《らうぜき》。六十余州の主と成実朝が仕置始。妨をなし給ふ母上こそ恨めしけれ。此うへは不孝の名をとり御心にそむく共。某じきにはせ向ひ二人のやつばら引立帰らん。馬にくらおけ武士《ものゝふ》共用意せよといひさして。御座をたゝんとし給へば(6)

と怒りと不信感を表明し、後述するが、四段目では京の小倉山荘に赴いてかなり主体的に行動するさまを見せるなど、近世演劇に描かれた実朝としてはやや異彩を放つ。

しかし、これ以後の作品でも、実朝は地味な存在で、「鎌倉大系図」（為永太郎兵衛・浅田一鳥・豊岡珍平作、寛保二年［一七四二］）、「岸姫松轡鑑《きしのひめまつくつわかがみ》」（豊竹応律・若竹笛躬ほか作、宝暦十二年［一七六二］）等でも、劇中で中心的な役割を担ったり、主体的に劇的行為を行ったりする機会は乏しい。明和六年（一七六九）の「近江源氏先陣館《おうみげんじせんじんやかた》」および翌年の続編「太平頭鍪飾《たいへいかぶとのかざり》」（文楽現行曲「鎌倉三代記」の原作）は、頼家ら「京方」と、実朝を戴く北条時政ら「鎌倉方」との間の架空のいくさに仮託して大坂の陣を描いているが、豊臣秀頼に擬せられた頼家はまだしも、実朝はほとんど舞台に登場しない。京・鎌倉の対立として大坂の陣を描く手法は、歌舞伎「近江《おうみ》源氏鞱講釈《げんじしかたこうしゃく》」（並木正三ほか作、明和九年［一七七二］）でも踏襲されるが、こちらも頼家・実朝ともに舞台に登場しない内容である。(7)

歌舞伎では明治期に入って、河竹黙阿弥（当時、二代目河竹新七）の「星月夜見聞実記《ほしづきよけんもんじつき》」（明治十三年［一八八〇］）があるが、九代目市川團十郎の演じる荏柄の平太が、北条義時（初代市川左團次）に対して意見をするのが見せ場の、いわゆる「活歴」であり、やはり実朝（五代目市川小團次）にはさしたる仕事はない。

二、描かれない暗殺と実朝の和歌

さて、これら近世演劇の諸作品でも、実朝の暗殺が描かれることはない。

「尼御台由比浜出」初段では、剣の秘術を用いて実朝を襲撃しようと角星秋夜《かくぼししゅうや》（丸橋忠弥）が待ち受けるところへ、北条泰時の到来が告げられるが、泰時は急病のため代わって妻の若草が姿を見せる。この場面は、『北条九代記』に「右京大夫義時俄ニ心神違例シテ御剣ヲバ仲章朝臣ニユヅリテ退出セラル」と記される、鶴岡八幡宮における実朝暗殺の直前に、北条義時が急病のため御剣を運ぶ役を源仲章に譲った件を踏まえたものであろう（義時ではなく息子の泰時になっているのは、慶安の変の筋では、「知恵伊豆」と称された松平伊豆守信綱の役割を担う人物として、賢人との評価があった泰時の方がふさわしいと判断されたためか）。「鎌倉大系図」五段目では、公暁ではなく、実朝を我が子の仇とつけ狙う巴御前が、実朝の「社参」があると聞きつけて、銀杏ならぬ「松の木影」に待ち伏せを行う。「和田合戦女舞鶴」も、その三段目切は、「七年後の公暁による実朝暗殺、源氏将軍家断絶への第一歩が刻まれる劇である」(8)と内山美樹子氏が評するように、のちの暗殺犯・公暁誕生の契機となる事件を描いている。しかしながら、こうした出来事に続く実朝暗殺が描かれることはない。

一方、若輩扱いされたと憤る「悦賀楽平太」、母への不信感を露わにする「和田合戦女舞鶴」の例はありつつも、実朝と親世代、あるいは北条氏との対立や葛藤といった問題も、近世の演劇のなかではそれ以上に深められることはなかった。

最期を描くことができず、葛藤を抱えることもなく、また叔父や父のようにいくさの場に臨むこともなかった実朝に、何らかの役割が与えられるとすれば、それは結局、歌人ということになる。近世後期になると、賀茂真淵や上田秋成らによって実朝の歌人としての業績全般への評価がなされるが(9)、近世演劇の作者・観客にとってはやはり、実朝というと「百人一首」の「鎌倉右大臣」であり、撰者・藤原定家の門人という印象がまずあったようである。

「悦賀楽平太」では、いつき姫らが、「都定家卿を頼み。わびことのそせうせんためしのんで都へ上ると聞」き、定家の仲介であれば、実朝は自分の意に反して失踪した姫を許し、平太や景盛を召し返すであろうと思った上総入道が、それを妨害するために実朝から定家への書状を偽造する。ただし、この状が証拠となって入道の悪事が露見するものの、定家が実際に作中に登場することはない。

「尼御台由比浜出」大序では、定家が「甚歌道になづませ給」う実朝に懇望され、鎌倉に逗留している。稲毛入道は定家に対して、現在編纂中の「百人一首」に実朝の歌が入らないために、入唐の準備が進まないと迫るが、定家は「ゑらむ所の百人一首は。好人《すき》の名を後代迄とゞめん為の集なる故。秀歌にあらぬを入るゝ時は撰者のみの恥ならで。其歌《うた》人迄恥辱ぞや。武門の道は武士ぞしる歌道は歌人に任されよ」と、これをあしらう。その後、定家は京へ戻り、前述のように実朝は寵愛する微妙の前との縁を切る。そして、五段目では唐船の完成披露が由比ヶ浜で行われるのだが、そこへ尼となった微妙の前が、実朝の姿を最後に一度拝もうと、小舟に乗ってやってくる。実朝はそれを目にして、「一首の詠歌を得たるぞや。世の中は。つねにもがもなぎさこぐ。海士の小舟のつなてかなしもと。口ずさ」む。この歌が都の定家のもとへと送られ、「百人一首」に加えられるのである。

「和田合戦女舞鶴」の四段目も同様に、「世の中はつねにもがもな」詠の誕生譚である。

為氏が祖父の定家の後を引き継いで「百人一首」を編んでいる[10]小倉山荘に、浪人風の謎の男が訪れ、自らの歌を「百人一首」に加えて欲しいと願う。ただし、歌はまだ完成していなかった。「某は関東者。千賀の塩竈を一見致し。浦漕舟の面白く詠かけし其歌は。世の中はつねにもがもな渚こぐ。あまのを舟と迄はつゞり候へ共。下の七文字にせまり三十一文字成就せず。あはれ御添削有ッて百首にくはへ給はらば、後代ふしぎの面目」と言う男に為氏は、今宵この山荘に留まって下の七文字を考えるよう促すのであった。

そこへ荏柄の平太に殺害されたと思われていた斎姫が姿を見せる。驚く為氏の前に平太も現れ、身替りの計略によって姫を逃したことを説明し、為氏と姫との縁組を願う。この様子を立ち聞きしていた山荘の番人の車戸次夫婦は、姫の居所を訴人しようとし、平太と争う。平太の女房で、車戸次夫婦の娘の綱手は、姫の身替りとなって親に討たれる。為氏と謎の浪人の射た矢によって夫婦は絶命する。浪人は実は実朝であった。こうして、正体を明らかにした実朝は、

イカニ為氏卿。我撰集に入らん為。姿をやつし此家に来り。下の七文字にさしつまり。工夫をこらす所に。今綱手がかなしみを見て。綱手かなしもといふ七文字がうかんだり。和歌の道に叶ひなば百首にくはへ給はれ

と一首の完成を宣言し、為氏はこの歌を加えて「百人一首」を完成させる。

近世演劇における実朝は、歌を詠むという局面においてのみ、主体性を発揮し得る存在であったと言えるかもしれない。

三、「悲劇の主人公」へ

それでは、こうした演劇における実朝像は、近代に入ってどのように変化していくのか。黙阿弥の明治期の作品では、いまだ存在感を発揮しているとは言えなかった実朝であったが、福地桜痴作「東鑑拝賀巻《あずまかがみはいがのまき》」で、悲劇の主人公への道を歩み始める。

明治二十六年（一八九三）三月歌舞伎座で初演された本作は三幕から成り、序幕では頼家の暗殺と、その様子を夢に見た公暁が復讐を決意するまで、二幕目では、義時が公暁を騙して父の殺害は実朝の命によると信じさせること、鶴岡八幡宮への参詣を控えた実朝の周辺で様々な凶兆が起こること、三幕目では実朝の暗殺と公暁が討たれるさまが描かれる。単行本序文で桜痴は、「其初これを五幕若くは六幕に分ち北条義時の奸雄を十分に写し出し公暁をして右府を弑せしむるの

景情をものせんと」したが、上演時間の制限によって三幕に縮めたとしている。[11]この言葉からもわかるように、義時の狡猾ぶりと、北条氏によって操られ、死んでいく頼家・実朝・公暁の悲運が強調される。

劇評家・三木竹二は作品自体に対しては、「『東鑑』の二、三の記事をつなぎ合せて四幕に引延したるものなれど、根が芝居になるほどの代物でなきゆゑ、大詰の外は見物一同大だれにだれこみたり」、「実朝は半分殺さるる覚悟で行くやうに見ゆるは、いかにも馬鹿馬鹿しくて不評なり」としているが、團十郎の義時の悪役ぶりや、中村福助（のち五代目歌右衛門）の実朝の気品については好意的な評を残している。[12]後年、小林秀雄「実朝」に代表されるように、演劇に限らず、自らの死をも予期していた悲劇の歌人として実朝を捉える見方が一般的になるのに対して、三木が「半分殺さるる覚悟で行くやうに見ゆるは、いかにも馬鹿馬鹿し」いと述べている感覚の違いも興味深いが、この芝居が『吾妻鑑』のいくつかの記事をつなぎ合わせただけで、「根が芝居になるほどの代物」ではないという感想に注目したい。

例えば、「和田合戦女舞鶴」が、より通俗的な『北条九代記』等ではなく、『吾妻鏡』の深い読解の上に成り立っていることは、内山美樹子氏の「並木宗輔作「和田合戦女舞鶴」の構想と『吾妻鑑』」（『藝能史研究』一九〇号、二〇一〇年）に詳しい。しかし、内山氏も「浄瑠璃の作者、観客にとって『吾妻鏡』は鎌倉時代の権威ある「記録」であり、それなりに馴染ある存在であった。ただ多くの浄瑠璃作者が実際に『吾妻鏡』五十二巻を繙き、読みこなしていたとは考え難い」とし、数少ない例外である宗輔にしても、「本作以後、『吾妻鏡』自体を劇化することはなかった」と記すように、『吾妻鏡』は浄瑠璃作者にとって、もっとも手近な取材源であるとまでは言い難い。歌舞伎の作者の場合も、先述の『世界綱目』所載の「引書」一覧のなかに、しばしば「東鑑」の名は見えるものの、[13]多くの場合『平家物語』『鎌倉実記』『北条九代記』といったより通俗的な軍記類と併記されているのであり、決して『吾妻鏡』は芝居の材料として選択肢の第一に挙がるものとは言えなかったであろう。芝居の材料にならないわけではないが、まずは「記録」なのであって、芝居にするのはけっして容易ではない——三木の評は、そのような伝統的な近世演劇の作り手・観客の『吾妻鏡』に対する認識を反映しているように見える。

儒医の子で、幼い頃から漢学に親しんだ桜痴にとっては、『吾妻鏡』を近世の版本で読むことも、それほど困難なことではなかったと思われるが、「東鑑拝賀巻」の上演後、明治二十九年（一八九六）には高桑駒吉らによる『校訂増補吾妻鑑』（大日本図書）、三十六年には『続国史大系　吾妻鏡』（経済雑誌社）が刊行されるなど、『吾妻鏡』を読むことがより容易になっていった。また、歌人としての実朝に対しては、先述のように近世後期に真淵、秋成らによって高い評価がなされていたが、明治三十一年（一八九八）には、新聞『日本』紙上で、そうした真淵の評価を踏まえつつ、和歌は「実朝以来一向に振ひ不申候」と大胆にも言い切る、正岡子規「歌よみに与ふる書」が連載された。これに先立つ明治二十四年（一八九一）には、佐々木弘綱・信綱編『日本歌学全書　第八編』（博文館）として、三十二年には森與重編・三宅古城校閲の単行本として『金槐和歌集』が活字化されており、歌人・実朝の評価も高まっていた。

　こうした流れのなか、坪内逍遥が大正六年（一九一七）六月に雑誌『中央公論』に発表した「名残の星月夜」は、明治三十九年から四十年にかけて『早稲田文学』に発表された「牧の方」、大正七年五月の『中央公論』に掲載された「義時の最期」と三部作を成している。これは、シェイクスピアの「ヘンリー六世」三部作等、薔薇戦争を題材とした一連の史劇に学んだものであり、逍遙はこれ以前に豊臣家の滅亡を題材とする「桐一葉《きりひとは》」（明治二十七〜二十八年発表、三十七年初演）、「沓手鳥《ほととぎす》孤城《こじょう》落月《らくげつ》」（明治三十年発表、三十八年初演）の連作を試みていた。この時期の歴史を題材とする構想は、逍遙の頭に早くからあったらしく、

> けれども、私が、最初史劇を書かうと思ひ立つたのは、今からざつと廿何年も前の事で、其頃は、仔細あつて、特に保元、平治から承久、貞応へかけての史的因縁果報の理に深い感興を覚えて、其時代の人物、事件を題材にして、三部又は五部続きの、所謂循環史劇《サイクリックドラマ》を作つて見たいと思つてゐた時であつたから、そこで特に其最終編として「義時の死」を選んだのであつた。(14)

と記している。

問題の実朝だが、北条時政とその継室・牧の方らが、実朝に代えて頼朝の猶子である平賀朝政を将軍位に就けようと画策した牧氏事件（元久二年［一二〇五］）に取材した「牧の方」では、史実通り未だ十四歳という設定であり、わずかに大詰で牧の方の前に姿を見せるのみの存在である。初演では、牧の方を演じた五代目歌右衛門の長男・五代目福助（当時十七歳）によって演じられた。実朝が存在感を発揮したのが、題名に「尼公、実朝、公暁の悲劇」という副題が添えられた「名残の星月夜」で、こちらでは歌右衛門が再び実朝を演じた。四幕十場から成る本作の実朝は、将軍の地位に就きなが

ら実権を与えられず無為の日々を送っている。彼は、宋への渡航を企図して唐船を建造するも失敗し、溺死した狂女を羨んで入水を図るも、やはり止められてしまう。一方、公暁は義時によって、実朝が父の仇であると信じ込まされ、鶴岡八幡宮で彼を殺害するが、自らも討たれる。政子はすべてが義時の陰謀であると知りつつ、天下のためを思い何もできない。このように、三者三様の悲劇を描くのが、副題の意味するところである。

大正九年（一九二〇）五月三日の本作初演の初日には、「お客が湧き幕を引けといふ騒ぎ」(15)が起こるほどであった。先に紹介した如き、近世の浄瑠璃・歌舞伎等とは一線を画す姿勢で『吾妻鏡』等の典拠に向き合い、それらが「記す史実の枠組を（細部の変更はあっても）崩すことなく、「乾燥なる」同書が描かなかった人物の心理や感情の肉付けを行う（中略）が故に、逍遙にとって「名残の星月夜」は「会心の作」だったのであろう」(16)が、そうした意図は観客には十分に理解されなかった。四日目に「至極穏《おだや》かで能《よ》き見物振《けんぶつぶり》」のなか観劇した竹の屋主人（饗庭篁村）の、

（前略）子供の時から百人一首で鎌倉右大臣で近付であるが、斯う舞台でお目に掛ると立派にてよし、誰かの台詞に歌を詠み、鞠も蹴るがあれは世をはかなんでの思ひやりぐさだといふ様にけなしたが、如何して和歌《うた》は真物《ほんもの》、定家卿を師とせられて其の歌集は「金槐集」とて三巻世に残れり、少しの違ひで「金塊集」としたり《ママ》世に珍重されたらうにだと、ア丶度し難し〳〵、鞠を能くしたと云へば、猫に紙袋を被せたのかと云ふだらう、吁《あゝ》度し難し度し難し、ホイ僕もまた其の度し難いところを六七行云はせて貰ふのだツ(17)

という人を喰ったような評は、根岸派の面目躍如といった感があるが、期せずして、先に述べた、「百人一首」に入る「鎌倉右大臣」という近世以来の一般的な実朝像が健在であることと、逍遙の目指したものとの乖離を浮き彫りにしている。

四、「名残の星月夜」の和歌

「名残の星月夜」の典拠論ということになると、稿を改めねばならないが、実朝の和歌という点にだけ着目しても、本作の近世の浄瑠璃や歌舞伎との大きな違いが見えてくる。一言で言えば、本作は『金槐和歌集』の実朝歌を積極的に取り入れ、実朝の心情を描く材料とした点でも従来の演劇作品と一線を画す物であった。

具体的に見ていこう。第一幕第二場（別当院公暁の居間）、

実朝と朝廷との関係に疑念を持つ公暁のもとに、深見三郎次郎によって情報がもたらされる。そこには、「先年内勅によつて、仙洞御所よりお歌合せの一巻とやらを下し賜はりました折に、将軍家が御返辞に詠ませられましたお歌」が写されていた。ここでは、公暁が「大君の勅をかしこみ……」と口に出しかけたところで深見が、「あ、もし。……お黙読、お黙読」と制するが、同じ歌が第二幕第二場（名越浜御殿）では、実朝の御台所とそれに仕える老女日の岡との間の話題となる。(18)

日の岡　（前略）たしか三年《みとせ》も前のお事とやら、仙洞御所からお歌合せの一巻《ひとまき》を下しおかれました折に、其お返しごとに、「大君の勅をかしこみ父母に、心はわくとも人にいはめやも。」また「山は裂け海はあせなん世なりとも、君に二心《ふたごゝろ》われあらめやも」云々《しか〲》とよませられて、窃かに彼の方ざまへ献《まゐ》らせられましたのは、取りも直さず仙洞御所への御成約、御謀反のお企図《くはだて》ぢやなぞと申触らしをりまする。

御台所は、実朝の歌には朝廷との密約（そして北条義時打倒）の意図があるのだという噂に、実朝の身を案じるが、そうした浮説に心を痛めるのは、尼御台政子、そして実朝自身も同様であった。

尼御台　（前略）よもや、京方の煽動《おだて》に乗つて、今さら逆戻りの公武合体などを思ひ立ちめされうとは思ひませぬ。……なれども……（トいひかけて、思入あつて）どこかに火がなうては、立たぬ煙とも見ゆるアノ三首の歌……

トいひかけるを止めて

実朝　母上、しばらく。……成る程、あの三首の歌は、仙洞御所への私のお返事《かへしごと》には相違なけれど、それは今より三年《みとせ》も前、只かたじけなき御内勅に対し奉つて、二心なき由を誓ひ申したまでの事。若し公武の兵を合せて、事を挙げん下心などがありましたなら、和田一族が謀叛の折に、なんで手を束ねて見てをりませうぞ？　其お疑ひはお晴らし下さりませ。

（第三幕第二場・唐船の甲板）

ここで話題となっている「三首の歌」とは、先の二首（『金槐和歌集』六六一・六六三番）および、舞台ではなぜか読み上げられることがないが、六六二番「東《ひんがし》の　国にわがをれば　朝日さす　藐姑射《はこや》の山の　陰となりにき」のことを指し、「大上天皇の御書下し預りし時の歌」の詞書で、『金槐和歌集』巻末に置かれている。

一方、第二幕第二場幕切れ近くで、実朝が料紙に書きつけ、御台所に渡すのが、六一四番「世の中は　鏡に映る　影にあれや　あるにもあらず　なきにもあらず」（劇中では第三句を「影なれや」とする）と、出典不明ながら六一三番「世の中に　かしこきことも　はかなきも　思ひし解けば　夢にぞありける」に着想を得たとも思われる「うしと見るも、楽しと見るも、鏡なす、人の心の、わざならぬかは」の二首であり、第三幕第二場で宋人・陳和卿の漢詩（内容不明だが七言律詩らしい）に答える形で詠んだとされるのが、六一〇番「現《うつつ》とも　夢とも知らぬ　世にしあれば　ありとてありと　頼むべき身か」（劇中では第五句「頼むべきかは」）である。

作中、六六一～三番歌は人々に実朝に対する疑念を生じさせ、六一四番歌および「世の中に」の歌は、将軍でありながら実権を持たず、人々の噂に翻弄される実朝の心情を反映している。初演で観客の妨害を受けたとはいえ、本作中の白眉と言うべき第三幕第二場の唐船甲板の場における、六一〇番歌の使い方も、巧みである。『金槐和歌集』で当該歌は「無常を」と題された二首のうちの一首であり、客人とともに月を賞翫するこの場にふさわしい歌ではない。当然、御台所は「まアこれは！　こよひの名月を御賞美のお歌かと存じましたに。……往ぬる日のお歌といひ、此お歌といひ……」と嘆く。これに対して、傍に控える結城朝光は、「いや、其お歌は和卿が最前申上げし旧事の作とやらの意《こゝろ》を酌ませられての、当座のおすさみかと存ぜられまする」と取り成すのだが、実朝は朝光の言葉を否定した上で、「予も久しう此道を嗜好《たしな》んで見たが、所詮、和歌は、女子か、隠遁者か、大宮人かの仮初の玩《もてあそび》ぢや。大丈夫の心を慰むる料にはならん」と呟く。本作における和歌は、実朝の孤独な胸中が表出されるものであるとともに、それに対する人々の反応がさらに彼の孤独を深めるものとして現れている。

作中では、これに加えて、鶴岡八幡宮に向かう実朝が詠む、「いでゝいなば　主なき宿となりぬとも　軒端の梅よ　春を忘るな」の歌が登場する。『金槐和歌集』に収載されず、『吾妻鏡』等に「禁忌の和歌」として記される一首である。『吾妻鏡』に取材した桜痴の「東鑑拝賀巻」にも、当該歌およびこの前後のやり取りは描かれており、死に向かい行く悲劇の主人公という実朝像は生まれていたのだが、逍遙はそこに『金槐和歌集』の実朝歌を加えることで、彼の心情を一層細やかに描こうとしたのだった。

おわりに

すでに見てきたように、逍遙のこうした試みは、当時の観客にも理解されたとは言い難い。竹の屋主人の評に見えるように、大正に至っても、多くの観客にとって実朝はせいぜい「百人一首」の「鎌倉右大臣」だったのであり、レーゼドラマとしてならまだしも、舞台上において、『金槐和歌集』の各歌が、観客に訴えかける効果を持ち得たとは考えにくい。今日の観客にとっても、これらの和歌はますます理解困難なものとなっているとともに、作品の背景となる実朝と北条家、朝廷等の関係も、馴染みが薄くなっている。おそらく、本作が、歌舞伎の舞台において日の目をみる可能性はかなり低いであろう。

ただし、演劇で実朝を描く試みはこれで絶えてしまうわけではない。「名残の星月夜」発表の翌々年の大正八年（一九一九）には、高浜虚子が新作能「実朝」を発表しており、戦争を挟んで昭和二十五年（一九五〇）には、土岐善麿作の同名の新作能が、喜多実により初演された（この間、昭和十八年に小林秀雄「実朝」、斎藤茂吉『源実朝』、太宰治「右大臣実朝」が世に出ている）。将軍暗殺を描くことのタブーさえなければ、和歌に対する親和性では、能が浄瑠璃・歌舞伎よりも遥かに勝ることは言うまでもなく、これらの新作能では、「名残の星月夜」以上に『金槐和歌集』所収歌の数々および「禁忌の歌」が自在に活用されている。

結局のところ、実朝とは、演劇の登場人物にするには適当な逸話に欠け、人生のなかでもっとも劇的（に『吾妻鑑』では描かれている）な最期の瞬間は、近世以前の社会においては描くことが難しく、何らかの行動を取らせようと思うと、歌人としての側面に焦点を当てるほかないのだが、「百人一首」の歌人の一人、という以上にはなかなか踏み込めない。周囲の人間関係も含め、彼の葛藤を丹念に描こうとすれば、観客に多大な歴史に関する知識を要求せざるを得ない、という大変に厄介な存在であるようである。近代を迎えてタブーから自由になり、しかも主人公一人を焦点化することが容易な、新作能という形式によって、ようやく主人公たり得たとも言えるのだが、こうした厄介な人物を描くことに挑み、ある程度の独自性を発揮し得た宗輔や逍遙の試みも、心に留めておきたい。

注

（1）『世界綱目』は写本で流布した。国立国会図書館蔵本の翻刻が、国立劇場芸能調査室編『狂言作者資料集〈歌舞伎の文献6〉』（国立劇場、一九七四年）に収められている。

（2）真山青果はこれ以前の大正七年（一九一八）七月に雑誌『新小説』に戯曲「傀儡船」を発表、翌年初演されている。「頼朝の死」はこれを改作したものである。

（3）引用は『近松全集　第十三巻』（岩波書店、一九九一年）により、文字譜等は省略した。

（4）引用は、鳥越文蔵監修、義太夫節正本刊行会編『義太夫節浄瑠璃未翻刻作品集成23 尼御台由比浜出』（玉川大学出版部、二〇一三年）により、文字譜等は省略した。

（5）「和田合戦女舞鶴」については、内山美樹子「「和田合戦女舞鶴」の時と人物設定」（『演劇映像学2008 第3集』二〇〇九年）、「並木宗輔作「和田合戦女舞鶴」の構想と『吾妻鑑』」（『藝能史研究』一九〇号、二〇一〇年）で、史実や『吾妻鑑』の記述と作品の設定との関係が詳述されている。

（6）引用は早稲田大学演劇博物館所蔵本（イ14-2-877）により、文字譜等は省略した。

（7）歌舞伎台帳研究会編『歌舞伎台帳集成　第二十七巻』（勉誠社、一九九二年）。

（8）注5前掲「並木宗輔作「和田合戦女舞鶴」の構想と『吾妻鑑』」。

（9）高松亮太「賀茂真淵の実朝研究」（『国語国文』第八十四巻第六号、二〇一五年）、「秋成の実朝・宗武をめぐる活動」（『秋成論攷——学問・文芸・交流』笠間書院、二〇一七年）等参照。

（10）作中で「百人一首」撰者が為氏となっているのは、定家にも息子の為家にも「よく知られた恋人があり」、斎姫の恋人とすることができなかったためと内山氏は推測している（注5、8前掲論文）。

（11）『東鑑拝賀巻　附春興鏡獅子』（博文館、一八九三年）。国立国会図書館デジタルコレクションによって閲覧。

（12）三木竹二著、渡辺保編『観劇偶評』（岩波文庫、岩波書店、二〇〇四年）。

（13）「伊豆日記」「木曽」「義経記」「頼家治世」「実朝治世」「鉢木」「信田」「法然上人」の各世界で、『東鑑』を引書に挙げている。

（14）「北条義時の死は自然か、人為か？」（『大観』一九一八年五月号）。引用は『逍遙選集　第二巻』（第一書房、一九七七年）による。

（15）「演芸風聞録」『朝日新聞』一九二〇年五月七日。この騒動については、坪内士行『坪内逍遙研究』（早稲田大学出版部、一九五三年）で詳述されている。

（16）内山美樹子「「名残の星月夜」と『吾妻鏡』「和田合戦女舞鶴」」（『逍遙新集　坪内逍遥書簡集　第五巻』早稲田大学出版部、二〇一三年）。

（17）竹の屋主人「歌舞伎座劇評（上）」『朝日新聞』一九二〇年五月八日。

（18）「名残の星月夜」の引用は、『逍遙選集　第二巻』（第一書房、一九七七年）による。

付記　演劇作品からの引用を除いて『金槐和歌集』所収歌の表記・歌番号は、定家所伝本を底本とする樋口芳麻呂校注『新潮日本古典集成　金槐和歌集』（新潮社、一九八一年）による。「名残の星月夜」については、中村哲郎『歌舞伎の近代　作家と作品』（岩波書店、二〇〇六年）から多くの示唆を得た。

近代歌人による源実朝の発見と活用
――文化資源という視点から

松澤俊二

まつざわ・しゅんじ――桃山学院大学社会学部准教授。専門は近・現代の和歌、短歌。著書・論文に、『「よむ」ことの近代――和歌・短歌の政治学』（二〇一四年、青弓社）、「「新」・「旧」歌人と初学者たちのニーズ――短歌入門書から見る大正期」（『日本文学』六五巻五号、二〇一六年）、『プロレタリア短歌』（二〇一九年、笠間書院）などがある。

源実朝とその和歌を文化資源という視角から考えて見たい。本稿では主に斎藤茂吉ら「アララギ」派歌人とそれに抗する諸結社の歌人たちの論争を追うことで、その資源が見いだされるまでのプロセスや活用実態、各人の多様な意味づけ方などを問題とする。また、大震災と戦争などの社会的な背景も視野に入れながら、実朝という文化資源の評価、継承の在り方を考察する。

はじめに

実朝について語ることは明治期以降に活発化した。[1] 質と量の両面にわたるテキストの充実をうけて歌人たちは饒舌になった。そもそも、その状況を準備したのも彼ら彼女たちだった。

例えば、佐佐木信綱は父弘綱とともに一八九一年に「右大臣実朝集」（『日本歌学全書第八編』所収、博文館）を刊行している。[2] 同書は〈活字本の金槐集としては、恐らく最初のもの〉であり可読性の高さと安価なことから多くの人々に親しまれた。信綱にはいわゆる「定家所伝本」を一九二九年に発見した功績もある。実朝自選の可能性も指摘されたこの伝本は〈それまでの研究に、より多くの手掛かりを与え〉たと評されている。[3]

齋藤茂吉は一八九八年に先の「右大臣実朝集」を落掌した。同書をもとにして一九一一年より「金槐集私鈔」を執筆する。それを増補、加筆して一九一六年には『短歌私鈔』

（白日社）を刊行した。さらに、その仕事は後年の『金槐集私鈔』（春陽堂、一九二六年）、『金槐和歌集』（岩波書店、一九二九年）、『源実朝』（岩波書店、一九四三年）などに結実する。岩波文庫版の『金槐和歌集』は二〇一七年には五十三刷を重ね、同集のテキストとしてはおそらく最もポピュラーなものとなった。

他の近代歌人にも実朝についての著述がある。まず正岡子規の有名な実朝評が思い浮かぶ。また尾山篤二郎、松村英一、半田良平、川田順、土岐善麿らの注釈や評伝がある。窪田空穂、伊藤左千夫、釈迢空、石井直三郎、四賀光子、大井広、吉野秀雄らにもまとまった量の考察がある。他にも実朝は歌の材料となった。[4] 劇中の登場人物として造形されたケースもある。[5]

このように近代歌人たちが盛んに取り上げた源実朝という人物とその和歌について、本稿では文化資源という視点から考えていきたい。[6] その語を用いることで、以下のような具体的な諸局面がより明確に立ち上がり、問題として現前するように思われるからだ。

資源はまず、それとして見いだされなくてはならない。そして無数の主体により多様に意味づけられ、それぞれの場面で応用される。また、よく利用されるためにはそれが多量に安価に手に入るような物理的な条件（＊例えば先に述べた関連書の出版と流通など）が整っている必要がある。さらに、それが有用ならば、私的に所有したいという誰かの欲望を喚起するし、一方でその欲望を制止しようとする動きも生まれてこよう。もし社会的な変動があれば、その性格があらためて見直され、それまでと別の使途において消費される場合もあろう。

このような諸局面をなるべく具体的に捉えることで、実朝という文化資源が歌人たちにとってどのような意味を持ったか、その一端を明らかにできよう。さしあたって、一八九〇年代から一九四〇年代の戦時期までを検討時期とする。

一、実朝の「文学」への着目

一八九〇年（明治二十三）十一月、〈本邦文学史の嚆矢〉（「緒言」）という自讃の文を掲げて『日本文学史』（金港堂）が刊行された。著述者は三上参次、高津鍬三郎。さらに補助として〈短歌改良の先駆的役割を果たした〉と評される落合直文も加わった。[7] この歴史的著作に実朝がどのように記されているのか。

かの三代の実朝の如きハ、最も文学を嗜み、常に源高章をして、史書を講ぜしのみならず、和歌を藤原定家に学びて、同門の常磐井相国実氏、衣笠内府信実等と競ひき。其の家集を金槐集といふ。万葉の歌調を慕ひて、之に倣へるもの多し。賀茂真淵は此将軍を以て、平安の京このかたの一人とさへいひき。

実朝が和歌を藤原定家に学び、「金槐集」で〈万葉の歌調〉を取り入れていること、そして賀茂真淵が〈平安の京このかたの一人〉と称揚したこと。これらの評言は、文中にも名前のある真淵以来のもので別段新しいものと見えない。[8] ここではその評が明治期の『日本文学史』にも引き継がれていたことを確認しておこう。

次に、『日本文学史』と同年の論考、小中村義象「源実朝論」（「国文学」一八九〇年五月）を見てみよう。（＊小中村は国学者、歌人でのちに宮内省御歌所の寄人も務めた。）

小中村の指摘で興味深いのは、実朝を〈常に、北条の専横を憤り、常に之を抑圧せんと〉していた〈清直剛毅の士〉とする見方である。[9] そして彼が歌道に熱心であったのも〈和歌を以て、朝紳と交らひ、其機もあらば、北条征討の事をも謀らん〉としていたからという。つまり、ここで実朝は政治の人である。またその和歌も政略の具として把握されている。さらに小中村は同時代的な実朝評を一蹴して退けている。〈世に実朝を評して和歌に耽りて、政事を《ママ》かへり見ずといふものハ、その心事をしらざるなり〉という具合にである。

実朝の和歌についていえば、この明治二十年代において真淵の評価以上に詳細なものは見当たらない。[10] また和歌を政略の具として用いたという見解も指摘のみに留まっている。ただし、歌人ではないが、雑誌「文学界」を主宰し小説家、評論家としても活躍した星野天知の見解は注目に値する。その指摘は、実朝を政治家としての評価から完全に切り離し、その和歌の可能性を「万葉集」との関わり以外にも拡張したという意味で重要なものと思われる。

人は卿を錦衣玉鞭為すなきの怠慢公子なりといふ、あらず、卿は人事の上に超然たる懸命の美境に為すあらんとし給ふを吾れは知れり、…（中略）…卿は能く為し給へり能く闘ひ給へり、よしや政界の行為は史家の伝ふるだけにとゞめ置くとするも、当時の想界に為し給ひし所のものは宗教の境にさぐり見るも著《しる》かるべく、まして詩の境に入りて見れば大に闘ひ給ひし蹟を残し給ふをや

星野天知「こよひの柳蔭」（「文学界」三一号、一八九五年七月）

この引用文の直前で星野が退けたのは、「成敗」（政治の良し悪し）や「毀誉」（世間の評価か）をもって実朝を断ずる「史論家」「俗論家」の説である。それらの説と異なり、実朝

が〈人事の上に超然たる懸命の美境〉に生きたことを星野は力説した。実朝が活躍したのは、むしろ〈想界〉上であり、宗教さらに詩（＝和歌）の分野でよく奮闘したと讃えている。

星野をはじめとする「文学界」同人が、〈政治に勝る営みとして文学を卓越化する新たな思想的見取り図を打ち立てた〉ことはすでに指摘されている。[11] まさしく星野も、実朝を〈政治〉から切り離し、〈想界〉に生きた詩人、文学者として発見したのだった。ここにおいてその和歌も新しく価値付けられる。それは「万葉調」であるがゆえに価値を持つのでなく、実朝が〈懸命の美境に為すあらんとし〉て〈大に闘ひ給ひし蹟〉であるがゆえに光輝を放つのである。

二、齋藤茂吉による実朝理解とその変質

明治三十年代初頭において、正岡子規は〈実朝を転換軸として明治の短歌を樹立しようとする〉意図から実朝を称揚した。[12] ただし、〈万葉調歌人としての実朝の傑出していること〉を述べたその評言は、真淵以来の常識を踏襲しただけとも指摘されている。[13] では、その試みの新しさとは何であったか。それは当時の歌人たちから聖典視されていた「古今和歌集」に対して「万葉集」を対置し、実朝をその雄壮な歌風の実践者として押し立て、御歌所派歌人らを批判したその振るまい方にあるだろう。実朝とその和歌に、現在の和歌の諸問題を浮上させる力のあることを見抜き、それを革新のための資源として活用せんとしたのである。この試みについての先行研究は多くあり、[14] 本稿ではこれ以上踏み込まない。

明治四十年代に至り、実朝の賛仰者として現れたのは、子規の孫弟子にあたる齋藤茂吉である。本節では、この茂吉が実朝という文化資源をいかに意味づけ、活用したか考えていくこととしよう。

茂吉は、現在では〈万葉調の大歌人〉という実朝観の〈完成者〉と目されている。[15] けれども、その最初の実朝についての著作「金槐集私鈔」（「アララギ」一九一一年六月〜一九一二年九月。以下「私鈔」と表記）においては、実朝と「万葉集」を結びつける評言は意外と少ない。「万葉振り」という言葉が二例、「万葉調」の語に至ってはゼロである。[16] 思うに、「私鈔」において特徴的なことは題詠を主流とする時代のなかにあって、実朝がいかに実感や実情を尊重したかを強調する語り口である。それは例えば次のような文言に窺える。

（※以下では「私鈔」の文言を抄出する。引用中の和歌の表記は「私鈔」初出時のまま。【A】〜【F】の記号は稿者が付したもの。）

【A】　散のこる岸のやまぶき春深み此ひとえだをあはれといはん

山吹の花のあはれ深い姿と作者がいかにも接近して居る。言を換へていへば作者がほんとうに感じて作つた歌である事が少し注意すれば分る。

【B】 妻こふる鹿ぞなくなる小倉山　山のゆふぎり立ちにけんかも

第一句は実際である。其以下は思ひやりである、鹿がほろほろと鳴く。その鹿の声を聞いて直ちに「山のゆふぎり立ちにけんかも」だけは何だか馬鹿らしい様な気がする事が無いでも無いが、そこが稚い純なところで予の好きで好きで堪らぬところである。…（中略）…ひよいと浮ぶ感じを吾々は尊重し度い。

【C】 たびをゆく跡の宿守をれをれに私あれや今朝いまだ来ぬ

「私あれや」とは何ともいへぬ味ある言葉である。この様に実際の世相に触れて平気で詠む歌人は当時にあつては実朝一人である。その他の歌人は当時の習慣が支配した浅慮な歌らしい歌しか詠めなかつたのである。

【D】 箱根路をわが越えくれば伊豆の海や沖の小島に波の寄る見ゆ

この歌は矢張り金槐集中の佳作の一つである。万葉の逢坂の歌と比較して本歌取の様に論ずるのを常として居るが、決して本歌取では無い。

【E】 ふく風の涼しくもあるかおのづから山の蟬鳴きて秋は来にけり

側から見て他人の作の句を踏襲した様な形式がありありと見えて居ながらなほ創作として力を失はざる所以は、彼はそれ等の句を意識せずに知らず識らず用ゐたものであらう。然らずば真実に感じて作したからであらう。

【F】 苔ふかき岩間をつたふ山水のおとこそたてね年を経にけり

第一句第二第三句あたりの音調の自然なる敬服に堪へぬ。この歌でも「大海の」の歌でもその他の作でも実朝は吾等が現在考へてゐる歌調といふ事に就てすでに実行してゐるのを嬉しく思ふ。

これらの文言から実朝の和歌を茂吉がどう理解したかを確認できる。茂吉には、歌人自身が〈ほんとうに感じて作つた〉かどうか【A】、その体験がそのまま詠まれているかが重要なのだ【B】【C】。茂吉のこのような価値観は、当時のいわゆる「新派」歌人には、あまねく共有されていた。一八九〇年代を通じて進行した「和歌革新」運動は、〈伝統的流派による古習墨守の題詠主義〉であった「旧派」和歌・歌人を、〈個性による自由主義であり、実景実情主義〉の「新派」

和歌・歌人が超克していった過程を指す。[17]「私鈔」が書かれた一九一一年時点では、実景実情主義はいっそう深められていた。

茂吉は、文壇における自然主義の影響も受け止めて、[18]作歌主体の内面の微細な動きに目をこらそうとする。[19]そうして、実朝の作歌の契機が多く題詠であることに言及しながらも、結果として歌の内容は実情、実景に触れていることをしばしば強調した。〈ひよいと浮ぶ感じ〉を重要視することも当時の新傾向である[20]【B】。要するに、茂吉は自分たち「新派」歌人の先蹤を実朝に見いだそうとしていたのである。

作歌主体と歌の内容との密な関連性を重視する「新派」であれば、本歌取りのような修辞法も忌避すべき対象となる。したがって茂吉は実朝の本歌取りを必ずしもそうと認めない。これを実朝の実体験として読みかえる【D】。あるいは〈意識せずに知らず識らず用ゐた〉ものと見る【E】。

〈用語の自由、多様な歌調〉も「新派」歌人の特色とされる。[21]実朝もまた当時の慣習に縛られることなく語句を自由に用い、[22]多様な調べを使いこなした。【F】では、〈吾等が現在考へてゐる歌調〉がすでに実現されていたと発言していることにも注目したい。

また茂吉は、当時の歌人が〈習慣が支配した浅慮な歌らしい歌しか詠めなかった〉に対して、〈実朝一人〉が際だった先進性を示したと考えている【C】。つまり実朝こそその時代における「新派」歌人であったのだ。

このように茂吉は、実朝の和歌と明治の新傾向の歌人・歌風との類似点を見いだし喜悦する。しかし、その言説が、大正期に入って、ある種の狭隘さを帯びたものに変質する。一九一六年に公にされた「源実朝雑記」（前掲『短歌私鈔』所収）より引く。

> 実朝は歌人として未だほんの初途で死んで仕舞つたと前言したが、それでも晩年には飽くまで発育し得べき証拠を示して居る。その初途の曙光が実朝の生《せい》の連続に想到する我等の性命《ママ》に働掛けて来る。我等が大正の時代になほ万葉ぶりの歌を作り唱道する、決して偶然ではないのである。予の見によれば実朝は、特色のある歌人と謂はんよりも寧ろ大なる歌人、大なる歌人となるべき初途にあつたものである。大とは偉大を意味してゐる。

茂吉は、この文章の前段で、実朝の晩年を〈一躍して万葉の歌に肉薄〉した時期とする。これをふまえて引用部では次の二点を指摘する。一つは、万葉を学んだ実朝はやがて〈大なる歌人〉として大成しただろうこと。二つめに、その〈実朝の生〉と、〈大正の時代になほ万葉ぶりの歌を作り唱道する〉〈我等の性命〉とは『万葉集』を学ぶことを共通点として時間を越えて繋がっているということである。〈我等〉が茂吉自身も含む「アララギ」派を指すことは言うまでもない。

ここで実朝と『万葉集』を結んでいることは、もちろん茂吉の新見ではない。その新しさは、『万葉集』・実朝・「アララギ」をやや神秘的な物言いで結び、かつ自派の卓越性を説いたこと、そこに現れたセクショナリズムだろう。ここで茂吉は、「新派」歌人の共有財であった実朝という文化資源を、「アララギ」派による私有財として囲い込もうと試みたのではないか。

三、諸派の歌人による実朝理解

大正歌壇における主要なトピックとして、木俣修は「アララギ」が主流的立場を形成したことと、歌人たちがそれぞれの主義主張を奉じて結社を組織したこと（結社分流）の二点を指摘している。[23]

茂吉が、ともに〈万葉ぶりの歌を作り唱道する〉点で、「アララギ」と実朝を結びつけた一九一六年（大正五）前後は、まさしく同派が歌壇のリーダーとして名乗りをあげた時期だった。[24]では、「アララギ」派のみの隆盛を了としない他結社の人々は実朝の私有をどう受け止めたのか。大正期から昭和期にかけての歌人たちの実朝理解を見ていこう。

茂吉の提示する実朝像について、おだやかに異論を呈したのは佐佐木信綱である。「源実朝の歌」（『心の花』一九一九年四月）のなかで信綱は、実朝には〈四期の発達〉があったと言う。[25]一期、二期は秀作時代、後者は定家に学んで〈千載新古今といふ当時の作風〉を採った時代である。三期になって〈万葉模倣の作〉が現れるが、茂吉が評価したのはこの期に相当する。しかし信綱は、その後に四期のあることを想定して、それを〈万葉を脱して、独特の境を拓き得た〉時代という。そして、

自分が実朝に尊しとするは、この作風にある。近時に於けるわが歌壇に、万葉風の盛んなのを見るのは頗るよろこばしいが、併し単に万葉の模倣にをはらないで、万葉を学んでその外に出づること、実朝が第四期の歌の如くであつて欲しいとおもふのである。

と結ぶ。実朝は〈万葉の模倣にをはらない〉歌人であった。そして、現今の和歌を志す人々にも〈万葉を学んでその外に出づること〉を促したのである。[26]

また、「旧派」に類される歌人からも異論が出された。弥富破摩雄「源実朝と万葉集」（『万葉集纘攷』大岡山書店、一九三四年）は、『金槐和歌集』について〈此の集の殆ど全部が、

古今調、古今模倣歌〉で、〈純万葉調の歌の如きは、殆ど発見するに苦しむ程〉という。つまり、破摩雄から見ると実朝は古今調歌人であった。彼が「古今和歌集」を重視した桂園派に連なる人であったことを思えば、(27) その説の提唱も頷けるものがある。

次に、「潮音」に拠った大井広の発言を見よう。太田水穂主宰の「潮音」は「反アララギ」、「反写実」の旗幟を鮮明にして活動した。(28) そのためか広の発言も「アララギ」に対して、より直接的で辛辣なものとなっている。

広は「実朝の歌に就いて」(『南窓歌話』立命館出版部、一九三二年)で、子規ならびに茂吉を批判して次のようにいう。

> これらの人々の言ふところは、万葉集の歌が最も正しい歌の道であることを主張するための傍証として、実朝を引合に出してゐる点において、ほとんど合言葉のやうに思はれるふしがある。従つて実朝が万葉集の影響をうけてゐる一面しか見てゐないやうな偏見が、いつもつきまとつてゐる。かういふ偏見、独断は、古人の真価を評定する公正な道でないことは言ふまでもない。

それでは、彼が考える〈古人の真価〉とは何か。広はそれを〈万葉、古今、新古今に出入してそこから自分の風格を作り出したところ〉に求めた。万葉に執せず、それ以外の歌風も吸収しながら独自性を打ち出したところに実朝の真価を見たのである。

「アララギ」流の実朝理解の誤謬を指摘したのは釈迢空こと折口信夫も同じである。その「新古今前後」(『短歌研究』一九三六年九月～一九三八年五月)には実朝についての興味深い指摘が断続的に現れるが、それらは次の四つのトピックに分類できる。すなわち、【A】歌人実朝の方法について、【B】子規の実朝評価について、【C】実朝と「万葉集」との関係について、【D】「金槐集」の特質についてである。以下、それらの指摘を見ていくと、

【A】実朝は「万葉集」ならびに同時代の歌風の両方をよくした〈両刀遣ひ〉の歌人である。当時は〈常に一つの方面に向ふのは、必しもよい事と思はれなかつた〉。

【B】子規が〈実朝を認めたのは、真淵の見た実朝を通して〉のことであり、子規は〈こまかい処は訣らない人〉だった。

【C】「金槐集」には〈万葉ぶりの歌だと人が認めてゐる〉歌は〈十首位のもの〉で、〈実朝に、万葉集が影響を与へてゐるなど〵言ふ議論は、機械的で、お人好しだと思ふ。実朝には其影響は大してありはしない〉。

【D】「金槐集」は〈全体としては、ひどい歌ばかりで、寝

言みたいなものだ〉また、〈良い悪いを離れて言ふと、特色のあるものは、釈教の歌〉である。

以上、迢空の指摘は、実朝と「金槐集」に、子規及び「アララギ」流の実朝理解に厳しいものとなっている。そもそも迢空は別論で、「万葉ぶり」の歌の実在を疑っている。それは実は〈調子が古風に張つてゐると言ふやうな点に帰するものを捉へて、さう言つてゐる〉だけであり、その正体は〈万葉の作物の感覚に刺激せられて出た、ある近代調と言ふことになる〉と指摘する。(29) 実朝を「万葉ぶり」の歌人と呼ぶことに疑義を呈しただけでなく、現今言われるところの「万葉ぶり」が、まったく新しいものでしかないとする迢空のコメントは、「アララギ」の人々にとって極めて不穏な言説といえるだろう。

さて、実朝の評価をめぐり行われたこれらの議論は、別面では、実朝と「万葉集」、「アララギ」を結び、その文化資源を囲い込もうとする同派に対する他結社からの異議申し立てという側面を持っていた。他流の歌人たちは、その私有の合理性、正当性のなさをそれぞれの立場から指摘して「アララギ」を牽制した。結果としてその戦略が奏功したのか、つまり「万葉調歌人・実朝」像の広まりを止め得たかというと、必ずしもそうといえないようだ。(30) しかし一連の議論がいくつかの副産物をもたらしたことも事実と思われる。

一つは、「アララギ」流の実朝像に異議申し立てをすべく、歌人たちが新たな実朝像を次々と提出して見せたことである。本論でも、信綱の第四期説、破摩雄の古今調歌人説、迢空が釈教歌に特徴を認めたことなどを取り上げたが、歌人たちの実朝を見る目は、いよいよ多角的に、緻密になった。(31) 大局的に見れば、「アララギ」の強引さの目立つ論法が歌人達の反発を引き出し、研究を促進させたと言えようか。

二つめの副産物は、実朝研究を媒介にした歌人間、あるいは、歌人と歌壇外の人々との交流が活性化したことである。大正期の歌壇については〈結社間の交流というものは全くといってよいほど行われなかったこと、したがってそれぞれ独善的になり、わが仏尊しの一種の宗教団体的な形態〉を呈していたとされる。(32) しかし、実朝という共通の文化資源を仲立ちにした交遊もいくつか確認することができる。

例えば、尾山篤二郎は『新釈源実朝歌集』(紅玉堂、一九二四年)執筆のために松村英一、奥島欣人、石井直三郎ら歌人仲間から実朝関連本五冊を借用している。(33) また茂吉も国文学者の武田祐吉から雑誌を借りたり論文を紹介してもらったりしている。(34) その資源が歌人たちのコミュニケーションをより密にする役割を果たしていた可能性も指摘しておきたい。

終わりに代えて——大震災、戦争と実朝

最後に、近代の社会変容のなかで実朝とその和歌に新たな意味づけがなされ、それまでとは別の仕方で活用されたケースを二例取り上げる。

一九二三年九月一日、いわゆる関東大震災が起こる。この未曾有の大災害を受けて「アララギ」は翌十月号より特集号を組み、震災に関わる短歌や同人の被災情報などを続けざまに掲載した。特に十月の震災報告号に注目したい。

その表紙（**図1**）には実朝の〈炎《ほのほ》乃《の》美《み》虚《こ》空《くう》爾《に》彌《み》手《て》留《る》阿《あ》鼻《び》地《ぢ》獄《ごく》行《ゆく》方《へ》毛《も》那《な》之《し》止《と》言《い》布《ふ》母《も》波《は》迦《か》那《な》四《し》〉（＊ふりがなは稿者による。）

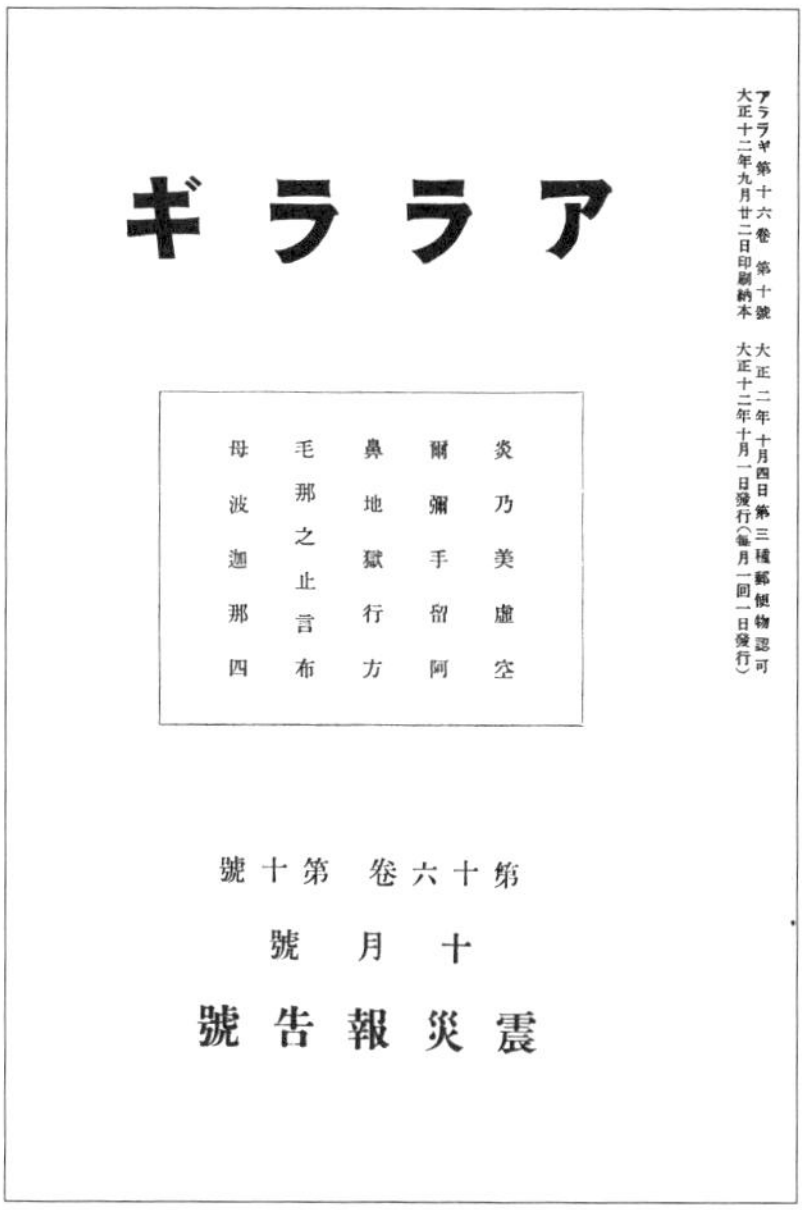

図1　「アララギ」（一九二三年十月号）表紙

が掲げられた。わざわざ万葉仮名で歌を記載したのは「万葉調歌人・実朝」を印象づけるための「アララギ」流の操作とも思われるが、これはややうがった見方か。

もともとこの歌には「思罪業歌」との題がある。地獄を想像して詠んだものという。[35] しかし、ここで「アララギ」編者が狙いとするのは、その歌の内容と震災後に炎上する東京の街を逃げ惑う人々の様子を重ねて、読者に見せようとすることにあるだろう。

「アララギ」は一九二四年二月の「震災歌号」でも実朝歌を八首掲載している。そのなかの、たとえば〈いとほしや見るに涙もとどまらず親もなき子の母を尋ぬる〉なども、被災した街で子が母を尋ね歩く姿を読者に彷彿とさせることを狙っていよう。

けれども、実朝が歌を詠んだ当座の事情を捨象して震災と関連付けるかのような「アララギ」の仕方には、例えば釈迢空からの強い批判があった。[36] また一方では実朝歌のアクチュアリティを是認するかのような発言も見られたのである。[37] いずれにしても、震災という社会的な危機が実朝歌の見直しを迫り、新たな可能性が見いだされた。現在の極限状況を詠むかのようなその迫真性に光が当てられ、人々の共感や反発を呼んだのである。

もう一点、一九四〇年代における戦争と実朝歌との関連について記しておく。

この時期、歌人たちがしばしば言及した実朝像は勤皇歌人としてのそれであった。例えば、土岐善麿『源実朝』（書誌は注5）は第一章を「尊皇の心」で開始している。また吉井勇の舞踏劇「実朝」（書誌は注5）が描き出すのは、後鳥羽院の恩顧に報いるための和歌を詠もうとして苦吟する実朝の姿である。潔斎参籠し、僧にも祈祷させ、住吉明神の神助を得てようやく詠み得た和歌こそ「山は裂け海はあせなむ世なりとも君にふた心わがあらめやも」であったというのだ。

実朝が後鳥羽院への随順を誓うこの歌は、戦時期にいっそうのポピュラリティを獲得する。一九四二年がちょうど実朝の生誕七五〇周年ということもあり、この歌を刻んだ歌碑も建立された。[38] そして同年十一月には「愛国百人一首」にも選ばれている。

「愛国百人一首」選定の席上、そこには十一人の歌壇の大家が居合わせたが、茂吉は切迫した調子で「山は裂け…」の歌の重要性を論じた。[39] そして佐佐木信綱をはじめ川田順、松村英一、釈迢空らはその入集に賛同した。それまで実朝を幾度も論じ、その多様な性質を理解していた大家たちが合同してお墨付きを与えたのは、その歌に宿るとされた〈尊皇の至情〉であり、勤皇歌人としての実朝の姿だった。[40] そして「愛国百人一首」は、官・民挙げての大キャンペーンによって国内はもとより海外植民地にまで広められていく。[41]

勤皇歌人としての実朝とその歌。今やそれらは歌壇から帝国日本に供出された戦争遂行のための一資源に他ならなかった。

注

（1）鎌田五郎『源実朝の作家論的研究』（風間書房、一九七四年）に、中世から近世にかけては〈実朝が一般的に、当時の和歌史の主流から圏外に立つ歌人とされ、彼に言及した文献が定家や西行に比べて甚だ少ない〉とある。

（2）半田良平「定本金槐和歌集につきて」（『短歌雑誌』一九二七年五月）。

（3）今関敏子「金槐和歌集」（西沢正史・徳田武編『日本古典文学研究史大事典』勉誠出版、一九九七年）。

（4）例えば子規に「金槐和歌集を詠む」八首がある。有名な「人丸の後の歌よみは誰かあらん征夷大将軍みなもとの実朝」（土屋文明・五味保義編『正岡子規全歌集竹乃里歌』岩波書店、一九五六年）もここに含まれている。一八九九年の作。

（5）一例を挙げると、吉井勇の舞踏劇「実朝」（『戯曲蓮月』所収、大雅堂、一九四三年）、土岐善麿の新作能「実朝」（大法輪閣、一九五五年）など。俳人の高浜虚子にも新作能「実朝」（『中央公論』一九一九年一月）がある。

（6）文化資源の語を用いることで見えてくる問題については、渡辺裕『サウンドとメディアの文化資源学　境界線上の音楽』

（春秋社、二〇一三年）、佐藤健二『文化資源学講義』（東京大学出版会、二〇一八年）を適宜参照した。

（7）藤岡武雄「落合直文」（『現代短歌大事典』三省堂、二〇〇〇年）。

（8）高松亮太「賀茂真淵の実朝研究」（『国語国文』八四巻六号、二〇一五年六月）は、鈴木健一「実朝「あられたばしる」歌の享受をめぐって」（『江戸文学』四一号、二〇〇九年）を参照しつつ、実朝を万葉集と関連付ける真淵の見方もけして彼の新見ではなかったと記す。その新しさは〈技巧的で柔弱な詠風が蔓延る時代にあって、唯一万葉風の雄渾な歌を生み出した歌人として実朝を位置づけた点〉にこそあったと指摘する。

（9）この評言は、後の子規の実朝評〈古来凡庸の人と評し来りしは必ず誤なるべく、北条氏を憚りて韜晦せし人か、さらずば大器晩成の人なりしかと覚え候〉（「歌よみに与ふる書」（『日本』一八九八年二月十二日）などの文言に流れ込んでいよう。

（10）「はじめに」でも触れた一八九一年刊行の「右大臣実朝集」における実朝歌評も、「万葉集」との関わりと歌の勇壮さに言及した真淵の評言を踏襲している。

（11）木村洋「徳富蘇峰の人物論――「ジョン、ブライト」『人物管見』『吉田松陰』」（『日本文学』六八巻二号、二〇一九年二月）。

（12）粟津則雄『正岡子規』（朝日新聞出版、一九八二年）。

（13）藤川忠治・蒲地文雄『正岡子規』（桜楓社、一九八〇年）。

（14）子規がなぜ実朝を革新の旗印に選んだのかという問題については、片野達郎「茂吉と実朝」（和歌文学会編『論集　明星とアララギ』笠間書院、一九八三年）が触れている。また近年の研究では、復本一郎『歌よみ人 正岡子規――病ひに死なじ歌に死ぬとも』岩波書店、二〇一四年）などがある。

（15）木村陽子「万葉調歌人・源実朝像の形成過程――斎藤茂吉の万葉尊重運動と〈健康的〉実朝像の造形」（『聖心女子大学大学院論集』二五号、二〇〇三年七月）。

（16）「私鈔」完結の直後に掲載されている「歌人実朝雑記」（「アララギ」一九一二年九月）において、ようやく「万葉調」の語が二例見える。

（17）片桐顕智「新派和歌」（『和歌文学大事典』明治書院、一九六二年）。

（18）大東和重『文学の誕生　藤村から漱石へ』（筑摩書房、二〇〇六年）は、日露戦争後に〈作品の技術的な評価から、作品に作者の個性のオリジナリティが表現されているかどうかの判断へと文学評価の座標軸そのものが書き換えられ〉たことを指摘する。

（19）篠弘『自然主義と近代短歌』（明治書院、一九八五年）。

（20）例えば石川啄木は「歌のいろいろ」（『東京朝日新聞』一九一〇年十二月二十日）で、〈忙しい生活の間に心に浮んでは消えてゆく刹那々々の感じを愛惜する心〉について言及している。

（21）前掲注17片桐書。

（22）茂吉は「歌人実朝雑記」（前掲注16）において、実朝が〈当時の俗語やら万葉時代の言葉やら仏語漢語など思ふ通りに詠んで居る〉ことに注目している。

（23）木俣修『大正短歌史』（明治書院、一九七一年）三頁。

（24）斎藤茂吉「アララギ二五巻回顧」「アララギ　二五周年記念号」（一九三三年一月）六六―六七頁。

（25）前掲注1鎌田書によれば、真淵も茂吉も実朝の歌人的な発展を三期に分けて説明している。信綱の説はその先例を覆すものである。

（26）信綱は、「短歌私鈔をよみて」（「アララギ」一九一六年八月）では茂吉の実朝評価について〈（大体に於いては同意せらる丶にもか丶はらず）往々多少過ぎてゐはしまいか〉とコメントしている。そして、その理由を茂吉の「万葉集」に対する〈全然絶対的尊信的の態度〉からのことと指摘する。

(27) 上田由紀美「書誌 国立国会図書館所蔵 弥富破摩雄旧蔵書目録——中島広足自筆本・手沢本類の宝庫（含書名索引、著者索引）」（『参考書誌研究』六四号、二〇〇六年三月）。

(28) 伊藤悦子「潮音」（『現代短歌大事典』書誌は注7）。

(29) 折口信夫「橘曙覧評伝」（教学局編『日本精神叢書五八』教学局、一九四一年）には、〈万葉集以後、語どほりの意味における、万葉ぶりの歌は出て居ないのである。唯わりあひに、万葉式な風格を感じさせる歌の持つ格調を、其だと言ふばかりである〉また、〈事実、如何に万葉に親しんだ学者・研究家・歌人でも万葉の本格式な調子なるものを、的確にとり出すことは出来ない〉との記述がある。

(30) 手元の『広辞苑　第五版』（岩波書店、一九九八年）の「源実朝」の項には〈作歌には万葉調の佳作が多い〉との一文がある。以て、その一般的なイメージを窺い知ることができるように思う。

(31) 特に実朝没後七〇〇周年の一九一九年（大正八）以降、昭和期にかけての歌壇発の成果でめぼしいものを挙げると、短歌雑誌社編輯部校訂『定本金槐和歌集』（紅玉堂、一九二七年）、尾山篤二郎『新釈源実朝歌集』（書誌は本文中にあり）、松村英一『源実朝名歌評釈』（非凡閣、一九三四年）、折口信夫・北原白秋編『実朝・良経読本』（学芸社、一九三七年）、川田順『全註金槐和歌集』（富山房、一九三八年）などがある。

(32) 前掲注23木俣修書、一〇五一頁。

(33) もともと篤二郎は半田良平から執筆を勧められた。その半田から茂吉の『短歌私鈔』を借り受けようとしたが、〈見ると却つて毒になるから〉といって断られた。篤二郎は〈だから今後若し半田が本を貸せといつたら貸してやらない積りだ〉と書き留めている。同書「はしがき」より。

(34) 武田祐吉「斎藤さんの思ひ出」（『斎藤茂吉全集　月報21』（岩波書店、一九七四年）。

(35) 三木麻子の訳によると〈炎だけが空一杯に満ちている阿鼻地獄、どうあがいてもその中にしか行き所がないというのはなんともはかないことだ〉となる。『源実朝』（笠間書院、二〇一二年）。

(36) 「新古今前後」、書誌は本文中にあり。

(37) 尾山篤二郎「大震災と歌」（『短歌五十講』紅玉堂、一九二五年）では、〈この天災に直面しながらいまだ一首の歌らしい歌を見ない〉ことを批判して、現代の歌人にも〈実朝より以上の歌〉を詠出するように促している。

(38) 吉野秀雄等も加わった鎌倉ペンクラブにより鶴岡八幡宮境内に建てられた。同所国宝館前に現存する。

(39) 松村英一「斎藤さんの闘志」（「短歌研究」一九五三年四月）による。ただし選定委員のなかでも斎藤瀏や太田水穂、吉植庄亮の三人は実朝歌のなかの〈君に二心〉の部分を問題視して入集に反対した。絶対である天皇にわざわざその言葉を用いることが不敬であるという立場からである。

(40) 佐佐木信綱は一九四二年に『源実朝歌碑落成式式辞』（『佐佐木信綱文集』東京堂、一九五六月）において、「山はさけ…」の歌の〈尊皇の至情〉を讃えている。

(41) 「愛国百人一首」については『和歌文学大事典』（書誌は注17）の記述が整理されている。〈太平洋戦争が激烈をきわめている際、日本文学報国会と毎日新聞社が協力し、これを選定したもの。国民精神作興が目的の一つで、後援するものに情報局と大政翼賛会があった。柿本人麿から橘曙覧に至る愛国歌一〇〇首を選出。昭和十七年（一九四二年十一月）発表。選定委員は、佐佐木信綱　尾上柴舟・太田水穂・窪田空穂・齋藤瀏・齋藤茂吉・川田順・吉植庄亮・折口信夫・土屋文明・松村英一の十一名〉。項目執筆者は、選者であった松村。

小林秀雄『実朝』論

多田蔵人

小林秀雄『実朝』は、戦時下の古典受容の核心だった「文献」の問題に、正面から向き合った文章である。前半では斎藤茂吉『金槐集私鈔』を摂取しつつ滅亡の歴史を描き出す小林は、実朝の「模倣」の問題に直面した後半では、歴史を語る言葉の問題へと批評の重心が移動する。近代文献学における『金槐集』の捉えかたに向きあい、文体史を更新していった小林の足どりを探る。

一

中野重治『歌のわかれ』（「革新」昭和十四・四、五、七、八）には、第四高等学校で歌づくりを学びはじめた片岡安吉が『金槐和歌集』（以下『金槐集』）をノートに写している友人に、つぎのように言葉をかける場面がある。

ノオトの表紙には安吉の刷つてやつた小さい版画が貼つてあつて、そのなかへ彼［金之助］は、一首に二行づゝ行をあけて『金槐集』を写してゐるのであつた。［略］「金槐集を買へよ。どれだつていゝぢやないか？」／安吉は今更写しものをする馬鹿らしさを説いたが金之助は受けつけなかつた。（『歌のわかれ』、初出題『鑿』）

歌をひとつひとつ大切に写しとる金之助の姿には、『金槐集』を読んだ旧制高校生たちのひたむきな情熱が凝固していると言っていい。そして安吉の「どれだっていいじゃないか？」という言葉には、昭和十年代における『金槐集』という書物のありかたと、いつか歌から離れてゆく安吉自身の位

ただ・くらひと——鹿児島大学准教授。専門は日本近代文学。主な著書・論文に「谷崎潤一郎『盲目物語』の材源と方法」（「国語国文」第八一巻第一一号、二〇一二年）、『永井荷風』（東京大学出版会、二〇一七年）などがある。

置とが、ともに正確に切りとられていた。

源実朝の『金槐集』は戦時中まで広く読まれた歌集であり、近代を通じて様々な形で活字化されている。すでに近世の国学者たちが多くの『金槐集』写本・板本を残しているが、[1]明治の『日本歌学全書』以来、この集が単行本や叢書として出版された数は、近世の書目数にまさるとも劣らない。国民文庫（明治四十三）や有朋堂文庫（大正十五）への収載はもちろん、『鎌倉右大臣家集 一名 金槐和歌集』（佐佐木信綱校訂。文祥堂、明治三十六）のように歌集の本文のみを一書とした本や評釈書も存在する。

ただし近代における実朝のイメージは、必ずしも一定しなかった。とくに実朝没後七百年祭が開催された大正八年、文献上の実朝に光が当たりはじめる時期になると、明治期にはともかくも「将軍」「武人」と捉えられていたこの人物の捉えがたさが際立つことになる。この年に実朝を特集した雑誌「歴史地理」では複数の執筆者が『吾妻鑑』の記述を疑問視し、政治構造のなかの実朝の位置をめぐって論をたたかわせた。演劇でいえば、福地桜痴『東鑑拝賀の巻』（明治二十六）から坪内逍遙『名残の星月夜』（大正七）や高浜虚子の謡曲『実朝』（大正八）への実朝像の変化が、この文献史の状況に対応していよう。北条義時への怒りに身をふるわせる武者小路実篤『実朝の死』（昭和五）の実朝像は、異例と言っていい。大正のいわゆる新歌舞伎と新劇以降の実朝は、『鎌倉三代記』などに劇化されつづけた実朝の姿を、史書の矛盾や亀裂を織りこんで描きなおすことになったのである。

こうした人物像をめぐる〈謎〉が歌の捉えかたへと跳ねかえってゆく過程に、近代における『金槐集』出版の特徴がある。佐佐木信綱による文祥堂版『鎌倉右大臣歌集』は三度改訂された（明治三十七、大正十二、大正十三）が、後二度の改訂がいずれも大正末年になされた事実は、おそらく同じ時代に斎藤茂吉が示した『金槐集』本文へのこだわりと関わっている。『金槐集』の諸本をまとめて載せる本は茂吉以前にも出版されていたが、[2]異本比較と文献収集作業に誰よりものめりこみ、校勘の跡を本の紙面に積極的に示そうとしたのが茂吉だった。

『金槐集』所収歌のヴァリアントをいくつも挙げてゆく茂吉は、実朝についての文献上の〈謎〉を歌の解釈における難しさとして示す。「私鈔」と銘打った一連の評釈は、本文の異なりを諸家の解釈や評価と併記し、その上で自説を述べるスタイルをとる。とりわけ『万葉集』との関係に関する情報は出版過程でくりかえし増補された。「短歌研究」掲載の文章をまとめた白日書店版『短歌私鈔』（大正五）と岩波書店版『続短歌私鈔』（同六・四）から、春陽堂版『短歌私鈔』（同八・十二、十二年五月五版まで確認）、『金槐集私鈔』（同十五、昭和四年二月三版まで確認）、さらに岩波文庫版『金槐和歌集』（昭和四）においても、茂吉は重版のたびに文献の情報を加えてゆく。一連の「私鈔」は、増殖する文献のなかで実朝の歌をどのように読みとくのかという、教養主義の時代にふさわしい問いをたえず読者に投げかける書物群なのである。

『金槐集』の数種類にわたる本文のうち、どの形にもとづいてどう典拠を考え、そこからどのように解釈を打ちたてるのか――こうした茂吉の問いは、文献を通じた古典和歌の世界への参入を読者にうながすものでもあった。佐佐木信綱による定家所伝本の発見は茂吉の実朝論につまづきを与えたのだが、しかし茂吉が組織した異本と典拠論への志向そのものは、むしろ発見によって深まったと見てよい。信綱の報告以後、新たな典拠論である川田順『実朝』『全註金槐和歌集』などの評釈書や伝記が叢出し、それらはアララギ派の書物であると否とを問わず、単行本化や重版の際にしばしば情報を追補する。(3) 茂吉の岩波文庫改訂もまた定家所伝本の発見に触発されたものであり、その情熱の持続ぶりは信綱への質問に(4)見える通りである。大著『源実朝』（昭和十八・十一、同十九・七再版）の上梓後もなお、文献探索と解釈の試みは続いていた。

戦時下に実朝を題材にして書かれた多くの文学作品について考える際には、右のような文献学の流れへの意識を想定してみることが一度は必要である。この時期、「山はさけ海はあせなむ世なりとも君に二心我あらめやも」の歌が川田順『愛国百人一首』（昭和十六）、高須芳次郎編『愛国詩文二千六百年』（昭和十七）、日本文学報告会『愛国百人一首』（昭和十七・十一・二十一新聞各紙掲出）などに入集した。はやく「歌へ！銃後の合唱曲」シリーズを出した共益商社書店が佐佐木すぐる作曲による合唱曲『山はさけ』を出版し（昭和十四）、昭和十九年には「君国のため身命を捧げた」人々の詩歌を「新しい意味で」朗詠する試みにも同じ歌がえらばれている（古川浩晟『短歌朗詠教本』）。これらの出版動向が、「自らの尽忠愛国の熱情を叫んだ点が傑作たる所以である」（『愛国百人一首早わかり』建軍精神普及会、昭和十七）という理解を前提とすることはいうまでもない。「山はさけ」の歌にかぎらず、愛唱歌にさえなる実朝の歌に、文献学とは無関係にパセティックなまなざしが注がれつづけたことも事実である。しかし実朝について書こうとする文学は、「実朝文学を好み和歌を定家に学ぶ、後万葉を慕つて古体をよむ様になつた」（『京都美術青年会誌』昭和十三）といった解釈をつねに無前提に共有することはおそらくできなかった。

　昭和十八年八月九日、鎌倉文化聯盟が鶴岡八幡宮において開催した実朝祭には、講演会講師として信綱と川田順、『吾妻鑑』校訂者の龍粛が招かれている。[5] 実朝祭を記念した雑誌「鶴岡」の「源実朝号」（昭和十七・八）中、「実朝座談会記事」の参加者は無記名だが、和歌についての談話者は本文や用語、典拠考の知識を見るに、信綱や茂吉の論考を精読した人物であろう。[6]「鶴岡」の当該特集号は太宰治『右大臣実朝』（昭和十八）の参考文献であり、同誌の昭和十七年十一月号には保田與重郎が「維新と革新」を寄稿している。さらに鎌倉ペンクラブと密接に関わる団体である鎌倉文化聯盟は、昭和十五年十二月二十八日、「新体制と文化問題に就いての座談会」に小林秀雄を招いていた。

　信綱と茂吉が解きはなった文献の群れは、実朝によって戦時下と中世という二つの〈乱世〉を結びつけようとした文学者たちに、さけがたい課題を呈示した。実朝についての複数の解釈が成りたつどころか、その根拠となる文献さえ複数の形で存在する状況。はじめから文献を放棄して幻想的な実朝像に打ちこんでみせるか、一つの〈解釈〉を信じこんだ登場人物の周囲に他の〈解釈〉の影を忍びこませるか、それとも別の系譜のなかにこの歌人を捉えるか――そうした、選択肢のかずかずは、いずれ、彼ら自身の言葉は何にもとづいているのか、という問いを生むだろう。つねに文献学と対峙しつつ古典論を展開していた小林秀雄の批評は、こうした状況と正面から向きあった稀な文章として読むことができる。

＊

　後に単行本『無常といふ事』に収録される古典批評を執筆した昭和十年代後半、国文学界は佐佐木信綱『国文学の文献学的研究』をはじめとして、文献の「発見」が古典をたえず「更新」するという状況にあった。[7] この潮流に対する小林の批判は手きびしい。

　平家の真正な原本を求める学者の努力は結構だが、俗本を駆逐し得たとする自負など詰らぬ事である。俗本は屢々原本なるものより美しい。

（小林『平家物語』「文学界」昭和十七年七月）

文献学への批判は国文学の範囲にとどまらない。バッハの評伝を論じて「出典に就き、疑はしい点があるといふ説」など「音楽を解さぬ文献学者等の取るに足らぬ詮索」でしかない（『バッハ』「文学界」昭和十七年九月）とも断じる小林は、文献の知識をたえず増殖させる一方、「真正な」文献の確からしさに安住する思考を嫌った。

　文献に拠りつつ文献を否定する――小林の古典論に一貫し

てあらわれるこの姿勢は、現代の言語観が言葉を「観念の符牒」(『ガリア戦記』「文学界」昭和十七年五月)と見なしている、という危機意識に基づいている。

昔、言葉が石に刻まれたり、煉瓦に焼きつけられたり、筆で写されたりして一種の器物の様に、丁寧な扱ひを受けてゐた時分、文字といふものは何と言ふか余程目方のかゝつた感じのものだつたに相違ない。(『ガリア戦記』)

文字に情報のみを読む思考は、文字の「目方」、そこにあったさまざまな含みを見おとすことになるだろう。完全で「真正な原本」よりも「俗本」(『平家物語』)や「破片」(『ガリア戦記』)、あるいは「残欠」(『無常といふ事』)の方にこそ過去の時空間のひろがりが見出しうるという言い方も同じ見地から発されているわけで、白樺派の芸術論を出所とするこの言語観は、(8)小林その人の表現の問題に直結していた。

「破片」と見なした文献のうごかしがたさを逆手にとり、その奥に措定される「充実した時間」(『無常といふこと』)へと飛躍すること。史料に書かれていない時間をめぐる小林の思考は、しかしこの時期、ある障壁に直面しつつあった。「僕は、実朝といふ一思想を追ひ求めてゐるので、何も実朝といふ物品を観察してゐるわけではない」と言いながら実朝と『金槐集』についいて稿をついだ『実朝』(「文学界」昭和十八・二、五、六)がそれであり、この文章を書く経験は、言葉をめぐるあらたな展望をこの批評家にもたらしていった。

二

小林は『実朝』を単行本『無常といふ事』(昭和二十一・二)(9)に収録する際、「我こころいかにせよとか山吹のうつろふ花のあらしたつみん」の歌に、左のような註をつけている。

(註)引用の歌は、凡て定家所伝本によつたが、この歌のみは、貞享本を底本とした斎藤茂吉氏校訂の岩波文庫、「新訂金槐和歌集」(昭和四年版)によつた。貞享本所載のもの丶方が、いかにも立派で面白い歌と思はれ、これを捨てる気持にどうしてもなれなかつたといふ以外別に理由はない。

(三)

定家所伝本本文は「あらしたつらん」。『実朝』の初出本文と単行本本文との間には多くの異同があるが、とりわけ右の一節は、初出本文の成立事情を示す重要な追補である。『金槐集』の引用はいずれの本文でも同形で、小林は他の歌でも、「斎藤茂吉氏校訂の岩波文庫」の本文を利用していた。

箱根の山をうち出でて見れば浪のよる小島あり、供の者に此うらの名は知るやと尋ねしかば、伊豆の海となむ申すと答へ侍りしを聞きて箱根路をわが越えくれば伊豆の海や沖の小島に波の寄るみゆ　（小林『実朝』）

同歌について、佐佐木信綱校注『校注　金槐和歌集』（昭和二・一）の本文は次の通り。

箱根の山をうち出でて見れば浪のよる小島あり供の者此うみの名は知るやと尋ねしかば伊豆の海となん申すと答へ侍りしを聞きて
箱根路を我《われ》越えくれば伊豆の海や沖の小島に浪の寄るみゆ

対して岩波文庫『新訂　金槐和歌集』（昭和四・四初版）の本文は次に引く通りである。

箱根の山をうち出でて見れば浪のよる小島《こじま》あり、供の者に此「イ海の名」うらの名は知るやと尋ねしかば、伊豆の海となむ申すと答へ侍りしを聞きて
箱根路《はこねぢ》をわが越えくれば伊豆の海や沖の小島《こじま》に波の寄るみゆ

仮名と漢字は校訂者による。「うら」と「うみ」、「われ」（「我《われ》」）と「わが」の差、句読点の位置も含めて、「文学界」連載開始時点で小林の机辺にあったのは定家所伝本ではなく、貞享本を底本とする岩波文庫であったことがうかがわれよう。[10]くわえて小林は、茂吉の『金槐集私鈔』を口調まで似てくるほど読み込んでいたと考えられる。

・煩瑣な混乱した当時の宗教上の修養に足をとられた歌人達の間で、彼はたつた一人でぽつりとこんな歌を詠んでゐるのである。　（『実朝』）

・当時も流行した本歌取の陋習に幾分堕して居る気味があると云へば云はれるが、当時只一人ぽつりと万葉振りの歌を詠んで居るのであるから　（『金槐集私鈔』）

茂吉の『金槐集』解釈と小林の解釈については、対立を見る小田切秀雄の論と、類似を見る杉浦明平や木村陽子の論がある。[11]小林の実朝像が茂吉と異なることは事実だが、小林が茂吉を参照したこともまた動かない。[12]両者の共通点を認めつつ、あらためて差異を分析することで、小林の企図がより鮮明に見えてくるのではないだろうか。

小林は「大海の磯もとどろによする波われてくだけてさけて散るかも」の歌が「彼の心の嵐の形」であると述べる（第二回）。この解釈に類似する先行の論は、「作者内心の動揺」を読む『金槐集私鈔』の評語以外に見出しがたい。「山吹の」歌からとられたとおぼしい「心の嵐」の語は「強い意志表示とも言へる様な形で歌はれた彼の心の嵐」のように繰りかえし用いられ、単なる動揺や不安ではなく、実朝の意志の内的な闘争状態を指している。茂吉もまた「大海の」「箱根路を」

歌について「煩悶」と「悲痛なる意力の響」を読むべきだと、窪田空穂に反論する形で述べていた（『金槐集私鈔』所収「源実朝雑記」）。しかし「大海の」歌を論じた茂吉が「例によつて万葉にはこの歌と類似の句を有する歌がある」と述べて万葉の例を挙げるのに対し、小林は「この歌の本歌やら類歌やらを求めるのは、心ないわざと思はれる」と述べ、典拠論から距離を取るのである。

　こうして実朝の歌を典拠から遠ざける一方で、小林は異様な世界像を見る人としての実朝像を読みとっていた。

　［建保元年八月の記事について］前庭を奔り融つた女は、或は刺客だつたかも知れない。実朝を害した時、公暁は女装してゐたと増鏡は書いてゐる。だが、実朝が確かに見たものは、青女一人だつたのであり、又、特に松明の如き光物だつた。どちらが幻なのか。この世か、あの世か。（二）

　根岸泰子は、『実朝』における『吾妻鑑』の引用が「中世的な暗影を帯びた実朝像の構成を行っている」と指摘している。(13)「萩の花くれぐれまでも」の歌に『吾妻鑑』の記述を重ねた右の引用部分でも、「青女」や「松明の如き光物」にはさりげなく神秘的なイメージが塗りこめられ、幻影のリアリティが強調されている。(14)先に挙げた「山吹の」歌が定家所伝本の「あらしたつらん」ではなく、貞享本「あらしたつみん」の形で引用されるゆえんであろう。渡宋計画を語る箇所に「紅のちしほのまふり」歌を挿入した箇所でも、「何かしら物狂しい悲しみに眼を空《うつろ》にした人間」が描かれている。(15)

　このように想定された実朝のヴィジョンと歌の詠みぶりを結びつける際にも、小林は『金槐集私鈔』を取りこんでいた。「歌には歌の独立した姿といふものがあるはずだ」と述べる小林が繰りかえし用いた「調べ」「調子」「響き」などの概念は、「文字や、言葉の有つ、陰影や、韻律に、対」する「敏感」さを知られた茂吉の声調論(16)と共通する。たとえば「時によりすぐれば民のなげきなり八大龍王あめやめ給へ」の歌について、小林が「まるで調子の異なつた上句と下句」の動きに「青年将軍の責任と自負とに揺れ動く悩ましい心」を読む箇所は、上の句が「如何にも不器用に、訥々として居る」のに対し「四三調の結句は強き調子を表はし得る」という茂吉の分析に呼応するのである。

　「時により」の歌と「ものいはぬ四方の獣すらだにもあはれなるかなや親の子を思ふ」を並べて論じた点でも両者は同じで、たとえば「ものいはぬ」歌に「一気呵成の処」を見た子規とはちがい、茂吉と小林は上の句と下の句の響きの違いに着目した。「ぶつ〳〵自問自答してゐる様な上句と深く強い吐息をした様な下句」に「均斉のとれた和音」を見る小林と同じく、茂吉は「初句第三句の三音の柔かくゆつたりとして」いること、第三句の「も」が「一時心が其処で堪へがたくなつて容易くは発声も出来難き姿」を示すこと、第四句で「八音の悲痛であつて全作者がこの八音と成り化した如き」姿、結句の八音で「なげき極まりしづまり行いた趣」を示すことを述べる。

むしろ両者の違いは、歌の背後にどのような文脈を想定するかという点に関わっている。音数論を取り入れる際にもかかわらず万葉の用例を挙げる斎藤茂吉の実朝論には、実朝の特徴を歌語のえらびかたに認め、新古今歌壇とは異なる表現の系譜を描こうとする和歌史の構想があった。万葉の表現は多く古今集に至って堕落したのだとさえ述べる茂吉の文芸史観[17]は、たとえば折口信夫や戦争末期以前における保田與重郎などの、実朝を京都歌壇とは異なる東国歌人として捉える観点[18]とは全く異なるもので、『金槐集』の独特な歌語と語法を、万葉に連なる詠みぶりとして評価しようとする。『短歌私鈔』以来の実朝論は『柿本人麿』から『万葉秀歌』に流れ込むテーマと響き合うものであったわけで、古今、新古今を中心として歌を読むかぎりはほとんど方言のようにしか見えない表現を、茂吉は典拠論によって活性化させようとしていた。[19]

一方「現代歌人の万葉美学といふ様なものが、彼の念頭にあつた筈もない」と和歌史に訣別しようとする小林は、『金槐集』に読みとった運命のヴィジョンを、実朝自身の生とその背後にある歴史の流れを予知したものとして呈示する。

［「箱根路を」歌について］耳に聞えぬ白波の砕ける音を、遙かに眼で追ひ心に聞くと言ふ様な感じが自ら現れてゐる様に思ふ、はつきりと澄んだ姿に、何とは知れぬ哀感がある。耳を病んだ音楽家は、こんな風な姿で音楽を聞くかも知れぬ。（第一回）

「耳を病んだ音楽家」という比喩がベートーヴェンを含意することは言うまでもない。[20]この文章で「音楽」の語が繰りかえし用いられ、「うば玉や」の歌についても「彼が背負つて生れた運命の形といふものが捕へられてゐる様に思ふ」（第二回、傍点引用者）という語がある以上、ベートーヴェンのイメージは『実朝』の行論を支えるものであったはずだ。実朝の幻影は、単なる幻視ではなく、〈予知〉として示される。幻影と音によって作り出されるのは、運命を触知するかのような歌のイメージなのである。

ここで小林が実朝の背後に見たものの意味は、実朝にハムレットを見た坪内逍遙『名残星月夜』と比較することで明瞭になるだろう。[21]実朝が「頼家の亡霊を見たのは、意外に早かつたかも知れぬ」と述べ、和田義盛の「悲哭の声を追つた」はずだとする小林の『実朝』にも、ハムレットは影を落としている。しかし小林は、源氏と北条氏との間の権謀術数のドラマを描いた逍遙とは異なる構図のなかに実朝を置いていたのだと考えられる。

小林の言葉の含みが示すものは、実朝横死を描く『吾妻鑑』の意味を語った箇所に見ることができるだろう。第一回で小林は「もつと深い」意味がそこにあるという言葉を三度用いつつ、「はつきりした言葉で言ふことが出来ない」実朝横死事件の意味を語っている。この示唆については、成城大学図書館が所蔵する小林秀雄蔵書のうち、吉田東伍『倒叙日本史　第八冊鎌倉幕府編　院政及源平盛衰編』（早稲田大学出版部、大正三年五月）の記述が参考になる。

頼朝の業、二世にして他家に移る。後鳥羽上皇は之を機とし、権柄回復を謀りたまふ。

右の部分につづいて新井白石『読史余論』の「後鳥羽上皇、関東を滅されむとは、年頃御心のうちに思召されしと見えたり」という一節の前後も引用する『倒叙日本史』は、頼山陽『日本外史』が鮮明に打ち出す、朝廷から武門への「勢」の交代という歴史意識を受け継いでいた。「もつと深いもの」という非限定的な示唆の言葉には、承久の乱のゆくたて――すなわち皇統の衰微を想定してよいだろう。[22]

『実朝』に後鳥羽院の名前がないことを鋭く指摘し、「政治史上の実朝に対するこの方法的な判断停止」と読んだのは野口武彦だった。[23] 野口の指摘を踏まえた上で、示唆的な語法を用いながら『金槐集』に予知のモイーフを見た『実朝』には、政治の諸力をめぐる記述から歌を引きはがすことでよりラディカルな歴史を歌に読みこんでゆく企図があったと私は考える。たとえば後鳥羽上皇の関東調伏記事などを『承久記』から引き、実朝の死をヤマトタケルの死に重ねて「実朝が暗い中世にあつて如何に微妙な位置にあつたか」を論じた後藤積「金槐集の世界」（『すめら文化』昭和十八・十二）が示すように、後鳥羽院を登場させる記述は、「後鳥羽上皇の大御心」と北条氏との対立といった限定的な構図のうちに実朝の死を把握することになるだろう。より大きな歴史の流れである朝廷の衰微と実朝を結びつけるためには、彼の歌に〈滅び〉へのまなざしを読みとり、決して口にすることのできない歴史の流れを示唆する語法が、ぜひとも必要だったのである。

文献には残らないヴィジョンを見出し、歌の音に響かせる詩人。そのように歌で自らの死を予見することが、歴史の大きな変動を歌うことでもあるような詩人。こうした〈滅び〉を歌いうる詩人のイメージがもし像を結んでいたならば、

『実朝』は『西行』とともに、乱世における詩の可能性を確かめる論となっていたはずだ。しかし『人生斫断家アルチュウル・ランボオ』以来の〈宿命〉の象徴詩論を歴史論に接続しようとした小林は、ただちに文献の制約に直面しなければならなかった。そして文献との交渉過程を点検してみるとき、『実朝』後半部には、小林の批評に伏在していたもう一つの相、言葉の実験としての批評の方法がきざしてゆくさまを見ることができるだろう。

三

自己の運命を歴史意識と直結させて歌に詠む歌人のイメージは、すでに『西行』（昭和十七・十一）において、「生得の詩人達の青年期を殆ど例外なく音づれる自分の運命に関する強い或は強すぎる予感」を持つ詩人、という形で見出されていた。[24] 事実第一回には実朝とともに西行の名が挙がるのだが、第三回になると、西行と実朝の関係には変化が生じている。もちろん実朝は「深い歴史感情」に堪えうる歌人としての西行とともに、「遠い地鳴りの様な歴史の足音を常に感じてゐた」のだと評されてはいる。しかし西行が「自意識が彼の最大の煩悩」であり「自ら頼むところが深く一貫してゐた」「空前の内省家」、すなわち自意識の交錯を理性によって歌った人であるとされる（『西行』）のに対し、実朝は「確かに鋭敏な内省家ではあつた」が「深い無邪気さ」を持つ詩人としての位置を与えられている。第三回における実朝の歌は、乱世から自律した予知の歌ではもはやない。

『実朝』の雑誌連載については、〈意志の人〉としての実朝像から〈無邪気〉な詩人像への変化が、しばしば指摘されてきた。[25] 第三回における「完全に自足した純潔な少年の心」が単行本『無常といふ事』の「断念につらぬかれた男男しいますらをぶり」（平野謙「爽やかな精神――中世的古代の発掘」[26]）という基本線からそれるものであることはたしかである。

まず、右の変化が文献との接触によって生じていることを指摘しておきたい。連載第一回で「万葉による実朝の自己発見といふ周知の仮説を否定し去る考へは少しもない」と述べていた小林は、第二回の「定家所伝本万葉集の発見」に触れた部分で、右の「周知の仮説」が定家所伝本によって「覆つたのは周知の事である」と述べていた。この第二回の一節の前後では、歌人像にも「人にはわからぬ心の嵐を、独り歌によつて救つてゐる」（二）歌人と「歌は［略］必ずしも慰めにならぬ所以に恐らく思ひ至つた」（二）歌人というように、わずかながら齟齬がある。歌に「心の嵐」を託した詩人と、「嵐の中に模索」して「傑作に、闇夜に光り物に出会ふ様に」

出会った歌人と。この差は、実朝の作歌方法、より具体的には典拠と歌との関係の捉えかたの違いに由来する。

　勿論彼は万葉ぶりの歌人といふ様なものではなかつた。成る程万葉の影響は受けた。同じ様に古今の影響も精一杯受けた。［略］影響とは評家にとつては便利な言葉だが、この敏感な柔軟な青年の心には辛い事だつたに相違ない。（二）

以下の部分で多く題詠や密教修行との関係が論じられることを見ても、第二回以降の変化の焦点は「ただ純真に習作し模索し」（二）、「無邪気に模倣した」（三）という作歌方法の追補にある。「一種の生活法の体得者」（『西行』）であった西行とは違い、若き実朝における本歌の痕跡を「当時の歌の風体に従つて、殊更に異をたてず、而も、無理なくこれを抜け出してゐる」（同）と評することは難しい。万葉のみならず他の歌集も仏法も積極的に学んだ歌人――この文献学が強いる「影響」という考え方と「運命の形といふものが捕へられてゐる」（二）という歌の解釈を縒りあわせる過程で、歌に見出されていた〈予知〉のモチーフが、意志を欠いた〈幻視〉へと変化したのだと考えられる。

　このように詩人像の変化が典拠をめぐる考察に由来しているのならば、『実朝』には詩と伝統との関係についての、問題意識の展開を見出しうるはずだ。詩人の言葉をあくまでも自律したものとして読むことと、詩人の言葉と他の言葉との連関を肯定すること――そもそもこの対立は、「古典が作品として完璧であると先づ仮定しなければ、鑑賞といふ芸術的経験は決して始らない」（昭和十二・八「文芸批評の行方」）という古典論の綱領と、「影響といふものの弁護」を説くジイド「文学に於ける影響に就いて」（昭和十二・七、小林訳）[27]のテーゼとの葛藤として、早くから小林のうちに内在していた。

　古人も言つて居ります、影響は類似に依つて働く、と。影響は、現にあるがまゝの私達の姿を現し出して呉れるのではなく、潜在してゐる私達の姿を現して呉れる鏡の様なものだと言はれたのであります。

（ジイド「文学に於ける影響に就いて」）

そして『実朝』後半部は、「影響」についての考えかたをジイド以上に実験的に用いながら、そのことによって伝統と言葉の関係を呈示しなおす論考だった。影響という現象は「潜在してゐる」自己の発現である、という見方を小林が押しひろげるさまは、「影響」ではなく「模倣」の語を選び、「無邪気に模倣」する実朝の姿を描くにあたって「修養」や「教養」といった教養主義の概念を否定してゆく箇所にみとめられる。

・［「神といひ」の歌について］煩瑣な混乱した当時の宗教上の修養に足をとられた歌人達の間で、彼はたつた一人でぽつりとこんな歌を詠んでゐるのである。（三）
・確かに鋭敏な内省家ではあつたが、その聡明は、教養や理性から来てゐるものではなく、深い無邪気さから来てゐる。（三）

実朝は誰かの言葉や思想に学んだのでも学習の上で独創をこころがけたのでもなく、たんに自分のイメージを当時の言葉の海に浮かべただけなのだと小林はいう。本歌や歌を育んだ思想が偉大であればあるほど「影響」の拘束力は強まる、という典拠論の考え方を裏切るように、小林は実朝に「或る充実した無秩序」（二）――歌が典拠に優越することさえある、アナーキーな状態を見出していた。

『金槐集』における模倣の問題に独特の形で対峙した作品として、太宰治の『右大臣実朝』（昭和十八）が挙げられる。実朝の歌には「隠れた意味だの、あて附けだの、そんな下品な御工夫などは一つも無」いといいはる『右大臣実朝』の語り手には、実朝が数々の歌集を学んだことに言及しながらも個々の歌の典拠や類歌には決して触れない点に特徴がある。鴨長明が「都の真似をなさらぬやう」とけしかけて以来、実朝が「何だかほんの少し、お変りになつたやうに、私には見受けられ」たと述べてもいる語り手の言葉は、実朝の歌と「都」の歌との関係という主題について、「無風流」をよそおいながら言及を避けつづけるのである。

『右大臣実朝』におけるこうした修辞は、かえって実朝と「都」との関係に視線をいざなう効果をもつ。[28] 作中に何度も言及される「厩戸の皇子さま」との類似に関しても、実朝が「将軍トハ、所詮、凡胎。厩戸ノ皇子ハ、寵臣ニソムカレタ事ハナカツタ」と聖徳太子との落差を語る箇所に唯一、「おそろしく異様奇怪」な実朝の「お笑ひのお顔」が映しだされている。くどいほどに模倣を否定する語りのほころびが、実朝における模倣のモチーフの切実さを浮き彫りにする――『右大臣実朝』はこの構造のなかで、誰が「ホロビ」るにせよ、「ホロビ」の「アカルサ」にさえ同じえぬ実朝の位置を浮びあがらせる小説だった。

おそらく模倣の問題において重要なのは、模倣を語る言葉をどのような位相に置くのか、という問題なのだろう。そのように見るとき、『実朝』後半部が思いがけないほど実験的なやりかたを取る文章だったことが見えてくる。実朝の模倣について語った第二回以降において、小林は自分の文章で、積極的に引用を繰り返してゆくのである。

実朝の横死は、歴史といふ巨人の精妙な創作になつたどうにもならぬ完璧な悲劇である。さうでなければ、どうして「若しも実朝が」といふ様な嘆きが僕等の胸にあり得よう。僕等は、因果の世界から意味の世界に飛び移る。詩人が生きてゐたのも、今も尚生きてゐるのもさういふ世界の中である。そして詩人を知るのには、僕等はたとへ一時的にせよ詩人となるより他はない。　（二）

「因果の世界から意味の世界に飛び移る」という小林の言葉は、次のような詩論と関連づけうる。

夢とは何だらうか？　夢とは「現在《ザイン》しないもの」へのあこがれであり、理智の因果によつて方則されない、自由な世界への飛翔である。故に夢の世界は悟性の先験的範疇に属してないで、それとはちがつた自由の理法、即ち「感性の意味」に属してゐる。そして、詩が本質する精神は、この感情の意味によつて訴へられたる、現在《ザイン》しないものへの憧憬である。

（萩原朔太郎『詩の原理』昭和三年、第一書房）

小林はもともと出典を持つフレーズを多く用いる文章家だったが、『実朝』後半部において、その文体は内容との相乗効果を示しはじめていた。「止むを得ずや、曖昧な言ひ方」（二）でしか言うことのできないイメージを、引用によって語ってゆくこと――「神といひ仏といふも」の歌について「たつた一人でぽつりとこんな歌を詠んでゐる」ことに驚く箇所（三）は、先述の通り『金槐集私鈔』。「ほのほのみ虚空にみてる」の歌について「彼には地獄は美しく映じたに相違あるまい」と述べる部分（三）は「衆生の眼に劫火と映るところも、仏の眼には楽土と映るといふ意味の」「法華経だつたかにあつた文句」（「戦争と平和」昭和十七・三「文学界」）、そして「山は裂け」の歌についての末尾の文章は、P・ヴァレリーの文章に由来する。

・この歌にも何かしら永らへるのに不適当な無垢な魂の悲調が聞かれるのだが、彼の大稟が、遂に、それを生んだ、巨大な伝統の上に眠つた事を信じよう。こゝに在るわが国語の美しい持続といふものに驚嘆するならば、伝統とは現に眼の前に見える形ある物であり、遥かに想ひ見る何かではない事を信じよう。　（三）

・「彼［デカルト］の記念碑とは、あの『叙説』であるが、正確に書かれたものは皆そうだが、これは殆んど不朽のものだ。［略］凡て熟考する人々に共通な、本質的な意志と態度とを、まざまざと眼に見る様に、僕等に感じさせる。その結果、齊されるものは、惑はしい或は尤もらしい傑作といふ様なものではなく、寧ろ一つの現に在るもの（une présence réelle）だ。僕等が現に在るといふ事によつて養はれてゐるものと同じものだ」（Fragment d'un Descartes.）

（小林秀雄「テスト氏の方法」「文学界」昭和十四・十、十二）

これらの文における実朝の「画家の生き生きとした純真な眼差し」は、「最も陰惨な、殆ど百鬼夜行の集団」が力を得てゆく歴史像を見失ってはいない。実朝の見たものは典拠や「宗教上の修養」によるのではなく、あくまでもそのまま受けとるべきだ、と主張する小林の引用は、しかし「何かしら永らへるのに不適当な無垢な魂の悲調」という語法が示すように、「作者も亦見てゐなかつた筈がない」「美しさ」を、「はつきりした言葉で言ふことが出来ない」（二）。引用をくりかえす小林の言葉は、実朝との落差を通じて、実朝の見た「充実した時間」を指し示すのである。

こうして読者は、すくなくとも四つの言葉がからまりあいながら歴史を表象するさまに立ちあうことになる。実朝が模倣した歌や思想の言葉、実朝の歌の言葉、実朝を語る小林の言葉、そして小林が引用した言葉である。自らの内なる文献主義をあらためて受けとめることで、かえって新しく精緻な言葉の構造をつくりあげてゆく批評家の営為を、ここに見ることができるだろう。実朝の「純真に習作し模索し」た歌のヴィジョンは、いくつもの言葉の線を露出する。模倣による歌人の傑作を模倣の言葉で語り、語りえぬヴィジョンを浮かびあがらせること――『実朝』におけるこうした文体構成は、戦時下において滅びをいうための、実験的な方法であったと言えよう。

*

古典における模倣を論じ、模倣と典拠とのあいだに置かれた言葉の位相を露出する方法は、戦後における小林の批評に長く伏流してゆくことになる。現代語において、〈引用〉や〈模倣〉をどのように文学の言葉に持ちこむのか――この課題が小林の世代の文学者たちに多かれ少なかれ共有されたものであったことを、最後に確認しておきたい。

「金槐集」中に万葉集模倣の短歌少からざるを以て直ちに実朝を敬白なる模倣歌人と目する人の多き中にありて、茂吉はそれ等の模倣歌は模倣歌として是認し、然もなほ実朝の一個の卓越せる独造底の歌人なることを闡明す。「金槐集」の作者の死せるは恐らく今の僕と同年の頃ならん。僕もしいま夭折せば僕の作品集を読みて僕を模倣詩人に過ぎずとする人の多からんは余りに明なり。

（堀辰雄「病床日記」「帝国大学新聞」昭和五・十一・三十、引用は『堀辰雄全集』第四巻）

昭和十年代後半における「古典回帰」の運動のうちには、

茂吉などに触発されながら古典の〈模倣〉を試み、典拠を失った単線的な口語文とも、典拠によって意味を重層化する文語文とも異なる文章の位相を見出そうとするモチーフがたしかに存在している。一つのイメージを同時に二つ以上の線で描きだす、デッサンの文体が、そこでは構想されていた。

ただし、『斎藤茂吉ノオト』を書きつぎ、堀辰雄が右の文章で茂吉の文章に最も近いと述べた中野重治は、こうした文体については禁欲的でありつづけた。『歌のわかれ』の片岡安吉は、万葉集を模倣した歌を擁護する詭弁に激昂して、次のように述べる。

今のあなたの言葉は本当らしい嘘です。模倣だから悪いといつているんではないんです。あの坊主の歌はあれ自身さういゝとは思いませんが、模倣するにしても、あんな生悟りみたいな歌を模倣することが歌つくりの心がけとしてよくないといふんです。一般論へ持つて行つては駄目だと思ひます。あの坊さんの歌とこの歌とを比べて、あゝいふ歌があつた以上はかういふ歌はひつこめるといふのが自然ぢやないんですか?（『歌のわかれ』）

安易な模倣を絶対に拒絶する片岡安吉の言葉は、「ヒヨーセツ、ステロタイプは文学の敵です」（座談会「民主主義文学の問題　中野重治を囲んで」昭和二十一・四「近代文学」）という戦後の断言へとまっすぐにつながり、「僕が他人の歌を上手に模倣すればするほど、僕は僕自身の掛けがえのない歌を模倣するに至る」という小林『モオツアルト』の一節と向かいあいながら、戦後文学に影響をあたえてゆく。『金槐集』が文献を通じて現出したいくつかの潮流は、近代文学における〈引用〉の流れが戦時中に描かざるをえなかったカーヴを、ありありと示しているのである。

注

（1）代表的なコレクションとして、立教大学蔵の斎藤茂吉旧蔵『金槐集』板本、写本群が挙げられる。

（2）『金槐和歌集』（熊本県立図書館木下文庫蔵）。

（3）たとえば武田祐吉「源実朝の歌風」が、「水甕」掲載の後『国文学研究　万葉集篇』（大岡山書店、昭和九年）所収に際し、定家所伝本についての見解を増補している。

（4）日本近代文学館所蔵の佐佐木信綱宛茂吉書簡は、同館館報「日本近代文学館」五七～五九号に翻刻と紹介が備わる。

（5）はじめ講師は信綱、龍粛と斎藤茂吉が予定されていた。

（6）神奈川近代文学館所蔵の吉野秀雄「艸心洞日録」昭和十七年六月二～四日記事には、鎌倉文化聯盟短歌部に属した吉野が、この座談会に出席したことが見えている。

（7）たとえば石山徹郎『日本文学書誌』（大倉広文堂、昭和九年九月）は、「新資料の発見紹介、新学説の発表などが相つい で行はれてゐる」ため書誌の「増補訂正を加へた部分が多く、中には数回稿を改めた箇所もあります」と述べ、文献が文献学を追いこすようにあらわれる時代への困惑を、率直に告白している。

(8)「無常といふ事」の「絵巻物の残欠」という言いまわしが志賀直哉「奈良」と共通すること、柳宗悦や蔵原伸二郎が「残欠」「破片」の語を多用していたことなどについては、拙稿「ゆっくりと引用の痕をたどる」（「UP」平成二十九年三月）で触れた。

(9) 同時期に創元社が刊行した百花文庫版『無常といふ事』再版は二種類あり。

(10) なお岩波文庫は四版以降定家所伝本本文を増補しており、小林の所蔵本は初版から三版のいずれかである可能性が高い。たとえば『実朝』と同じ時期に『右大臣実朝』を執筆した太宰治も、岩波文庫初版を所蔵していた（日本近代文学館蔵）。

(11) 小田切秀雄「源実朝についての斎藤茂吉と小林秀雄」（『民主主義文学論』銀杏書房、昭和二十三年）、杉浦明平「小林秀雄の日本回帰」（「人間」昭和二十五年十月）、木村陽子「万葉歌人・源実朝像の形成過程――斎藤茂吉の万葉尊重運動と〈健康的〉実朝像の造形」（「聖心女子大学大学院論集」平成十五年七月）。

(12) 佐藤佐太郎は、『実朝』第三回を読んだ茂吉の「僕の文章も参考にしているようだな」という言葉を紹介している（『斎藤茂吉言行』角川書店、昭和四十八年五月）。

(13) 根岸泰子「小林秀雄試論――「実朝」をめぐって」（「国文」昭和五十二年十二月）。

(14)「光り物といふ言葉は中世にはいろいろの怪火を呼んでゐる」（柳田国男「妖恠名彙（五）」「民間伝承」昭和十三年十一月）。女との連関については「時《とき》に鎌倉《かまくら》伝《つた》へ言《い》ふ、「幕府《ばくふ》に怪物《くわいぶつ》あり、婦人《ふじん》の衣《い》を被《かうむ》り、行歩《ぎやうほ》すること飛《と》ぶが如《ごと》し」と」（頼山陽著・池辺義象訳述『改版邦文日本外史』三陽書院、昭和六年九月）。なお川田順「実朝と和歌」（厚生閣『源実朝』昭和十三年六月所収）も該当箇所について「若い女と云ふは、実朝の心の幻影か、それとも刺客が狙つたか、明らかでない」とする。

(15) 渡宋計画の挿話から幻想譚を構想した例として、小高根二郎『実朝宋に渡る』（「コギト」昭和十六年三月）がある。

(16) 橋田東声「『短歌私鈔』を読みて」（「詩歌」大正五年五月）。

(17) 茂吉「万葉集と古今集」（「改造」昭和十年一月）。

(18) 折口信夫「「倭は国のまほろば」其他」（「短歌研究」昭和九年二月）は実朝の歌の「表現に、ある飛躍がある」点を挙げ、「文学としての変態な古みと、歌体上のたけの優れたもの」があるとするが、「発想は万葉ぶりに出ようとして、当代ぶりの慣例が其れを流れさせた傾きがある」ともいうように、実朝を必ずしも評価していない。保田與重郎は『後鳥羽院』初版ではなく増補新版ではじめて実朝に言及し、用語についての評価は見られない。保田が「ひむがし」で一翼を担った「怒濤」「すめら文化」「原理日本」「ひむがし」などの超保守主義の雑誌群では、「アララギ風な文芸学的美学」（保田「嗚咽の哀歌」）が主たる批判対象であったことも指摘しておきたい。保田の古典論が「一つの〈精神〉」の共有を目ざしたことについては、坂元昌樹「日本浪曼派と〈古典〉論の展開」（『〈文学史〉の哲学 日本浪曼派の思想と方法』翰林書房、平成三十一年）を参照。

(19) これに関連して、茂吉の「声調」論が歌語における能記と所期とのズレを重んじるものであるとし、「ことばの異物感を際立たせる手法」と捉えた品田悦一の論考が重要である（ミネルヴァ書房『斎藤茂吉』・新潮選書『斎藤茂吉 異形の短歌』）。

(20) 河上徹太郎『ベートーヴェン』（新潮社、昭和十七年六月）には、聴力を失ったベートーヴェンが「従来よりも遙かに自由に、純粋に音のイメージを追ふやうになつたと考へられる」とある。

(21)『名残星月夜』にハムレットの面影を見る評としては、「実朝ははむれつとであり、実阿弥はほれいしお」であるとする折口信夫「芝居に出た名残星月夜」(大正九年五月執筆、『歌舞伎の研究』昭和二十五年十月所収)、また「彼は代表的なハムレツトである。此意味に於て私の実朝観は、眞淵や斎藤茂吉流ではなくて坪内逍遙流である」とする尾山篤二郎「源実朝覚書」(『新釈　源実朝歌集』紅玉堂、大正十三年九月)。花田清輝「海について」(「群像」昭和二十九年八月)は、太宰、小林の実朝像にハムレットを見る。

(22)『読史余論』と頼山陽『日本外史』とが「公家の衰微と武家階級の政権獲得の過程」を明らかにした書であるとする堀勇雄「新井白石と読史余論」は、昭和十一年十月「古典研究」掲載。新潮社『小林秀雄全集』口絵写真を見るに、小林の書庫には「古典研究」が収められていた。

(23)「三人の実朝――言語の危機と危機の言語」(「海」昭和五十八年四月)。

(24)小林が『西行』を単行本に収録する際に削除した末尾の一文、「こゝに偶然を見るものは西行を知らないのである」は、ロマン・ロラン著『ベートーヴェンの生涯』の「この熱情をベートーヴェンほどに感じ得ない者は、彼の行為的な、そして堂々たる凱旋の調子を持つ音楽を、半分しか理解できないであらう」(片山敏彦訳)を想起させる。『実朝』にも、「さう言ひ［ママ］方が空想めいて聞える人は、詩とか詩人とかいふものをはじめから信じないでゐる方がいゝ様である」という一節がある。

(25)鎧坂昭江「『無常といふ事』における改作意識」(『小林秀雄』所収、有精堂出版、昭和五十二年)が、早くこのことを指摘した。

(26)「毎日新聞」昭和二十一年六月十七日。

(27)建設社『ジイド全集第七巻』、函題『プレテクスト』。

(28)たとえば日本近代文学館が所蔵する自筆原稿のノンブル178、欄外抹消部分では、「御台所」との関係を通じて京都と鎌倉の関係を描くことに苦心した跡がある。

執筆者一覧（掲載順）

渡部泰明	菊池紳一	坂井孝一	高橋典幸
山家浩樹	久保田淳	前田雅之	中川博夫
小川剛生	源健一郎	小林直樹	中村　翼
日置貴之	松澤俊二	多田蔵人	

【アジア遊学241】

源《みなもとの》 実朝《さねとも》　虚実を越えて

2019年12月25日　初版発行

編　者　渡部泰明
発行者　池嶋洋次
発行所　勉誠出版株式会社
〒101-0051　東京都千代田区神田神保町3-10-2
TEL：(03)5215-9021(代)　FAX：(03)5215-9025
〈出版詳細情報〉http://bensei.jp/

印刷・製本　㈱太平印刷社

ISBN978-4-585-22707-6　C1321

238 ユーラシアの大草原を掘る ―草原考古学への道標

草原考古研究会　編

239 この世のキワ ―〈自然〉の内と外

山中由里子・山田仁史　編

236 上海の戦後 ―人びとの模索・越境・記憶

髙綱博文・木田隆文・堀井弘一郎　編

237 鏡から読み解く２～４世紀の東アジア ―三角縁神獣鏡と関連鏡群の諸問題

實盛良彦　編

【コラム】マンジュ語『金史』の編纂—大金国の記憶とダイチン＝グルン　承志

234 香港の過去・現在・未来 —東アジアのフロンティア

倉田徹　編

序文　日本にとって香港とは何か　倉田徹

Ⅰ　返還後の香港—これまでとこれから

香港民主化への厚い壁　倉田徹

香港は“金の卵を産むニワトリ”でなくなったのか？—特殊な相互依存関係の変貌　曽根康雄

香港終審法院の外国籍裁判官　廣江倫子

香港の高齢化—中国大陸の影で高まるシルバー産業への期待　澤田ゆかり

Ⅱ　香港を客観視する—周辺から見た香港

台湾から見た香港—「今日の香港は、明日の台湾」か、「今日の台湾は、明日の香港」か　福田円

リー・クアンユーの目に映る香港　松岡昌和

ゆたかに抑圧されゆるく開く—ポストモダンを体現する珠江西岸　塩出浩和

日本から見た香港の中国料理　岩間一弘

Ⅲ　香港とは何か—周縁性と独自性

都市・チャリティ・動物—動物虐待防止条例の成立からみる「香港社会」の形成　倉田明子

香港におけるアヘン小売販売制度の域外市場について—十九世紀中葉のオーストラリアに着目して　古泉達矢

植民地行政当局の下層民統制—三門仔水上居民と船灣淡水湖建設　岸佳央理

言語システムの転換と言語の政治問題化　吉川雅之

「香港人」はどのように語られてきたか—一九四〇年代後半の『新生晩報』文芸欄を中心に　村井寛志

香港本土派とは—対中幻想からの決別　張彧暋

Ⅳ　香港研究最前線

香港の財界人たち—「商人治港」の伝統　阿部香織

二十世紀転換期の香港と衛生問題—集権化と地方自治・経済的自由主義のはざまで　小堀慎悟

反爆竹キャンペーンに見る一九六〇年代香港の青少年　瀬尾光平

方法としての新界—香港のフロンティア　小栗宏太

香港における「依法治国」の浸透—「参選風波」事件をめぐって　萩原隆太

235 菜の花と人間の文化史 —アブラナ科植物の栽培・利用と食文化

武田和哉・渡辺正夫　編

総論　アブラナ科植物の現在—今、なぜアブラナ科植物なのか　武田和哉・渡辺正夫

Ⅰ　アブラナ科植物とはなにか

アブラナ科植物と人間文化—日本社会を中心に　武田和哉

アブラナ科植物について　渡辺正夫

植物の生殖の仕組みとアブラナ科植物の自家不和合性　渡辺正夫

【コラム１】バイオインフォマティクスとはなにか　矢野健太郎

Ⅱ　アジアにおけるアブラナ科作物と人間社会

アブラナ科栽培植物の伝播と呼称　等々力政彦

中国におけるアブラナ科植物の栽培とその歴史　江川式部

パーリ仏典にみられるカラシナの諸相　清水洋平

アブラナ科作物とイネとの出会い　佐藤雅志

【コラム２】栽培と食文化がつなぐ東アジア　鳥山欽哉

【コラム３】植えて・収穫して・食べる—中国史の中のアブラナ科植物　江川式部

Ⅲ　日本におけるアブラナ科作物と人間社会

日本国内遺跡出土資料からみたアブラナ科植物栽培の痕跡　武田和哉

日本古代のアブラナ科植物　吉川真司

日本中世におけるアブラナ科作物と仏教文化　横内裕人

最新の育種学研究から見たアブラナ科植物の諸相—江戸時代のアブラナ科野菜の品種改良　鳥山欽哉

【コラム４】奈良・平安時代のワサビとカラシ　吉川真司

【コラム５】ノザワナの誕生　等々力政彦

【コラム６】近世から現代に至るまでの日本社会に

アジア遊学既刊紹介

232 東アジア古典演劇の伝統と近代

毛利三彌・天野文雄　編

はじめに　毛利三彌
序説　古典演劇の伝統と近代　毛利三彌
【伝承】
民俗芸能における近代―近代は民衆の祭礼芸能をどう変えたか　山路興造
黒川能と鶴岡荘内神社―明治維新後に引き継がれる酒井家への勤仕　重田みち
日本古典演劇譜本の近代―その変容と明暗　田草川みずき
【上演】
観世寿夫の登場―そのあとさき　天野文雄
女役者と近代―その出発点　佐藤かつら
舞踊、パンソリとタルチュムの近代　野村伸一
人形浄瑠璃文楽の戯曲上演――九六六年以後半世紀を軸に　内山美樹子
【受容】
演劇の「古典」意識と近代化―古典とクラシック　神山彰
「夢幻能」という語から能の近代受容史をたどる　中尾薫
中国の影絵人形劇の「伝統」と「近代」　山下一夫
【比較】
近松の世話物と西洋の市民悲劇　岩井眞實
フラー・天勝・梅蘭芳―梅蘭芳『天女散花』と電光の世紀　平林宣和
西洋演劇の近代化と「詩劇」の問題　小田中章浩

講演◎能と歌舞伎の近現代における変化の様相　羽田昶
おわりに　天野文雄

233 金・女真の歴史とユーラシア東方

古松崇志・臼杵勲・藤原崇人・武田和哉　編

序言　古松崇志
関係年表　藤原崇人
金朝皇帝系図・金朝皇帝一覧　武田和哉
Ⅰ　金代の政治・制度・国際関係
金国(女真)の興亡とユーラシア東方情勢　古松崇志
契丹遼の東北経略と「移動宮廷(行朝)」―勃興期の女真をめぐる東部ユーラシア状勢の一断面　高井康典行
【コラム】「刀伊襲来」事件と東アジア　蓑島栄紀
女真と胡里改―鉄加工技術に見る完顔部と非女真系集団との関係　井黒忍
女真族の部族社会と金朝官制の歴史的変遷　武田和哉
【コラム】猛安・謀克について　武田和哉
【コラム】金代の契丹人と奚人　吉野正史
十五年も待っていたのだ！―南宋孝宗内禅と対金関係　毛利英介
【コラム】金朝と高麗　豊島悠果
Ⅱ　金代の社会・文化・言語
女真皇帝と華北社会―郊祀覃官からみた金代「皇帝」像　飯山知保
【コラム】元好問―金代文学の集大成者　高橋幸吉
金代の仏教　藤原崇人
【コラム】金代燕京の仏教遺跡探訪記　阿南・ヴァージニア・史代
金代の道教―「新道教」を越えて　松下道信
女真語と女真文字　吉池孝一
【コラム】女真館訳語　更科慎一
Ⅲ　金代の遺跡と文物
金上京の考古学研究　趙永軍(古松崇志・訳)
【コラム】金の中都　渡辺健哉
金代の城郭都市　臼杵勲
【コラム】ロシア沿海地方の女真遺跡　中澤寛将
【コラム】金代の界壕―長城　高橋学而
金代の在地土器と遺跡の諸相　中澤寛将
金代の陶磁器生産と流通　町田吉隆
金代の金属遺物―銅鏡と官印について　高橋学而
Ⅳ　女真から満洲へ
元・明時代の女真(直)とアムール河流域　中村和之
ジュシェンからマンジュへ―明代のマンチュリアと後金国の興起　杉山清彦